# 广州关键词

（1949~2009）

李江涛　孙　云　主　编
朱名宏　吴重庆　副主编

商務印書館
2009年·北京

**图书在版编目(CIP)数据**

广州关键词：1949~2009/李江涛，孙云主编. —北京：商务印书馆，2009
ISBN 978-7-100-06839-0

Ⅰ. 广… Ⅱ. ①李…②孙… Ⅲ 社会主义建设—成就—广州市—1949~2009 Ⅳ. D619.651

中国版本图书馆CIP数据核字（2009）第199103号



**广州关键词(1949～2009)**
李江涛　孙　云　主编

---

商　务　印　书　馆　出　版
(北京王府井大街36号　邮政编码100710)
商　务　印　书　馆　发　行
广　西　日　报　印　刷　厂　印　刷
ISBN 978-7-100-06839-0

---

2009年11月第1版　　开本787×960　1/16
2009年11月广西第1次印刷　　印张18½

定价:33.00元

# 目　录

## 下篇（1980～2009）

# “关键”是一把钥匙

1976年，英国著名的文化批评家雷蒙·威廉斯（Raymond Williams）的《关键词：文化与社会的词汇》一书出版。威廉斯说：“我称这些词为关键词，有两种相关的意涵：一方面，在某些情景及诠释里，它们是重要且相关的词；另一方面，在某些思想领域，它们是意义深长且具指示性的词。”

本书并非有关广州知识的百科全书式的辞典，无意对广州进行全面而准确的概括描述。其“关键”是选取1949年至今的60年间，流行于广州民间、媒体和官方的具有一定知名度的重要词汇，以“情景”和“指示性”，呈现、记录并诠释广州60年来的社会发展与变迁。

威廉斯说：“当一个特别的历史时期结束时，我们每一个人便会对这个词有清晰的概念并且抱持着轻松的态度。”而当我们检点广州的“关键词”时，更多的是感触社会转型之巨、潮流消长之速以及人心思变之迫。在时代巨轮辗转之际，在广州这座屡引风尚的大都市，我们既看到前行者并非“轻松”的道路探索，也看到普通个体并非“轻松”的社会适应。

这些“关键词”俨然60年广州社会涌流的浪花，有跳跃尖峰的姿态，有复归江河湖海的声息，更有云蒸霞蔚水天一色的风情。60年是一个“甲子”，一个“甲子”是一个循环。在中国传统文化的定义里，“循环”并非指简单重复，而是指生生不息。广州60年间的不同时期，也许并非可以截然分割；60年过去了，与其说还不能“清晰”地看到她固定的轮廓，不如说她所蕴含的多种可能性尚待展开。而威廉斯所谓的“特别的历史时期”，也尚未结束。

“关键词”翻译成英文是“keyword”，“关键”是“key”，是一把钥匙。广州的“关键词”是理解广州、感受广州的一把钥匙。钥匙有大有小，钥匙打开的大门以及门内深处的景物也有巨有细。不过，小钥匙也有可能打开大门；从小门洞望去，也能一窥大形象。大历史的画卷需要“小历史”来填补缺漏与丰富细节。“小历史”犹如历史舞台的灯光，灯光重新调试之后，舞台也跟着改观。

本书收录了百余条广州关键词，大多来源于60年来广州日常社会生活中的人物事相。这些人物事相尽管细微，但身处大时代中的人与事，常常不由自主地被潮流托动前行，不知不觉浮至风口浪尖，其中所承载的真实信息，丝毫不逊于某些宏大的“历史叙事”。

全书分上下两篇，上篇为1949年至1979年，下篇为1980年至2009年。全部条目由一直致力于广州研究的广州市社会科学院科研人员集体编撰，他们是广州发展的见证者、研究者和参与者。在中华人民共和国建国60周年之际，他们稍稍调整角色，以叙说者的身份，以“关键词”为视角，力图呈现作为中国“南大门”的广州60年来的活色生香，也希望能交给读者一串琳琅作响的走进广州的小小“钥匙”。

“关键”是一把钥匙，关键是，你开启的门扉背后，有没有深远的景致。

编者

2009年7月识于广州

# 感受广州的六个十年

## 一、1950年代的广州

1950年代的广州，满城开着红花。这是南国特有的木棉花。这些向着天空高擎的酒杯般的花朵，像是在祝福这座英雄的城市：她终于迎来了解放。她开始焕发新姿了。

珠江岸边的长堤大马路上，大新公司、先施公司依然人来人往，生意兴隆。可这兴隆似乎不同往昔，进出的都是穿着朴素的市民，眉目清朗，笑容明亮。站在爱群大厦的高楼上，看珠江水随太阳的起落不断变幻光影，隐约感觉到这座千年商都正在发生奇妙的变化。那些花岗岩砌成的西洋式建筑之上，有新时代的曙光在闪耀。

50年代的城与人，带着蓬勃的新生的气息，朝你迎面走来。

依然是春去秋来的树影花香，人声杂沓的阡街陌巷，老火靓汤里的五味人生。可这平实朴素的粤派生活里，却隐隐约约传来新时代令人振奋的乐音。

有数万的劳动大军涌向城市的低洼地，参加热火朝天的“星期六”义务劳动。青年学生和职工成为义务劳动队伍的主力，粤剧名角红线女、林小群、罗品超站在工地上演唱粤曲鼓舞士气。流花湖、荔湾湖、麓湖、东山湖，这些给广州人带来记忆和故事的公园，就是在50年代由市民集体劳动、人工开挖建成的。老一辈的广州人永远忘不了，自己曾经在这里流过一身汗水，滚过一身泥巴，也种下了新生活的希望和梦想。

旧时专供“接官”用的天字码头成为市民日常使用的航运码头。随着轰鸣的马达声，一艘艘渡轮徐徐靠岸，又徐徐驶向远处。郊区的农民每天清早挑着刚从田间地头摘下的新鲜蔬果，从天字码头上岸，汇入城市的人流中。傍晚时分，他们坐在船头，用草帽轻松地扇着风，看着珠江水面被落日染红，看着天字码头渐渐隐入夜色之中。劳动者的岁月一扫旧时阴霾，在平常中渗进欢乐。

夜幕降临的时候，一艘艘小艇荡漾在珠江水面上，市民们开始“游船河”了。喝着疍家女煲的艇仔粥，听“咸水歌”在水面飘过，平常的日子也别有风味。逢国庆之夜，珠江河面灯火通明，锣鼓喧天，几十艘船列队举行声势浩大的水上游行，引来无数市民两岸观看。1950年新中国周年庆祝，政府在沙面河面搭棚做戏台，粤剧名角罗品超、文觉非、郎筠玉等一连三晚登台演出，远近水上居民划着小艇全家前来观看，也有市民专程租艇而来，盛况空前。

疍民上岸了。华侨新村建成了。在苏联专家指导下形成的新的城市规划出台了。广交会开幕了。越秀山体育场的大型比赛开锣了。横渡珠江的勇士凯旋了。迎春花市重新开张了。《珠江大合唱》开演了……城市的每一天都是那么新鲜而让人振奋，连空气都透着热烈。

整个50年代，广州城里到处可以见到老市长朱光同志儒雅而健朗的身影。这位被毛泽东主席亲切地称为“江南才子”的革命家，一生与广州结下了不解之缘。在这座他所热爱的城市里，他大刀阔斧、雷厉风行地创下过许多政绩，至今令人怀念。1959年，朱光为庆祝中华人民共和国国庆十周年和广州解放十周年，满怀激情地写下《广州好》五十首。珠江岸边的四时风物、千年古城的人文景观，都在他的笔下闪着永不褪色的光芒——

广州好，城古越千年。饱阅沧桑消劫烬，缅怀缔造接前贤，山立五羊仙。

广州好，凭眺越王台。千里江山来眼底，十年生息入诗裁，云海一天开。

广州好，新景满昌华。十里藕花芳沁远，千株荔子道边遮，路断七香车。

广州好，夜泛荔枝湾。击楫飞觞惊鹭宿，啖虾啜粥乐余闲，月冷放歌还。

广州好，过海踏花行。花埭素馨连紫陌，杨桃清脆味乡情，尧日照天晴。

广州好，花市百花开。除夕东风花共醉，芬芳盈掬挈春回，曙色破天来。

广州好，元夕看花灯。街落银河城不夜，鱼龙凤鹊竞飞腾，火树满天升。

广州好，人道木棉雄。落叶开花飞火凤，参天擎日舞丹龙，三月正春风……

一个市长笔下呈现的广州竟是如此活色生香，实在令人难以忘怀。从50年代走过来的广州人，谁不知我《广州好》？谁能忘记《广州好》？

50年代的广州消逝已久。也许我们应该记住怀特说过的一句话："人不可能找回历史，因为那是业已逝去、不可重现和复原的。"可是历史毕竟曾经存在。翻开50年代的册页，我们经由语词、场景、细节的牵引，分明看到那个年代的广州城正在某个夏天的早上醒来，远处的珠江上渡轮拉起汽笛启航了，长堤大马路的骑楼下，有人踩着木屐笃笃走来，开始了一天的生计。城与人，都在某个特定的瞬间复活了，带着50年代新鲜的朝气，一直向我们走来。

（王美怡）

## 二、1960年代的广州

从充满“翻身”喜悦和革命豪情的50年代走过来，在经过“公私合营”、“土改”、“三反五反”等运动之后，生活在广州这座商业、平民以及本土色彩浓厚的南国大都会里的市民，其日常生活也难免被整合进“革命”的轨道。

50年代时，广州西关一带的名门子弟虽然都陆续被改造为自食其力的劳动者，但工余之暇仍有雅兴到第十甫路的“莲香楼”酒家夜茗，谈诗说词。到了60年代，诗人聚会显然不合时宜，“莲香楼”夜茗渐渐歇业。

不过，“文革”前的广州，“革命化”依然难掩不绝如缕的市民情调，即使是由官方组织的大型活动，还是洋溢着本土色彩。传统的“迎春花市”由原来的三个扩大到四个，增加了在东川路的东区花市。在“文革”对旧习俗大扫除之下，“迎春花市”也没有被废止，只是从大街转移到城中各里巷中。

广州人还是要上茶楼饮早茶，还是要悄悄地拜神，中秋还是要吃月饼。这从“文革”开始之后的1966年9月30日广州市财委发出的《广州市财贸系统破四旧立四新情况汇报》中可见一斑：由于红卫兵的畅饮和批评，广州市内面向市民的茶楼茶市部分取消或缩短时间，不接筵席；神香、蜡烛、冥镪等迷信品禁止出售；中秋月饼等被作为宣传“旧风俗、旧习惯”的商品停止生产；9800多家个体小商贩停止经营；香水、口红、扑克、象棋等停止出售；商店招牌、广告被拆除或改成政治宣传标语。

“文革”兴起，洪流滚滚，曾经习惯于从容淡定的日常生活的广州人似乎再也找不到自己的位置。出于对宏大革命叙事的不适应、迷惘甚至反叛，一些年轻人冒着政治和生命风险，偷渡香港。

在强大的改造压力和狂热的革命激情下，60年代的广州多多少少还透出本土的底色。本土的底色可能是“另类”的，但也潜藏某种其来有自的另一种“可能性”，有如一粒深埋的种子，等待70年代的孕育，等待80年代的破土。（吴重庆）

## 三、1970年代的广州

从“文革”的后期走向改革开放的起点，70年代的中国正是处于巨大变化的时期，正是前后判然有别的一段转折历程。因此，或许可以模仿英国著名作家狄更斯的话来说：这是一个充满动乱的时代，这是一个走向安定的时代；这是一个令人失望的时代，这是一个充满希望的时代；这是一个激昂的时代，这是一个走向平静的时代……在某种意义上说，70年代的广州汇聚了中国即将面临巨变的多种前兆，深刻地折射出时代嬗变的内在情态。

在广州这块向来被认为是商业市民气息浓厚之地，70年代却成为民间政治思潮汹涌的舞台，这不能不说是“文革”极左思潮肆虐神州所激起的反弹，也可以看作是“文革”初期短暂出现过的某种意义上的启蒙思想的曲折延伸。

70年代的广州青年具有多元的群体形态，在主流青年之外有民间思想者，也有更多的市井青年。他们的身份可以是知青、青工或在校学生，但是在70年代流行的广州街头口语中，与主流宣传迥然不同的市井青年百态鲜活地呈现出来：串仔（男性不良青少年）、串女（女性不良青少年）、烂春仔（不良青年）、马达（女性不良青少年）、军阀仔（以模仿军人着装为主的不良青少年）、油脂仔（以模仿香港人着装为主的不良青少年)；在这些街头语言中，还有对各种行为和器具的指称：班人(召集)、摆场(在双方约定的时间、地点群体斗殴)、开片(打架)、洪常青(大刀)、晒飞甲(离家出走)、埋堆(加入团伙或加入朋友圈子)等等；也有一些具有公共政治色彩的话语：企波台(被人拉上台批斗)、食二两(劳教，当时劳教人员每餐只能食二两米饭)、抓七(拿锄头劳动，后又指去农村务农)、走后门(托关系)、阿爷(公家)、契爷(病假单)……这些语言具有强烈的70年代广州青年的特征。更令人难忘和痛心的是，自1970年开始，广州知青的偷渡潮开始大规模出现。广州人把逃港称作“渡卒”，这是一条充满危险的路途，至今没有统计过有多少广州青年丧命于波涛之中或封锁线上。偷渡潮还引发出不少政治伦理问题，对中国人的家庭伦理带来伤害。

70年代广州的大型新建筑在中国也具有象征性意义。1974年，新的广州火车站、新的中国出口商品交易会、新的电报电话大楼在流花地区几乎同时落成启用，与同在该地区的60年代建成的友谊剧院、1972年建成的流花宾馆相簇拥，形成了一个新的现代建筑群。当年的《参考消息》上有美国记者的评述，大意说这是红色中国最具有美国色彩的现代建筑。这位美国记者所不知道的是，新的广交会有一个突出变化是标语口号的减少。据统计，1966年秋交会场馆内有大小语录标语2673条，伟大领袖的画像、照片有445幅；到1974年的新馆，标语大大减少，但一个展厅内起码仍有1条标语；1978年，广交会南广场的语录墙被拆掉；1979年，整个馆的语录只剩下12条。这可以看作是广州在全国率先走出全能政治视觉统治的象征。

广州人对物质生活的追求也在70年代初开始逐步浮现

出来。大概在1973年以后，广州青年结婚的嫁妆开始注重实惠，追求物质条件。当时结婚的新人都追求“三转一响”：缝纫机、自行车、手表、收音机，迎亲和喜宴的氛围都很有追求物质享受和恢复民间习俗的态势。（李公明）

## 四、1980年代的广州

中国改革开放的冲击波首先是在1980年代的广州掀起的。这样说，大概并不为过。因为，70年代末，禁忌依在，余悸犹存。而80年代的深圳，虽然也热火朝天，不过由于设置边防关卡，特区有如置于玻璃试管中的风景，看得见，摸不着。唯有广州，从未设防。平民百姓，只要怀揣一纸车票，就可以沿京广线南下，来到祖国的“南大门”。广州，成了他们感受中国改革开放的首选之地。

据说，当时来广州观光，被内地人士戏称为“小出国”。因为80年代的广州，的确焕发着迷人的“异国情调”。这包含两层意思，一是广州浓郁的南国特色，二是广州汹涌的开放潮流。

先说80年代广州浓郁的南国特色。

在“打工仔打工妹”一词流行之前，广州人把不会讲粤语的外省人统称为“北方人”。广州街头，“北方人”用普通话问路或者购物，广州人要么不予理睬，要么以粤语回应。广州人并非冷漠，实在是因为无从应答。对于普通话，一般广州市民大体只会听而不会讲。语言的隔阂，虽带来交流的不便，却徒然增加了“北方人”对广州的神秘感，粤语也因此被称为“外语”。作为“外语”的“埋单”、“打的”等词汇也风靡全国。

广州四季常青，“北方人”罕见的亚热带植物当年尚随处可见。广州人喝苦味十足的凉茶，吃渗着血丝的白切鸡，啖生猛海鲜野味山珍，好一派“生番”遗风。三更半夜，夜生活才刚刚开始，满街都是踢踏作响的拖鞋声。那时“城管”还没有出世，马路旁，珠江畔，大排档绵延不绝，炒田螺炒河粉和珠啤（本地生产的珠江牌啤酒），算是“宵夜”的必备。五更早，老广们又兴致十足起身，悠然移步茶楼早茶，叼着牙签，翻看早报。夜阑人未静，浪起波不惊。这一份从容与淡定的市井风情，对“北方人”来说，俨然“不知有汉无论魏晋”的世外桃源。

再说1980年代广州汹涌的开放潮流。

甫出广州火车站，迎面就是巨幅的“555”香烟和“西铁城”手表广告；摩托车呼啸而过，出租车扬手即停；邓丽君的浅唱与“迪士高”的巨响相伴飘荡；先富起来的个体户手持“大哥大”阔步街头，如入无人之境；五星级酒店如白天鹅宾馆、中国大酒店、东方宾馆、花园酒店齐集广州，门童情意殷殷笑容可掬，任天南海北的平民百姓自由进出；汽车过桥交费；理发上发廊；歌舞宴席间……凡此诸相，皆为闻所未闻见所未见。

当然，最为动人心弦的场所，非人头攒动的北京路高第街莫属，那是“北方人”南下广州必定造访的一方“圣地”。

长不过千米宽不足十米的高第街汇聚了广州的第一代个体户，上千个摊档摆满来自港澳的各种新潮用品，最为抢手的是尼龙袜、折叠伞、牛仔服、喇叭裤、太阳镜。来自内地的游客，挤在水泄不通的高第街，操着各种口音的普通话，学习讨价还价的技巧，上了“市场经济”的第一课。然后是人手一个鼓鼓囊囊的象征“洋气”的红蓝白条相间的编织袋，挤上北往的火车，将改革开放的缤纷色彩，带往祖国各地。

80年代的广州尽管风生水起，但令人最难以忘怀的一幕，并非"时代大潮"的画卷，而是仍零星见于珠江上慢摇扁舟，头戴竹笠，一袭黑衣的上了年纪的疍家妇女，从中山大学码头专程摆渡到对岸的二沙岛，不过5毛钱。社会大变迁的车轮已经启动，在都市的中心，疍家女以"横水渡"维生的梦，尚未被碾碎。而这，正是令人仍然回味的1980年代的广州。（吴重庆）

## 五、1990年代的广州

1991年1月9日，《人民日报》发表题为《广州卖房起步已获较好成绩》的报道。报道说，广州5万套房的买卖向市房改办申请获批准，成交1.5万余套，回收资金近1亿元。广州的住房市场化正式启动。媒体上的各类房地产广告多起来了，"豪庭"、"帝景"之类的字眼每天扑面而来，让人蠢蠢欲动，也让人惶惑、焦虑。焦虑的除了近乎天价的住房，还有对此的认同。

当住房作为私人空间的获得让人惶惑的时候，一个更大的公共空间悄悄地展示在人们面前。

1990年1月9日，中国最大的移动电话网——珠三角移动电话网开通。随后的几年，BP机成为时尚，在任何地方，都时不时听到BP机（广州人称为"Call机"）的声音，被叫的人都很自得，"有人CALL我"、"我去复机"……相当有成就感。而如果挂在腰间的BP机半天不响，则让人感到惶恐不安，甚至遭来讥讽。

很快BP机的风头被"大哥大"盖过，那个小砖头似的黑东西在人们手中挥舞着，才真正成为身份的象征。人们到餐厅的第一件事往往是将“大哥大”掏出来横在桌子上，人也立即变得有了底气和硬气，对服务员吆五喝六的声音大了，也粗了。

移动电话从模拟到数字，手机逐渐普及，“大哥大”慢慢退出历史舞台。短短的几年，从BP机到“大哥大”、手机，人们在享受科技的日益便利的同时，也真切地感受到了时代的飞速变化，变化实在是太快了，快得令人心有余悸。

1991年2月1日，南方航空公司成立，家门口有了至少是感觉上属于自己的航空公司。

1991年5月13日，广州地铁工程建设指挥部成立；1993年12月28日，地铁一号线动工；1997年6月28日，地铁一号线部分开通；1999年6月28日，地铁一号线全线开通。地铁是广州有史以来最大的工程项目，跟每个人息息相关：大规模的拆迁，街坊四散分离；“新客家人”入户广州，要交数目不菲的城市增容费，据说都投进了地铁；到处是工地，交通更加拥堵……

1998年3月10日，163电子邮局成立。在这年前后，上网成为时髦，“你上网了吗”成为最时尚的问候。这无形中给人增添了OUT的压力和担忧。而网络世界的五花八门和天书一样的各类符号、数字，更让人惊恐。

人类所做的一切，其实都是为了抗拒、突破人的有限性，时间的，空间的。交通的便利，通信的发达，极大地拓展了人们的生活空间。这带来双重效果：普遍的交往和大规模的社会组织成为可能，但与此同时，个人就像突然置身于旷野一样变得渺小，内心也因此惊恐不安。尤其是，从前固有的小范围的认同参照系被打破了，新的参照系更大、更复杂，而且变动不居，自我认同成为一个大问题——自我认同危机几乎可以说是90年代中国人最主要的精神特质，广州也不例外。

私人空间已然难求，而置身于其中的世界却又在日益扩大，越来越渺小且无所遁形的个人却又要面对另外一个危机。《广州日报》1995年8月15日报道，随着企业转换机制，广州市失业人数明显增加，当年上半年，广州市失业人数达35400人，比上年增加2000多人，而就业净增人数却减少了3000多人，就业难度加大。

国企改制是90年代经济生活的大事，大量工人失业。好在广州的市场经济比较发达，相对成熟的市场消化、接受了被抛离出来的人，街头的店铺日益增多，而“走鬼”也终于成了规模。

不论如何，变化成为时代的强音，“一年一小变，三年一中变，十年一大变”甚至成为政府的口号。剧烈的变化让人无所适从，却也只能在还没有看清楚、想明白的时候就无奈地被裹挟进去。

人们开始怀念昔日的恬静和闲适——尽管更多的是想象。也正是在这个时候，广州的流行音乐走到了顶峰，一大批流行歌曲走向全国。《小芳》、《涛声依旧》、《弯弯的月亮》……无不是对现在的怅惘，对过去的念想。

广州成为全国流行音乐的中心，歌星和歌曲风靡全国。广州的其他领域也是如此，《广州日报》成为全国第一家报业集团，并成为世界报业公会在中国的第一个成员，广州公交车率先实行无人售票，广州率先引进仓储式的大型购物超市，全国最高的中天广场奠基，广州的电话号码率先升8位，广州率先实行交警巡逻……生机无限，处处领先，开放前沿，勇立潮头，甚至广州本身都成了一个时尚符号。

似乎可以以那些歌星的北上为标志，广州终于走过了它的顶峰，并慢慢沉寂下来。到底哪一个才算是真正的广州呢？是顶峰时期的风光，还是沉寂以后的稳健？

广州其实是这样一个城市：它的地位、作用、价值、荣光全在于它的得风气之先、开风气之先。当这种风气在全国普及以后，广州的兴起必待下一次的得风气之先、开风气之先。

广州还会有这样的顶峰和荣光吗？它下一次所得、所开的又是一种什么样的风气呢？（曾德雄）

## 六、新世纪的广州

千禧年总被视为嬗变的开始。在第一个千禧年，广州蕃舶交凑，商贾云集，是全球最富足的贸易港口城市。此后的百年间广州修建宋三城、打通六脉渠，古城经由扶胥、大通、瑞石等繁华的卫星镇偎傍着浩淼的南海。时人程师孟赞曰："千门日照珍珠市，万瓦烟生碧玉城。山海是为中国藏，梯航尤见外夷情。"小市街、大市街、朝天路……走在从宋代至今连称谓都没有改变的街道上，时空不再是无限的、基于世界的内在本质，而成为广州人自我感觉的一种方式。

从20世纪初到第二个千禧年来临，一百年间广州人从外表到内心都发生了剧变。第二个千禧年又将给广州带来几许变化？

广州城的繁华永远襟枕着南海潮音。广州人在千顷碧蓝的南海上耕种的不仅是星星点点的渔火，更是水阔山长破浪而来的沉香、珍珠、自鸣钟和异族的妙想奇思。随着沧海变成桑田，珠江的入海口越拉越长，广州城作为海上丝绸之路的起点一度成了模糊的记忆。让人欣慰的是，在第二个千禧年，广州城市的总体规划由“云山珠水”走向更大概念的“山海城田”，番禺、花都撤市建区，长大又长高的广州城再一次紧紧挽住南海的手。

新白云国际机场是一株繁茂青翠的大榕树，从此广州的晴空划下了更多铁鸟飞来的踪迹。新知来了，旧雨来了，哥德堡号穿越两百多年的横波回澜到来了。广州价格影响的不仅是全国，登陆欧美，辐射海外。跨国公司树起的各式旌旗簇成天河“石屎森林”里经年不败的繁花，非洲大陆飘来的黑皮肤商人将小北淘金洇染成一方香醇的巧克力。广州和佛山商量，咱们同城吧，或许往后再不必争辩粤剧最早起源于哪个城市了。亚奥理事会主席艾哈迈德则在多哈宣布，2010年第16届亚洲运动会的圣火将在广州熊熊燃起。

夸奖广州是一个平民城市太容易了，此地民不为贱，官不太贵，可这却又把广州看得太小了。这边刚对广州做出海上丝绸之路的发祥地、近现代革命策源地、岭南文化中心地和改革开放前沿地的历史总结，那边又提出了把广州建设成“首善之区”，要求广州强化“国家中心城市，综合性门户城市和区域文化教育中心”的地位。但无论发展进程如何跌宕起伏，广州城从来是静水流深的最佳注脚。

广州人天性积极乐观，在“捱”世界中“叹”世界：“非典”期间适合培养亲情和公共卫生习惯、有利于推广板蓝根、王老吉；城中村出租屋与豪宅区比邻而居，满怀信心地等待成为下一个珠江新城；国际金融危机提供了发展转型的良机，正好用来实现“弯道超越”。

全球化时代的广州城，迅疾的人事旁午与坚韧的文化品格宛如太极图中互相环抱着的两尾阴阳鱼，聚散相荡，循环迭至。传统的城市品格永远面对当下的现实，对其作出自己的承诺与修正。在速度越来越快的电子信息时代，我们又何妨为城中那树百年木棉的繁华稍住匆匆脚步，想想自己的仓促履痕，不仅在为自己的生命注音，一路行脚也将踏就城市的历史节拍。云山不改，桑基鱼塘未忘，新世纪的广州背负五岭面朝南海，向辽远无尽的前方拓展……

（刘朝华）

# 上　篇
# （1949~1979）

1949年，空中俯视的珠江广州市区段

## 广州解放

发生在广州城里的重大事件，总是与珠江息息相关。这平静的江水，显示出见惯世面、波澜不惊的格调和气度，两岸的西式建筑、繁华街景，构成了这座南国都市特有的恢宏背景。许多不寻常的故事，就是在这里上演的。

1949年10月14日，珠江之畔的长堤大马路上，锣鼓喧天，彩旗飘扬，一派欢天喜地的热闹景象。这一天，广州解放了。

马路两边随处可见先施汽水、美丽肥皂、寿星公炼奶的广告招牌，大隆行、精益眼镜公司、国华银行、中央大酒店等老字号一夜之间焕发新姿。着唐装的老板、赤脚背斗笠的农民、旗袍少妇、长袍马褂的教书先生、穿吊带工装的工人一起载歌载舞，高呼口号，将肩扛“三八大盖”、抬着重机枪、拖着迫击炮的解放军迎进了广州城。广州从此换了新天。

爱群大厦矗立在长堤大马路上，是珠江畔最引人注目的建筑。晨曦初露的时候，从远处看，爱群大厦就像珠江上一艘正徐徐驶进广州的万吨巨轮，激起人们心中无限的激情和希望。据说这样的视觉效果来自于爱群设计出色的外观结构：宽而高的正立面、窄而高的侧立面，加上裙楼顶靠西的一座尖尖塔楼，气势逼人，连整条珠江都心甘情愿地做了它的陪衬。

爱群大厦在广州解放之际，也成了一座热气腾腾的希望大厦。1949年11月7日，也就是广州解放的第24天，爱群大厦挂出了一幅高30米、宽10米，题为《中国人民站起来了》的毛泽东全身帆布油画，画作从酒店的第11层楼一直挂至第2层楼，轰动了整个广州城。

这一激动人心的场面至今镌刻在广州解放的历史画卷中，让人永远无法忘怀。

广州解放之际，中国人民解放军军管会接管了爱群大厦。叶剑英进驻爱群大厦西楼二楼办公。参加接管广州市政府的干部，集中住在爱群大厦里。数百名干部来自四面八方，同住在一起，互相不认识，人进人出，站岗的警卫战士只能凭人们戴着的“广州军管会”臂章放行。大厦11楼是间大餐厅，整天供应膳食，凭军管会发给的餐券用餐，随到随吃。这样的场景，后来干部们在风靡一时的苏联电影《列宁在十月》得以重温。

广州的解放来之不易。为迎接广州解放，解放军和广州市民一起进行过艰苦卓绝的斗争。广州解放前夕，广东大部分土地已是一片红，为加速广州解放创造了极为有利条件的东江纵队，1946年6月北撤山东后，中共中央香港分局（后改华南分局）主要领导人方方、林平等，领导华南人民进行了艰苦卓绝的三年游击战争，建立了粤桂边、粤赣湘边、闽粤赣边等七个战略根据地，人民武装力量不断壮大，发展到十万多人。人民解放军入粤前夕，广东全省大部分乡村已获得解放，普遍建立了民主政权，农会会员150万人以上。三分之一以上县城成立了人民政府。解放区人口1300万人，占全省人口40%以上。广州等城市已处于红色政权的重重包围之中。

为配合解放军南下广东、解放广州，1949年年初，华南分局组织各地人民武装发动了春季攻势，在粤汉铁路两旁数十个县钳制和消灭大量敌人，为南下大军扫清障碍。由于华南游击队频频出动，迫使国民党反动当局分散兵力，疲于应付，减少了广州的防守兵力。事实上，南下大军从粤北向广州进军中，处处都有华南游击队与解放军并肩作战，同时提供了坚实的后勤保障。而在广东战役的三路大军中，回到广东的两广纵队（原东江纵队）与华南游击队主力组成的南路军，在解放广州中发挥了重大作用。

正是广东人民艰苦斗争打下的基础和创造的大好环境，使解放军能在入粤后势如破竹，顺利直取广州。广州守敌仓皇弃城而逃，来不及对广州进行更大破坏。广州地下党经过长期隐蔽斗争，党员人数增加到300多人，地下学联等外围组织1700多人，已渗透到工厂、学校、社团，甚至国民党的党政军高级机关。解放军1949年4月21日胜利渡过长江后，广州地下党就把工作重点转移到迎接解放、护厂护校、准备接管方面来。他们在中山大学、广雅中学等印制了大量资料，在群众中广为散发，宣传全国即将解放的大好形势，号召全市人民行动起来保卫自己的财产。地下党从学校抽调了一批党员和骨干分子，打入到水厂、电厂、水泥厂、造币厂、电话局、铁路、公路等20多个重点单位，加强那里的基层组织力量，组织工人进行护厂护校和保卫人民财产的斗争。在很多重要工厂和学校，迅速成立了应变委员会、护校委员会、护厂队等公开组织。西村发电厂、五仙门发电厂成立了自卫队，在厂房四周修建了铁丝网，通上电流，门口筑了沙包，护厂队人人臂扎红带，手执铁棒，日夜在厂房巡逻，工人们决心与工厂共存亡。广州自来水管理处及下属水厂地下党员，除组织工人日夜护厂外，还发动工人准备了大批水管、弯喉、水掣等部件，以备国民党一旦炸毁输水管道就立即抢修，保证市民饮用水供应。

广州人民的全力配合，使解放军得以顺利入城。长堤大马路从10月14日凌晨起，就迎来了第一批进城的解放军。

新入城的解放军官兵永远忘不了那样的情景：他们站在爱群大厦的高楼上，看见珠江岸边停靠着无数的小艇，江中行驶着各种船只，一轮红日正从珠江水面冉冉升起，把江水染得红彤彤的。他们回想起跨过黄河、长江，行军千里到达珠江边的漫长征程，情不自禁地大声欢呼：“饮马珠江！”

那是充满希望的珠江的早晨，这古老的城市在这样的早晨醒过来了……

1959年，广州解放纪念像在海珠广场中央建成。纪念像为花岗岩石雕凿，英姿飒爽的解放军战士肩背小米袋，左挎驳壳枪，腰围子弹带，右手持步枪，左手抱花束，昂首望向前方。像与方座连成一体，犹如一块巨石雕成的印章，钤在广州大地上。像座正面镌刻着解放后首任广州市长叶剑英的题字“一九四九年十月十四日　广州解放纪念”，像座四角分别刻有“一切权力属于人民”印章。

对于这座城市而言，这是一种永恒的纪念。那些为解放广州献出生命的英雄们，那些血与火交融的峥嵘岁月，是不应该被这座城市里匆匆行走的人们遗忘的。（王美怡）

## 海珠桥

海珠桥是广州市第一座横跨珠江两岸的大铁桥，也是中国第一座可开合式铁桥，始建于1929年12月，完成于1933年2月。它是由德国工程师设计，美国慎昌洋行以103.2万两银夺得承建权，后转美国马克敦公司承建，据说是仿照伦敦的塔桥建造而成，当时称之为“珠江大铁桥”，后以其临近“海珠石”改名为“海珠桥”。落成时大桥的落款是曾任国民政府主席的胡汉民题写的。桥全长356.67米，主桥全长182.90米，南北两跨对称布置，三孔下承式简支钢桁架桥，桥孔上面有两扇开合式活动桥板，以方便巨型轮船通过。

建成后的海珠桥成了羊城一大景观，每当烟雨蒙蒙或月明星稀的夜晚，这座大铁桥像一道长虹横架河面，远远望去，异常雄伟壮丽。尤其是大桥中段可以自由开合，每当有大轮船经过，只要按动电纽，桥的一端把桥面高高翘起，巨轮过后又即恢复原状。这简直是一件精美的艺术品，也是桥梁建筑史上的一大奇迹。建成后的海珠桥成为当时主政广东的陈济棠治粤标志性功绩之一。

1938年10月，日军入侵广州，飞机轰炸广州，海珠桥的开合器被震坏，加上部分设备被日军盗走，从此大桥不能开合，只能让小船通过，大船则泊于黄埔码头。

1949年4月，人民解放军百万雄师渡过长江，以排山倒海之势向华南进军。10月初，解放大军进入广东，广州的解放指日可待。国民党当局在逃离广州前夕，召开高级军事会议，会上提出“总撤除，总罢工，总破坏”的行动口号，要把广州城变成一片废墟。其中，炸毁海珠桥作为一个最主要的目标。这“三总”行动交由广州守将、国民党广东省主席余汉谋组织实施，炸毁海珠桥的任务落在当时广州卫戍司令李及兰身上。李及兰派遣军队和便衣特务，用汽车运载黄色炸药100箱，放在大桥中段的接合处，捆绑在桥墩上。

10月14日下午，解放军中路军第十五兵团先头部队一二八师，自北部向广州市中心推进。就在下午5时50分，海珠桥上响起一阵震耳欲聋的巨响，海珠桥上一片火海，硝烟弥漫，车辆行人，顿时血肉横飞。猛烈的爆炸把海珠桥中段炸断，中孔钢梁沉没江中，南北两孔大梁折断，东南桥墩与西北桥墩皆被炸毁。爆炸还波及附近的民房、船只以及街道上的人群。据事后统计，这次大爆炸共死伤市民400多人，沉毁民船100多艘，震损房屋数百间，受灾居民3000余人。

广州解放后，中共中央华南分局第一书记兼广州市首任市长叶剑英，立即组织力量抢修海珠桥。经过两年的努力，1951年海珠桥终于修复通车。然而，限于当时的技术力量，重建后的海珠桥失却当年的风采，虽然外观与原桥大致相似，然而它只是一座凝固不动的铁桥，大轮船再也不能从桥下通过。那座中间能开合的雄伟的钢铁大桥，已经深藏人们的记忆中。

海珠桥以它的历史和独特风格成为广州的象征。1964年，海珠桥成为羊城八景之一的“珠海丹心”的一个重要景象。直到1967年前，海珠桥一直是广州“河北”、“河南”的唯一过江通道。

1974年12月，海珠桥扩建工程正式动工，此次工程拓宽了海珠桥的行车道和行人路，并在原桥两侧加宽各11米的预应力钢筋混凝土结构桥，桥跨与原桥一致，新桥与旧桥合成一体。1995年，又对海珠桥原桥进行了白锚式加固和除锈保养，并在桥上加装彩灯。

今天，海珠桥仅仅是一座并不起眼的旧式铁桥，或许不是最漂亮的，却是最具历史的一座。70多年来，它见证着这座城市的荣辱坎坷，也见证着这座城市的崛起变迁。从马车时代，到轮船经过珠江的年代，到千千万万单车经过的自行车王国时代，到汽车时代，再到现在地铁从珠江底穿过的时代，它始终是大半个世纪以来城市变迁的见证。广州有建城记载的2000多年以来，它是第一条结束广

州南北分隔的桥梁，是珠江之上的“千年第一桥”。（李 杨）

## 华侨新村

新中国成立后，不少渴望祖国强大的海外侨胞、港澳同胞，怀着赤子之心，从东江、从港澳、从海外纷纷来到南方的大都市广州，投身革命、参加经济建设、创业或升学。在全国的各大城市中，广州的华侨数量最多，华侨为促进广州的经济、文化、教育等方面的发展曾做出过许多贡献。

华侨在广州的活动从二十世纪初至今，有三个回国定居、投资比较多的时期，即二三十年代、新中国成立初期和改革开放时期。在这三个时期里，由于华侨的大量迁入，广州市内出现了一些华侨聚集的区域，最集中的是东山区，先后形成了龟岗、新河浦一带、华侨新村、东湖新村、五羊村等归侨侨眷聚居点。除了这些民居，华侨还在广州长堤一带沿江修建了大量用于商业用途的建筑。如今保存完好的华侨建筑以其古雅质朴的外观、丰富精美的雕刻，与西关旧建筑群一起成为广州城市建筑中最经典的作品。

位于广州环市中路附近的华侨新村街区，清静而曲折。从宽敞的马路，转进深深的小巷，不高的围墙，总有花木擦肩而过，它们从一个个独立的小庭院蔓延出来，洒下满地绿茵。铁门之内，花木葱茏，掩映着一座座两三层高的精致别墅。50多年前，这里还是荒芜的小山冈。市政府与华侨齐心合力，在这片土地建起一座座美丽的房子。来自20多个国家和地区的归侨归眷，在这里落地生根，安居乐业，形成了建国后全国最早、规模最大的华侨住宅区——华侨新村。

1954年7月，第一届广州市人民代表大会隆重举行，归侨代表向大会提交了一份《在广州筹建华侨新村》的方案，获得通过。同年10月，市政府在白云山南麓划地25万平方米，作为华侨新村第一期建设用地。

1954年11月，广州市委和市人民政府指示，成立以广州市副市长、菲律宾归侨黄长水及归侨知名人士谢创、黄洁、蚁美厚、王源兴、方君壮、许崇德、薛两清、杨汤城和曹集等组成的华侨新村筹建委员会，作为华侨新村筹建工作的领导机构，秘书是印尼归侨林世奖。

1955年5月15日，在蚬壳岗、玉子岗、蟠龙岗一带，红旗招展，鼓声雷动，来自国内外3000多名来宾，参加华侨新村动工奠基典礼。市长朱光为新村铲上第一拨泥土，一个波澜壮阔的大型工程，正式拉开序幕。

当时，华侨新村的房子主要有两种：独院别墅式和公寓式。市政府当时出台一系列惠侨政策，华侨通过各种渠道得知消息后，纷纷汇款回国建房，掀起一股热潮。那时工程队从没停工过，最繁忙的时候，2000多人同时在华侨新村施工。根据华侨的要求，住宅分甲、乙、丙、丁多种住宅式样，接近于标准化。建筑造价虽然不受严格限制，而平均造价每平方米人民币95元，集体公寓每平方米为67元，征地费每平方米5元而已。

1958年12月，华侨新村基本建成，以后陆续扩充，鼎盛时共有50多万平方米：东至今区庄立交桥，西至今广东电视台，北至淘金路，南至今环市路，现在的花园酒店、白云宾馆，当时都属于华侨新村的范围。经过多年努力，昔日荒芜山冈，发生翻天覆地的变化。按照平坡矮冈的地势变化，形成轮廓不同的街区。一幢幢华美的别墅，在山冈上拔地而起，在稍为平整的地方，则建有公寓，每栋可住12户至18户。这些房子，主要厅房都朝南，一个个独立的小庭院，遍植各种鲜花，与路边的凤凰木、紫荆等花木互相映衬。走进新村，就如同走进一个大花园。

五六十年代的华侨新村，是海外漂泊的游子归国后的家园。他们自远方来，背后都有一个个鲜为人知的传奇故事。这些归侨和他们的家人一起，在这里度过了快乐的时光。1959年出版的《广州华侨新村》保留下大量珍贵照片，为我们追寻昔日时光留下线索。从照片上看，建成之初的别墅或公寓，设计独树一帜。住宅都有良好的眺望条件，南面都设有宽阔阳台，有的还有宽敞的外廊。别墅虽然都有柱廊飘台，但形式多样：有露天的，有带透花栏杆的，有带矮墙栏杆的……在这些别致舒适的房子里，有的一家老小在餐厅品尝美味的西餐，有的含饴弄孙，尽享天伦之乐。

这里曾是众多名人的聚居地，如当代散文家秦牧，岭南建筑泰斗莫伯治，粤剧表演艺术家马师曾、红线女，著名油画家余本等等。在华侨新村居住的老一辈政界、商界、侨界知名人士中，不少是当时广东省华侨投资公司的股东，有的还是董事、副董事长。他们积极吸纳侨资，兴办工厂，强有力地推动当时广州市的经济发展。

华侨商店和侨汇券的存在，也是建国后广州华侨生活的一个重要内容。新中国成立后，国家把保护华侨和侨眷的正当权益、保护侨汇列为一项基本国策。1955年2月23日，国务院发布了《关于贯彻保护侨汇政策的命令》，1957年，国务院指示凭侨汇证增加商品供应；12月广州市第一家华侨商店——中山五路华侨商店开业。1959年至1961年上半年，先后开设了东山、下九路、太平南路、海珠、维新路、石牌六家华侨商店。1961年11月，广州市华侨特种商品供应公司成立。1966年，在“文化大革命”冲击下，省人民政府决定于12月1日前停止侨汇物资供应，侨汇券作废，撤销华侨公司。广州市侨汇供应网点全部停业。1978年3月，国务院决定恢复侨汇商品供应。6月，广州市革命委员会决定恢复广州市华侨商品供应公司，8月1日市华侨公司复业，与市友谊公司合署办公，在市友谊公司内设立华侨商品供应科。

直到80年代，华侨商店还是一个令人向往的去处，因为其中有许多紧俏的商品，总能引起抢购热潮。华侨商店、华侨商品的出现，自然要有相匹配的相应特殊的购物凭证，这便是侨汇券。1957年12月，侨户凭银行“侨汇证明书”到华侨商店领取购物证，按侨汇总额15%购买统销和紧俏商品，可跨月购买，全省通用。当时手头持有“侨汇商品供应证”是一件相当荣耀的事情，完全是一种“贵族的感觉”，不但可以凭证去侨汇店里购物，去很多酒家吃饭的时候还可以享受七折优惠。

到了90年代初期，由于物价的放开，出现了很多百货商店与超级市场，而华侨商店由于品种少、规模小，悄悄地在市场竞争中败下阵来。如今，许多原来的华侨商店都已不复存在，而仅存的几家，如东山区龟岗大马路的华侨商店，虽然店面还在，却早已改头换面，与华侨商品扯不上半点联系了。随着华侨商店的渐渐衰落，侨汇券也越来越少在市面上流通，最后只能成为历史的一个印记了。

与此同时，50年代起，中国政府为安置回国定居的归国难侨，建有84个华侨农场，有41个是五六十年代为安置马来西亚、印尼、缅甸、印度等国8万多归国难侨而设立的，有43个是70年代末为安置越南难侨而设立的。农场分布于广东（23个）、广西（22个）、福建（17个）、云南（13个）、海南（5个）、江西（3个）、吉林（1个），在当时的特殊条件下有效解决了归侨之难。华侨农场有三大特点：一、归侨侨眷集中，他们来自不同的国家，有着不同社会制度的生活体验；二、绝大多数归侨是被迫离开原住国，在原居留地还有亲戚、朋友，他们与海外有着密切的联系；三、华侨农场由于政策性、社会性负担较重，整体发展步伐缓慢，导致广大归国难侨的生活水平相对较低。当时广州的郊区也建有这些安置归国难侨的农场，如珠江华侨农场、花都华侨农场等。这些历尽艰辛从异国归来的华侨在祖国的土地上终于找到了安身立命之所。（张　芊）

## 《羊城暗哨》

1952年5月的广州，天气已经开始热起来。大东公安分局突然收到了一封没有注明发信人地址、仅写有“原址”字样的特殊信件。

来信这样写道：“我是一个脸上长着麻痘、个子不高、年龄二十出头的男青年，我在这里向你们报告一项重要的情况。我们这里有一伙人计划想要从本地的黄沙码头上船，劫持广州到海南岛的客货轮船，准备驶出公海去到联合国告状，然后再投奔台湾。我现在生活困难，没有工作，我因为是误上贼船，想早日弃暗投明，如果你们想了解和知道更具体的详细情况，请在接到信后的第二天中午，到东山庙前路的北方面食馆去找我……”

大东公安分局（后改为东山分局）收信后立刻把这一情况上报广州市公安局。市局连夜召开会议，迅速组成由二十余人参加的专案组，开始立案侦查。侦察员找到了这个“麻脸青年”，以他为突破口，经过曲折斗争，一举歼灭了以国民党特务吕薄冰（化身为在东山一带活动的“算命佬”）为首的38名犯罪分子。

这一真实案件正是50年代风靡全国的反特传奇电影《羊城暗哨》的创作起源。全剧的主要情节如下：

一名代号209的特务被边防军捕获，他在供出与广州特务头子“梅姨”的联络暗号及地点后重伤死去。为将敌特组织一网打尽，公安人员王练冒名209，按地点先后与特务“小神仙”和自称“八姑”的女人接头，并与八姑以假夫妻身份活动。八姑挑拨李秀英与陈医生夫妇不和，又要挟陈医生参加所谓“中国人民代表控诉团”到联合国去公开诬蔑新中国。陈医生因为自己有历史问题被特务抓住，摆脱不开，服毒自杀未遂。公安人员帮助他认清是非，协助破案。特务要劫船开往香港，王练随八姑也上了船，得悉梅姨原来就是八姑家的女仆刘嫂，而梅姨也识破了王练的真实身份，欲置王练于死地。我公安人员及时赶到，将敌人一网打尽。王练冒着生命危险在千钧一发的时刻将敌人启动的定时炸弹扔进了海中。

广东作家陈残云在构思这一脚本的过程中曾被委任为深圳宝安县县委书记，主要负责边境检查工作。他把当时深圳轰动一时的“罗定山等25人美蒋特务特大阴谋、刺探情报反革命案”和吕薄冰案融合在一起，完成了电影《羊城暗哨》的脚本。

当时的深圳是一个既偏僻又荒凉的边陲小镇，最为繁华的地点是罗湖火车站与香港新界一桥之隔的罗湖桥，两站之间有一批搬运工人从事过境搬运。经过多方观察和深入了解，一个名叫梁初的青年搬运工人被深圳边防公安侦察参谋徐展秘密单线发展为打入敌特内部的“卧底”。1953

年，梁初向徐展报告，罗湖火车站西侧“得意楼”赌场承包伙食的张福智有国民党潜伏特务的重大嫌疑。于是，徐展让梁初通过卖走私照相机为由与之接触，迅速打入敌特内部组织。梁初很快取得了张福智等人的信任，负责张福智同广州市潜伏特务组织“国防部保密局”联络员陈二妹之间的情报传递。

张福智等特务一直梦想在祖国南大门广州制造一起具有国际影响的“惊天大爆炸”。广州所有的繁华地点——火车站、海珠桥、中山路、北京路、岭南文化宫、新华戏院、发电厂、飞机场和市公安局等处都是重要目标。广州市公安局为此成立“02号专案”，张福智等特务的所有行动都在我公安人员的掌握之中。

1954年，国庆五周年即将来临之际，张福智等人认为时机已到，指令梁初利用过境搬运作掩护，用平时搬运作披肩用的草袋做包装，分为两次，每次三枚，把美制TNT黄色烈性炸药、银灰色燃烧弹六枚秘密运送过境，送交陈二妹家中。为了掩人耳目，张福智竟然让梁初带上自己的老婆和正在吃奶的儿子一起护送。梁初将这两批炸药和燃烧弹转交深圳边防公安30团侦察参谋刘衍昌，并在徐展的护卫下送至广州市公安局，由专业技术人员排除了爆破燃烧功能并还原复制后不动声色地交到陈二妹手里。广州市潜伏多时的两个特务头子罗定山、屈金汉分别到旅馆取炸弹，暴露了真实身份。广州市公安局最终将该敌特组织共25人全部抓获。

《羊城暗哨》中的孤胆英雄王练就是以梁初作为原型的。以算命作掩护的特务“小神仙”则以吕薄冰为原型，陈二妹则被作家化为在“八姑”家当佣人的特务头目“梅姨”。这部情节曲折、紧张、充满悬念的反特影片《羊城暗哨》，经过近半个世纪的考验，已成为新中国的经典名片，是解放初期广州反特斗争的真实体现。

新中国成立初期，曾是国民党在大陆最后一个大本营的广州却依然风声鹤唳。国民党特务头子郑介民、毛人凤、徐志道、王新衡等人先后坐镇港澳，指挥对大陆的特务渗透和破坏活动，仅在香港一地就有“中美合作所东南亚情报局”等15个特务、间谍组织，55个组、台以上的单位。广州成为特务猖獗活动的重点城市。

据《广州市志》载，1950年初，广州地区有匪特武装近100股，9万余人。这些匪特公开或隐蔽地进行抢劫，煽动暴动，破坏交通，暗杀军政人员和群众积极分子，严重影响新政权的建设。为了肃清匪特，稳定社会秩序，1949年10月18日成立广州市警备司令部，21日成立广州市军事管制委员会，接着又成立了广州市治安委员会，负责广州市的清匪反特工作。在广大人民群众的配合下，经过全面进剿、分散驻剿、清剿潜匪三个阶段，至1950年9月，共歼灭“华南反共救国军游击总队”、“四老虎”、“八大仙”等匪首以下的匪特5.38万余人，捕获“军统潜伏组”、“中统行动组”、“珠江反共救国纵队”等特务组织成员900余人，收容处理散兵游勇3.8万余人，收缴各种枪支5.7万余支（挺），炮280门，电台20部。

1954年5月，公安部召开第六次全国公安工作会议，要求广州警方在加强经济保卫工作的同时，仍要以政治保卫工作为中心。从那时起直到1983年，广州警方开始了长达29年的反特工作。新中国成立后至“文化大革命”前，广州市公安局四任局长均由公安部直接调配。

1956年广州全市70万人接受反特教育。一方是台湾特务机关的100多名特务，预谋在10月10日晚上8时同时用破坏、燃烧、杀伤等五种不同性能的炸弹在戏院、茶楼、百货公司、公园、铁路、油库等48处"一齐炸响"，实施"华南行动计划"，要使广州"火光冲天，陈尸街头"，并准备届时到处散发传单；还指派专人携带照相机准备拍摄现场，大打"心战"。一方是广州警方发动4万多人参加巡逻防范和协助破案，传授5000名治安保卫人员排除各种定时炸弹及纵火器的简易方法，提出"决不让敌特炸响一个炸弹"、"决不让一个行动特务和一个炸弹进入北京"的口号。

在1956年的9月8日至10月15日，广州城度过了漫长的38天。在这38天里，事先的动员和学习起到了至关重要的作用。当年广州市总计有70万人接受了反特斗争宣传教育，公共场所的服务员知道了密切注意顾客遗留的可疑物品，三轮车车夫学会了配合公安人员跟踪特务，做到随叫随走。全民抓特务使得潜入大陆的特务分子无路可逃，或被举报抓获，或见无路可走，主动自首。爆破与反爆破，"心战"与反"心战"的斗争最终以广州警方全面获胜而告终。据资料统计，在38天的秘密斗争中，广州市公安机关共破获特务案84宗90人，其中行动案22宗28人、"心战"案9宗16人、情报案53宗46人。缴获各种炸弹29枚、反动传单5800多份、照相机一架以及其他爆破器材。由此可见当年羊城反特斗争的紧张和激烈。

《羊城暗哨》这部影片的很多外景是在50年代的广州街头拍摄的。这么多年过去了，广州的街道改变了很多，从片中人们可以看到旧时的广州城市景色，那些永远消逝了的风景。（王美怡）

## 南方大厦

南方大厦，地处广州市繁华的长堤商业中心，倚畔珠江，曾是广州第一高楼。

南方大厦前身称为大新公司。1919年，大新公司落成，建筑面积约11430平方米，大楼正面入口处为三角山墙，外形有水波形栏杆曲线，具有巴罗克风格。1919年10月10日，大新公司张灯结彩隆重开张，50米高的大楼直指蓝天，人们看到一道曲形通道从楼底一直盘旋至顶层，连汽车也可以开上去。天台游乐场营业时，众多的人力车络绎不绝盘旋沿道而上，蔚为壮观。楼顶的“大新”两字拼出一副对子：“大好河山，四百兆众；新开世界，十二层楼。”对子道出这座大厦当年雄视四方的气概。大新公司是广州第一座钢筋混凝土结构的高层建筑，1937年爱群大酒店落成之前，它是广州最高的楼宇，现在仍是珠江边的标志性建筑之一。

大新公司当时堪称为广州规模最大的集娱乐、饮食、百货等行业于一身的大型综合性企业，开业之后，顾客摩肩接踵，成了长堤最热闹的地方。

1938年，广州被日寇攻占前夕，大新公司连续三天三夜遭受烧劫。一场大火之后，剩下的仅是一副焦黑的水泥钢筋框架。日寇投降之后，一位旅美的刘姓华侨想购买大新公司，但工程技术人员说，房子损毁严重，需要拆掉重新建造，刘姓华侨放弃了。

1952年，广州市人民政府成立南方大厦大楼修建委员会。经过两年多的艰苦奋战，修复好的崭新大厦1954年国庆前夕矗立于珠江之滨。为了彰显新时代，大新公司被改名为南方大厦。说来也巧，大新公司是1919年10月10日开张，那是中华民国国庆；南方大厦是在35年后的10月1日开张，是中华人民共和国国庆。报纸提早把消息公布了，广州人立即掀起一阵狂潮，不少市民倾家出动，扶老携幼乘电梯上楼顶观赏羊城风景。那时，南方大厦每天的营业额达5万到6万元，即使在所谓的“三年困难”时期，物资匮乏，每天仍达3万元。

改革开放春风吹来，南方大厦更是“春江水暖鸭先知”，很快成为全国著名的大商厦。1983年，商店销售总额达2.7亿元，居全国12大百货商店之首。1990年到1994年是南方大厦鼎盛时期，它已经成为广州商业的地标，在全国十大零售企业名次总在前三位之内。那时每天的营业额基本都是200多万元，逢年过节甚至达到400多万元。外地游客来到广州，别的地方可以不去，但享有盛誉的老字号南方大厦却一定要去逛一逛。那时候有一个流传很广的说法：不到南方大厦就等于没到广州。

一个老字号往往可影射出一座城市的斑驳岁月，有着悠久历史的南方大厦曾经是广州繁荣的象征。曾几何时，南方大厦辉煌的景象，却成了历史陈迹。（李 杨）

## 计划单列市

计划单列指地区国民经济和社会发展在全国计划中单列户头。1955~1958年、1964~1966年期间，广州市先后被划为国家计划单列市，1984年10月国务院批准广州市恢复计划单列市体制，赋予相当省一级的经济管理权限。从1995年1月起，广州市不再实行计划单列，原则上继续享受省级经济管理权限。

新中国成立初期，广州市为中央直辖市。1949年12月归中南军政委员会（后改为中南行政委员会）领导，为大行政区辖市。1953年3月，根据中央人民政府政务院关于改变大行政区辖市的决策，广州市改为中央直辖市。1955年1月，根据中央人民政府《关于撤销大区一级行政机构和合并若干省市建制的决定》，广州市并入广东省建制，由中央直辖市改为省辖市，并分别于1955~1958年、1964~1969年、1985~1990年先后三次划为国家计划单列市，在国家计划中单列户头，享受省级经济管理权限。

直辖市时期，广州市为省级计划单位，计划直接报送中南财政经济委员会，待汇总后纳入全国计划进行综合平衡。中南财政经济委员会直接向广州市财政经济委员会发送公文。中央、中南大区直属在穗企业上呈下达计划及计划文件均需抄送或抄报广州市财政经济委员会，由其汇总后编入全市计划草案报中南财政经济委员会。在管理权限方面，固定资产投资等基本由中央采取集中统一管理的办法。

省辖市时期，广州市是广东省内市级计划执行单位，计划管理受省计委指导，各项计划由广东省统一安排。市工业产品产量计划，90%以上由省直接安排，主要物资分配计划，省戴帽下达的占90%以上。财政计划由省实行统收统支。这期间，广州市的交通运输体制条条分割、条块分割、多头领导的矛盾比较突出。在商业方面，有中央和省一、二级商业物资站和市三级站，广州地区一、二、三级商业和物资批发站并存，环节多，费用大。同时，广州市的财政压力也较大。

计划单列市时期，广州市的计划管理受中央和广东省双重指导，中央安排广州市的计划，从广东省的总额中单列出来，直接下达到广州市；广州市的计划在报送国家计委的同时，抄报省计委。

1984年10月国务院批准广州市恢复计划单列市后，国家计委和国务院各部门在下达的分地区计划数中，在省的名下，列出单列市指标；广州市计委和市其他部门向国家计委和国务院有关部门报送计划建议和计划草案等时，分别抄送省计委和省有关厅（局）；国家计委下达到省的国民经济和社会发展计划（包括综合计划等16项），除财政计划未单列外，其余15项实行单列并直接下达广州市。在工商税收、海外税收、工商行政、劳动工资、基本建设、外资外贸、科研和教育诸方面，基本落实了省一级的经济管理权限。这时期，广州市根据实际情况，赋予各区、县、局（总公司）等部门一定的计划管理权限。随着改革开放的逐步深入，国家逐步将计划管理权限下放，市也在计划管理方面逐步简政放权。特别是1984年10月国家计委下达了《关于改进计划体制的若干暂行规定》和中共十二届三中全会作出了《关于经济体制改革的决定》后，计划管理体制进入了一个新的发展时期，到1990年，广州市已形成了以指导性计划和市场调节为主、多种形式相结合的计划管理方式。另外，还加强了综合计划管理，在搞活微观经济的同时，加强宏观调控，使全市固定资产投资、信贷、外汇使用、消费基金等方面基本上保持了持续、稳定、协调发展。

实行计划单列使广州市在责、权、利上得到较为紧密的结合，这对于更加灵活地运用中央赋予的“在改革开放中先行一步”的政策，更好地发挥广州中心城市的功能，增强经济辐射力，加快广州经济社会发展，都起到了重要的作用。

从1995年1月起，广州等八个省会城市不再实行计划单列；同时，广州市等八个原计划单列市原则上继续享受省级经济管理权限。1994年2月25日，国家机构编制委员会决定广州的行政级别为副省级。（吴智文）



## 广交会

在中国，没有一座城市像广州这样，与一场展会有着如此密切的关系。在50多年的风雨历程中，它逐步发展为中国历史最长、层次最高、规模最大、商品种类最齐全、到会客商最多，且国别范围最广范、成交效果最好的综合性国际贸易盛会。它是中国了解世界的重要渠道，是中国企业参与国际竞争的重要舞台，是中国向世界展示经济实力以及新产品、新技术的重要窗口。它见证了中国经济与对外交往的巨变。今天，人们依然可以强烈地感受到它所带来的深远影响。这就是中国第一展——“广交会”。

广交会的诞生有着特殊的历史背景。新中国成立初期，一些西方国家对华实行经济“封锁、禁运”，国家建设急需外汇。考虑到广州是中国南方最大、历史最悠久的对外通商口岸，又毗邻港澳，地理优势突出。因此，当时的外贸部和广东省于1956年秋以“中国国际贸易促进委员会”的名义在广州原中苏友好大厦举办了为期两个月的“中国出口商品展览会”，获得成功。

1957年，经国务院批准，在广州举办了首届中国出口商品交易会，简称广交会。本次两届（春秋两届）交易会出口总额8687万美元，约占当年全国创收现汇的1/5。从此，广交会定期于每年4月和10月举行，分称春交会与秋交会。由此，中国迅速打通了与港澳、东南亚地区乃至全世界的贸易渠道。

1958年，广交会会址迁至今侨光路“中国出口商品陈列馆”，出口成交额首次突破1亿美元。1959年，会址迁至起义路陈列馆，面积达4万平方米，是侨光路陈列馆的2.7倍。1972年《中美联合公报》发表后，当年春交会应邀到会美商有42人，这是中美贸易中断20多年后美商首次到会。1974年，会址第三次搬迁至流花路广交会大院，展馆正面镶有郭沫若手书的“中国出口商品交易会”。

“文革”期间，广交会也受到了政治波动的影响。1966年10月15日，第20届广交会开幕。这是“文革”开始后的第一届广交会，打上了浓重的政治烙印。档案显示，当年在展馆内外所有最显眼的地方共悬挂毛泽东画像、照片445幅，语录牌、标语牌共2673个。广交会期间，还专门供应《毛主席语录》、《毛泽东选集》和毛主席像章。当时外商也逐渐习惯了中国的国情，日本客商甚至一见面就先跳“忠字舞”，以博得交易团的好感，完成采购任务。“文革”期间，西方来中国参加广交会的人手里流行一本模仿《毛主席语录》的“红宝书”，书名是《与中国人作生意的秘密》。书中详细介绍了参加广交会的“诀窍”：你在广州下飞机前，要检查一下胸前是否佩戴了毛主席像章以及公文包中是否装上了《毛主席语录》。你去旅馆后争取尽快约见广交会负责人或你的贸易伙伴，但不要马上谈生意，也不必约他吃饭，而是最好表示你想要观看一次样板戏，说你对《红灯记》等戏仰慕已久，等等。这一时期尽管国内工农业生产遭受严重破坏，广交会出口成交每届有增有降，但仍保持了总体增长的趋势，撑起外贸出口的“半壁江山”。

1976年第40届广交会的“第一天”也让参加当届广交会的人印象深刻。开幕当天，有关部门组织参加当届交易会的十几个贸易团的代表和交易会的职工，两千多人沿着东方宾馆、越秀山、环市路绕交易会走了一圈，队伍喊着“打倒四人帮”的口号，游行进行了一个多小时才回到展馆，在举行了简单的开幕仪式后，第40届广交会就这样开幕了。

1980年，广交会开始对台贸易。1983年，中外合资企业首次到会开展出口成交业务。1984~1985年广交会分别获得意大利“国际墨丘利金奖”、西班牙“国际贸易奖”。1985年，美国副总统布什参观了秋交会。1993年，实行由“省市组团，按团设馆”的改革，共设45个交易团，试办轻纺交易会。1994年，广交会开始按“省市组团，商会组馆，馆团结合，行业布展”的方案组展，设六大行业馆。1999年，获外经贸部授予自营进出口权的私营企业首次亮出自己的牌子走上前台。

广交会犹如一面镜子，不仅折射出我国外贸发展的历史过程，还记录着我国经济发展的多方面巨变。改革开放前，中国的外贸实行垄断体制，全国只有八家进出口总公司及上海、天津、广州等地为数不多的几家公司能够从事进出口贸易业务。出口商品主要是原材料产品和粮油制品。1993年，广交会取消了30多年来以专业外贸总公司为主的组团方式，实行省份组团、按交易团设馆。从此，出现在交易会上的从原来的国有“清一色”，开始逐渐转化为民企唱主角。改革开放初期，由于我国生产技术水平落后，劳动力成本低廉，外商来料、来样、来图加工的订单往往占到外贸公司成交额的50%至60%。在1978年，工业制成品才刚刚占总成交的20%。90年代以后，机电产品、高新技术产品、高附加值产品和日用消费品逐步成为“广交会”畅销的主导产品。

广交会是新中国最早对外开放的门户之一，可以说对外开放的大门就是从广交会打开的。从1957年开始，广交会见证了中国外交外贸工作的每一个重大转折。1960年中国政府提出了中日政治和贸易三原则，从1961年开始，广交会向40家日本民间友好商社发出了邀请，当届应邀到会70人；1972年中日实现邦交正常化后，日商参会人数迅速增加。

日本国际贸易促进协会实业开发部部长葛西学接受记者专访时说："1972年10月我第一次来参加广交会。那次交易会给我留下了非常深刻的印象，当时来自世界各国的商人都会在香港的火车站排很长的队伍，等着搭火车去广州参加交易会。当时深圳还是农村，在那里办了入境手续，吃过午饭才能搭上火车到广州。现在整个中国都发生了翻天覆地的变化，从香港到广州只要两个小时了。"

1987年秋，72名台湾商人首次以台商的身份参加第62届广交会，以后到会的台商逐年增加。广交会逐步形成了以我国香港地区、日本、欧盟、美国为主，覆盖东南亚、中东、拉美、非洲的客商格局。

自2003年10月第94届起，广交会启用琶洲展馆，在琶洲展馆和流花路展馆两馆分两期举办。2008年10月纪念中国改革开放30周年之际，第104届广交会首次全部在广州琶洲新馆内举行，这是广交会历史上第四次整体搬迁，从1974年4月使用到2008年4月的流花湖老馆正式退出历史舞台。琶洲展馆是目前亚洲最大的会展中心，也是世界第三大功能展馆。

从共和国会展的"独生子""长子"成长为"中国第一展"，从开启对外开放大门，到成为中国企业参与国际竞争的重要舞台，广交会60年的风雨历程，见证了中国经济与对外交往的沧桑巨变，更对广州经济、社会的方方面面产生了深远的影响。无论是60年代的经济困难、“文化大革命”十年动乱，还是亚洲金融风暴冲击和“非典”危机，一年两届的广交会，从来没有间断过。有这样一种说法：“文革”期间，中国只有两件事没有停顿中断，一是研制原子弹，二是举办广交会，后者成为中国“特殊年代坚持对外贸易、对外交流的唯一窗口”。（张 苹）

## 《五层楼下》

广州人见面有句问候语“食佐饭未”（吃饭了没有?），如果是傍晚，还加上一句，“睇晚报未”（看晚报了没有?），因为晚报是“我家的报”，晚饭后人手一份晚报，已经成为广州人的生活习惯。读完晚报，一天的生活就有了完整的程式。

“我家的报”这一口号正是《羊城晚报》自创刊后一直坚持的定位，也是它能在半个世纪的历程中保持活力与竞争优势的秘密。

1957年10月1日创刊的《羊城晚报》，是我国第一份地方性的大型晚报，创刊第一天的发行量就超过8万份，以“贴近时代、贴近群众、贴近生活”、“移风易俗、指导生活”，“寓共产主义教育于谈天说地”为宗旨，开拓办报新思维与新方向。

《羊城晚报》1966年停刊，1980年2月15日复刊。复刊后，为了在上有广东省委机关报《南方日报》、下有广州市委机关报《广州日报》的夹缝中得到发展，依然坚持贴近广州社会与市民生活的风格，以“反映生活、干预生活、引导生活、丰富生活”的方针重振报业，以社会新闻、文化新闻、体育新闻和副刊为主体，开创了文化走向民间的途径——从机关报到都市报、从政治化到市民化的模式。报社鲜明地提出办报原则是“姓党、姓晚、又姓羊”，设立了粤味十足的生活气息浓郁的“花地”副刊与“晚会”副刊，它们以围炉夜谈的风格成为晚报标志性的栏目，广受大众追捧；同时，开创了适合广州人阅读的的都市报风格，以贴近市民、贴近生活为追求，以市民的关心为取向，以务实精神与灵活性，创造了市民化的都市报新模式，

立足广东，面向全国，《羊城晚报》以地方性报纸，造就了全国性的影响，作为全国四大晚报之一，《羊城晚报》日发行量130万份，分布于全国每个省市区，是中国内地三家发行量逾百万份的大报之一，迄今已成为我国创刊最早、发行量最大的晚报。

《羊城晚报》最著名的栏目，要算《五层楼下》。

五层楼下——广州人家，这几乎是广州坊间的歇后语。“五层楼”就是明代建筑镇海楼的俗称，明代的永嘉侯亮祖在越秀山上建五层楼固其偏霸之气，一座镇海楼由此雄镇疆海、仰俯古今。虽经火害毁楼重建，但一直是广州人四季中远目揽胜、双九重阳拾级祈福的风水楼。上建有广州博物馆，是广州人视为家珍的最具代表性的建筑之一，发生在“楼下”的事情关涉就是广州人家的街头巷闻。

《五层楼下》以批评社会弊端、针砭损人利己为主题，提倡批评与自我批评，广州人就称为“提意见”专栏。虽是尺幅渺渺、虽是街头巷议，但自落地起，一栏风行，配合着晚报贴近日常的围炉闲谈的风格，广被关注，可以说开舆论监督一代风气，也首开了民间批评的先河。

家常无大事，市井民生油盐酱醋却事事关己。广州人称新闻媒体的批评为“卖佐报纸”。“拿去登‘五层楼下’

啦”这样一句口头禅，就曾流行在五六十年代，意在提醒专栏具有的监督性；市政无小事，凡污水治理不当、某部门电力浪费等，均予以披露，体现舆论监督的力量。如《五层楼下》一则批评：“带头浪费，批评当‘耳边风’；供电部门，请读群众备忘录”，就促使该部门进行检查改过。

《五层楼下》的批评均是自由来稿，全都源于市井生活、街坊故事，三言两语直逼主题，而一针见血的背后却是和风细雨的态度，有议带论，再配以形神具备的豆腐块漫画，声色味俱全的广州市井民生跃然纸上，如今回溯其中，50年代广州生活的细节形神俱备，别有风味。

专栏中没有道德公义的审判，不作结论性分析，民主氛围下的批评与自我批评姿态与风气体现无遗。如今广州的电视、电台都有百姓故事、街坊论坛，这些批评的声音，与《五层楼下》开创的批评风格一脉相承。

至今，老广州人回忆到《羊城晚报》，无人不知道当年这一个“提意见”的专栏——早在50年代，《五层楼下》就直面现实、针砭时弊、激浊扬清，开全国报刊先河。

《羊城晚报》自1980年复刊后，各类小栏目力求延续《五层楼下》的风格，如著名报人微音的《街头巷议》就有如此精髓：从身边说起——家事国事天下事，嬉笑怒骂皆文章，议论的事情都与百姓生活密切相关，专栏从而大受欢迎。

2005年10月26日，《羊城晚报》与广州市城市管理办公室联手重开《五层楼下》栏目，昔日的金字招牌重新被擦亮，内容则集中在广州城市管理中出现的问题与建议，成为广州市民监管广州城市建设与发展的园地。（周翠玲）

## 珠 影

珠影即珠江电影制片厂，位于广州市新港中路354号。

珠影的发展轨迹跟新中国电影业基本同步，它虽然没有上影、长影的历史，但也年头不短。1956年初开始筹建，属于“百花齐放，百家争鸣”的一项成果。在那个政治的小阳春里，中国派了代表团考察英法等西欧六国的电影业，受到刺激，回来要振兴中国的电影业，其中一项就是创建珠影。经过两年多的筹备，珠江电影制片厂于1958年5月1日在广州赤岗正式投产。在改革开放之前，它已经是中国屈指可数几家电影厂之一，品牌效应极其显著。

那个年代的中国电影厂，几乎全部是用地名来命名的，但选题上又不局限于本地。然而，珠影却一直保留着浓郁的岭南色彩。“文革”前的作品中，最有影响的有三部：1962年由蔡楚生、王为一导演的《南海潮》上下集。影片在反映华南渔民反抗权贵的故事中，加插了爱情细节，并且以广东音乐、南粤渔歌、沙滩美景等元素，增添了影片的观赏性，这在当年是需要冒一定政治风险的，但也因如此，受到专家和群众的好评。1963年的《七十二家房客》，由王为一导演。该片的前身是上海的一部舞台滑稽戏，移植到广东银幕后更为成功，1973年又被香港导演楚原翻拍成香港版，成为拯救粤语片的一大功臣。港版在影史上的地位很高，其实，早十年推出的广州版在艺术上一点不输于港版，甚至可以说更为出色。影片对于喜剧的处理极为圆熟，将市民化的幽默和讽刺发挥到极致，而且，没有对阶级矛盾做太僵化的处理，演员的表演也收放自如，没有一丝胆怯。完成于1966年的《大浪淘沙》是一部反映北伐青年的影片，首映于“文革”刚结束之际，故事讲四个哥们各奔前程、踏上不同政治道路，基本上将人格与政治立场做了一一对应。

“文革”后，珠影推出了一大批佳作，但以胡柄榴为代表的创作不再局限于岭南题材。1979年的《海外赤子》由陈冲、秦怡主演，华侨题材，取景于海南（当时仍属于广东）。影片真正传世的，是“我爱你中国”的插曲。胡柄榴拍摄的《乡情》（1981）和《乡音》（1983），以诗意的镜头，散文的风格，对准中国农村的家庭关系及伦理观念，赞美了传统的美德。前者荣获百花奖最佳故事片，后者荣获金鸡奖最佳故事片，堪称珠影历史上的艺术高峰。1985年的《绝响》虽然只获了金鸡奖最佳摄影和美术，但艺术成就以及现实批判性更胜一筹。该片描写了广东粤剧界前辈区老枢“文革”期间的不幸遭遇，通过他跟儿子的矛盾，以及他对曲艺的执着，反映了一代人的悲剧。

从80年代开始，珠影开始制作政治领袖的传记片，起初选择的人物或多或少跟广州或广东有关，如1983年的《廖仲恺》、1986年的《孙中山》，后来似乎拓展了视野，一直到2003年的《邓小平》。从1995年国家实施“9550”工程，珠影便投身于主旋律影片，拍摄了一批以争取政府奖项为目标的影片，如1996年的《军嫂》、1997年的《安居》、1998年的《龙飞凤舞》、1999年的《赛龙夺锦》、2000年的《走出硝烟的女神》和2002年的《荔枝红了》等等。至2005年，珠影共出产了200多部故事片，500多部短片，包括新闻简报、科教片、纪录片，80多部（合400多集）电视剧，加工各类拷贝近3亿米。

早在1985年，珠影把“制片厂”改为“制片公司”，试图从事业单位转为企业单位。1997年，珠影划属财力雄厚的广播电视厅，变成自收自支的企业化管理的事业单位。

2006年，又改制为有限公司。2008年6月28日，珠江电影集团正式揭牌。这是由珠江电影制片有限公司和广东省电影公司共同组建的，便于引进战略投资者，实现集团股份化。（周黎明）

## 流花湖

“流花女”是流传在广州民间的一个美丽故事。

广州人以素馨做灯饰，传说始于汉代。素馨花原名耶悉茗，相传是汉朝陆贾从西域带来的，南越王赵佗本是北方人，因思念故乡，便把此花带来广州种植。五代时，广州属南汉王朝。相传当时广州珠江南岸的庄头村有个叫素馨的种花姑娘，长得非常漂亮，她从小偏爱耶悉茗，不仅她家的花田里种的全是耶悉茗，她的房间里也挂着此花串成的花灯。她还用绿丝线把花串成串，戴在颈上。当时正值南汉王登基，广招天下美女3000人，素馨姑娘被选入宫中，深得皇帝喜爱。皇帝为投素馨所好，下令皇家花园都种上耶悉茗，而3000宫女也都要配戴此花。每天早上宫女们起床梳洗的时候，花飘落水，积满了下游的湖泊，这便是广州最早的流花湖。

新千年的元旦，广州市流花湖公园在公园湖畔新建的蒲林广场，安放了这座“流花女”的塑像，塑像表现一个深宫侍女晨起梳妆，将头花放在流水中，让流水落花寄托思乡之苦以及对青春流逝无奈的愁绪。

流花湖公园是广州市四大人工湖之一。50年代全市各界市民、干部、学生义务劳动挖泥挑土，建成了这座秀丽的公园。当年那热火朝天的建设场景，至今仍让老广州津津乐道。50年代，“义务劳动”风行全国，人人皆以参加劳动为荣。广州夏秋季多台风暴雨，市内水浸严重，西关、河南及沿江一带地势低洼，常遭潮浸，尤其是低洼沼泽地成为多年忧患。广州市政府多方调查研究后，决定变害为利，发动市民义务劳动，疏浚积涝，开挖沼泽洼地建公园。

1958年，广州市政府组织市民义务参加荔湾湖、麓湖、东山湖等开挖人工湖工程建设，实行三个结合：一是防蓄结合，在荔湾涌口建设了防潮闸，不让潮水淹没西关低洼的街巷和民居，又利用流花湖和荔湾湖把城市的雨水、山洪在闭闸期间先蓄起来，保护城市的安全；二是建湖与建园结合，绿化美化湖滨陆地，为城市居民提供游览休憩的环境；三是开挖人工湖与解决城市青年就业相结合。1958年之前，城市人口发展很快，一些青年未能充分就业，一些公共工程项目也缺乏劳动力，在开展义务劳动的同时，广州市还通过以工代赈的办法，组织待业青年就业。工赈队的不少青年经过几年的劳动成为了地区干部和社会主义建设的骨干，至今城西两湖（流花、荔湾）两闸（荔湾涌和80年代末才建成的澳口涌水闸）对解决城市50多万人的水浸问题发挥了重要作用。

施工期间，流花湖工地每天都有一两万人参加劳动，青年学生和职工是义务劳动队伍的主力。粤剧名演员红线女、林小群、罗品超等也参加义务劳动，并且在工地演唱粤曲鼓舞士气。经过一年多时间，流花湖、荔湾湖、麓湖、东山湖等人工湖公园先后建成，昔日蚊虫孳生的沼泽地成了山清水秀的公众休憩、旅游娱乐场所。

很多人都记得，自己曾经在流花湖流过一身汗，滚过一身泥。在广州人的记忆中，流花湖自有非同寻常的意义。

（钟 恬）

# 广钢

广州钢铁企业集团有限公司的前身是广州钢铁厂，始建于1957年，次年正式投产，是广东省第一家国有钢铁骨干企业、华南地区第一家钢铁联合企业。经过半个多世纪的艰苦创业，广钢已发展成为以钢铁冶金为主，工业、贸易、科技、金融多业并举，跨所有制、跨行业、跨地区、跨国家发展的大型企业集团，成为全国重点扶植发展的国有大型企业集团之一，广东省重点扶持发展的50户最大工业企业之一，广州市首批产业结构调整、资产重组和国有资产授权经营的5大工业板块（集团）之一。51年来，“广钢”经历了从“厂”到“公司”再到“集团”的跃变，走出了一条广东特色的国有企业发展道路。

随着1958年10月8日广州钢铁厂的第一炉钢的出炉，广东结束了“手无寸铁”的历史，从此走出了一条不平凡的艰难创业史。改革开放伊始，广钢已成为一座初具规模的钢铁联合企业。1980年广钢按照党和国家实行经济体制改革的步伐，首先实行“财政包干”承包经营制度，当年就实现了盈利，实现利润38.8万元，告别了长达20年的亏损历史，走上了自主经营、自负盈亏和自我约束的良性循环的道路。1987年钢产量由承包经营前的13万吨增至33万吨，实现年利润5000多万元。

1988年正值改革开放十周年，广钢再一次走在了改革开放的前沿，把目光投向了海外，与香港粤海企业(集团)公司合资成立了国内冶金行业第一家中外合资企业——广州钢铁有限公司，引进4800万美元外资及国外先进技术和设备、管理方法，使公司的装备和管理水平大大提高，奠定了广钢再发展的基础，广钢也一举成为国家二级企业。

至1993年，广钢年钢产量达61万吨，实现年利润1.94亿元，同年10月广钢抓住机遇，独家发起并通过向内部职工定向募集2500万股，改组成立股份有限公司。经过股份制改造，广钢从钢铁主体中分离出30多个机构，共3000多人，股份公司逐步形成了精干高效的运作机制。

1994年改组为广州钢铁集团公司，通过深化内部改革，精干主体，转线分离，使钢铁主体企业由12000多人减少至6000多人。分离出来的机构和人员按行业归并，组建成海外、工程建设、贸易等六个二级集团下属公司，形成了以国有投资为主体，多元化经济成分共同发展的混合型经济实体。改组后不久，中共中央总书记江泽民同志视察了广钢企业集团。同年广钢被广州市政府确定为20个财源大户之一，也是国家第一批转换机制的试点企业之一。1995年，广钢集团投资控股广州珠江钢铁有限责任公司，珠钢工程是国家重点建设项目，在我国首次引进当时世界钢铁工业的高新技术——薄板坯铸连轧生产线。

1996年3月28日，“广钢股份”在上海证券交易所挂牌上市，成为全国地方钢铁骨干企业中的第一家上市公司，广钢的钢产量每年以超过10万吨的速度快速增长，广钢也迈入了全国工业企业的百强行列。1997年8月，广钢通过ISO9002质量认证体系，经中国工商银行确认，成为AAA级企业。1998年成为国家重点扶植的大型国有企业之一。

2003年，广钢又在其历史画卷添上了浓描重抹的一笔。9月22日，广州钢铁企业集团有限公司和日本JFE钢铁株式会社签署合作协议书，共同投资成立中外合资经营企业——广州JFE钢板有限公司，在广州南沙开发区建设钢板生产项目。JFE钢铁株式会社是日本的一家大型钢铁公司，是世界上规模最大的钢铁公司之一，亦是全世界为数不多的生产小轿车外板的企业，多项技术代表世界钢铁行业的最高水平。此次的强强联手，对促进双方合作的共同发展以及对大南沙的开发有着重要的意义。同时，广钢此次的国际化战略很好地促进了广州的经济发展，不仅带动广州汽车行业的发展，也辐射到其他相关行业以及其他地区的经济和产业发展。

2008年，中国钢铁行业一件重大的事件又发生在广钢——宝钢集团近300亿重组广钢集团。新组建的广东钢铁集团注册资本为358.6亿元人民币，注册地在广州市。宝钢集团以现金出资286.88亿元人民币，持股80%；广东省国资委和广州市国资委分别以韶钢集团、广钢集团的国有净资产折合71.72亿元人民币出资，合并持股20%。根据重组方案，宝钢兼并重组韶钢集团和广钢集团后，广钢股份将全部淘汰炼铁、炼钢和轧钢生产能力，落户白鹤洞50余年的钢铁产能也将逐步转移到广州南沙和湛江，昔日的钢城将在这片热土上承担起广钢集团发展中新的历史使命，为转变广州市产业布局调整和产业升级做出了重要贡献。

新世纪的这一次次改变，对于每一个广钢人都有着很大的冲击。在经历这次重组以后，“广州钢铁”将变身为“广东钢铁”，广钢也将从城市走向海疆，正如现任董事长、党委书记陈嘉陵所说：“广钢作为一个有51年历史的大型钢铁企业，任何时候都要一直向前发展。我们要借助广东钢铁集团成立，借助广州市建设南沙、广钢进军南沙的契机，继续做好‘广钢’的品牌。”在广钢人心中，广钢已不仅仅是一家钢铁企业的名字，一代代广钢人的故事，还将继续上演。（秦瑞英　朱文忠）

## 横渡珠江

对于游泳爱好者来说，五六十年代的广州市万人横渡珠江是记忆里抹不去的盛事。横渡珠江是广州的传统体育活动，因市民踊跃参加而使之成为真正意义上的全民健身。每年横渡珠江的主题也因配合时事而各不相同，如1958年的9月，由市总工会、市体委组织的游泳活动主题是"保卫世界和平横渡珠江"；1959年，结合反对英美侵略西亚，警惕台湾国民党当局的军事挑衅，打出口号是"解放台湾万人横渡珠江"。

据《广州市志》记载，从30年代到1976年，广州至少组织了16次横渡珠江活动。最早有组织的横渡珠江活动是在民国十九年（1930年）6月21日，东山水上体育会举行了横渡珠江比赛。1932~1937年，南华体育会共举行了5届渡江游泳赛。抗战期间，横渡珠江活动中止。直到1947年9月，荔湾泳场举行了渡江比赛。

50年代，广州几乎每年都会举行横渡珠江活动。1956~1958年期间，毛泽东曾多次"秘密"在珠江畅泳。1958年8月17~19日，广州市体委发动万人横渡珠江，游程从划船俱乐部至二沙头体育俱乐部，参与者万余人。

1964年8月23~24日，广州举行了有史以来规模最大的横渡珠江活动，参加渡江的人数共计20048人，最小的"过江龙"只有7岁。为纪念毛泽东畅游长江，广州在1969~1976年间举办过6次畅游珠江活动，参加人数从1969年的6470人增至1976年的1.5万人，游程最长4300米。1977年7月16日，广州市组织16499人畅游珠江，从滨江西立新码头至珠江泳场。从1978~1990年，广州没有再组织过全市性的畅游活动。素有"全国游泳之乡"之称的荔湾区在1983

年至1994年仍在每年夏天举行渡江游。1994年之后，因水质污染严重，全市渡江游取消。

当年那位7岁的"过江龙"潘宝勤出生于游泳世家，几乎亲历了五六十年代广州所有的横渡珠江活动，他还被载入《广州体育文史》"广州渡江史"中。回忆起40多年前的壮举时，他只依稀记得下水后水流湍急，很快被冲离了队伍，教练赶紧游过来协助，潘宝勤才重新"归队"。他刚上岸还没来得及擦拭，就被记者包围了。他说："当时我还不知道怎么回事，就任人摆布拍照了。"《羊城晚报》随后刊登了照片：潘宝勤只穿着小裤衩，对着镜头直皱眉。

潘宝勤回想起1994年横渡珠江的窘境，感慨万千。那年横渡珠江是从积仕嘉饼厂码头下水，游往西郊泳场。事前计划活动结束后参游者在西郊泳场举行庆祝活动。"可是当我们游经珠江大桥至拉丝厂河段后，个个成了花面猫，全身都是油污，有人还头顶果皮、垃圾，像偷渡者。后来才知道那里有个油仓不断往河水里排污。"3000多名参游者只得临时上岸洗澡，而且"用的不是水，是煤油"。

2006年，停歇了29年的广州横渡珠江活动再次上演。在省长黄华华、市长张广宁等省市领导带领下，3500余市民共分63个方队开始了渡江。此后至2009年，广州已连续四次举行市民横渡珠江活动。事实上，近年来的横渡珠江活动已经超越了普通意义上的全民健身活动，被赋予了新的时代内容——检阅珠江水质的大型环保宣传活动。

（张　芊）

## 向秀丽

50年前，一位20多岁的向姓姑娘因抢救国家财产被严重烧伤，最后牺牲了，她的事迹后来被编入了小学课本。她叫向秀丽。

向秀丽是广州市何济公药厂的女工，中共预备党员。1958年12月13日夜晚，何济公药厂四楼甲基硫氧嘧啶的化工车间灯火通明，生产小组的三个当班工人向秀丽、罗秀明、蔡秋梅正在为制造“甲基”的药剂投料加酒精。就在她们聚精会神工作的时候，一件不幸的事情发生了。一只装着20多公斤无水酒精的玻璃瓶突然失去平衡往下一滑，瓶内的酒精全部倾泻出来，向四面流溢。刹那间，大量酒精触到工场左边10个正在燃烧着的煤炉的热气，忽地燃烧起来。这时，工场的右边角落放着七桶用煤油浸着的金属钠。金属钠是烈性易燃爆炸品，这些金属钠如果爆炸，足以毁掉整个工厂，并殃及周围密集的商业区及居民。

关键时刻，向秀丽和罗秀明把个人安危置之度外，她们以最快的速度把操作用的毛巾丢在地上吸酒精，向秀丽还毫不犹豫地用手抓着毛巾尽快吸走酒精。火苗很快扑向她已沾满酒精的双手和衣衫。蔡秋梅冲上前去，要为向秀丽扑灭身上的火。可是，她坚决地对蔡秋梅说：“不要管我，赶快叫人来救火。”向秀丽毅然冲向火焰试图阻挡酒精的去路！可是火越烧越往她身上来了。于是，她索性把身躯贴到地面上，像一堵墙似地挡住流动着的酒精。酒精浸透了她的全身，无情大火吞噬了她！向秀丽忍受着大火烧灼的痛楚，为前来抢救的人们赢得了时间，一场危在眉睫的爆炸事故终于被制止了，工厂化险为夷了，附近一带居民的生命财产安全的威胁解除了。

向秀丽被烧得遍体鳞伤，全身皮肤除了颈部以上和裤带部分外，全被严重烧伤，双腿和左手的肌肉烧得焦黑，烧伤面积达67%，其中二度和三度烧伤达64%。向秀丽处在生命垂危的边缘。当她昏迷了三天三夜第一次苏醒的时候，看到党支部书记，向秀丽第一句话就问："金属钠有没有爆炸?"她的妈妈去探望她时，她轻声安慰妈妈说："没有烧到工厂，我就安乐了。"她的丈夫是个火车司机，当他去探望她的时候，她总是追问："你怎么还不上班？不要常来看我，行车时不要为想我而思想开小差，免得发生事故。"当她知道医院正在全力抢救她，几百人排着长长的队伍要求为她输血、捐皮，就说："党和同志这样关心我，我用什么来报答呢?"

在医院治疗和抢救过程中，向秀丽表现得非常坚强。每次除腐肉、植皮、输血、注射，她都痛得直淌泪水，但都咬牙忍住了。尽管各方面尽力抢救，使向秀丽的生命在极度危险中延续了33天，但终因伤势太重而抢救无效，1959年1月15日12时43分，向秀丽的心脏停止跳动。这时，她年仅25岁。

1月18日，中共广州市中区委员会举行隆重的追悼大会。广州市人民政府追认她为革命烈士，并把当时化工车间所在的上九路、下九路一带命名为"秀丽街"。向秀丽光荣牺牲后，老一辈无产阶级革命家董必武、陈毅、林伯渠等同志都分别作诗或题词纪念她。林伯渠的诗写道："磊落光明向秀丽，扶危定倾争毫厘。一身正比泰山重，风格如斯世所师。"郭沫若也挥笔赞向秀丽："你全身都化了光，你是英勇献身的精神形象，酒精哪能够毁灭你啊，而是使你永生在人们心上。"

1982年8月，广州市人民政府将下九路何济公药厂的楼宇命名为"秀丽楼"。（李　杨）

## 疍民上岸

南方疍民，一个特殊的群体，主要分布在广东、广西和福建沿海一带，世居水上，漂泊不定，以出海打鱼采珠为生。疍家在历史上被看作是“不谙文字，不记岁年，朝夕惟局促舟中，所得鱼仅充一饱”的蛮民。

据1937年的广州市人口调查统计，全市“疍民”有11万人，占当时人口的10%。由于长期鲜与岸上居民交往，疍家形成了独具特色的文化风俗。《广东新语》中记载：“疍人亦喜唱歌，婚夕两舟相合，男歌胜则牵女衣过舟也。”疍家人用“咸水歌”把一生的喜怒哀乐都唱透了，从摇篮一直唱到生命的尽头。在摇船驳艇时唱，在织网绞缆时唱，在洞房花烛时唱，在生离死别时唱。“江行水宿寄此生，摇橹唱歌桨过滘”（清初学者屈大均语），咸水歌成了他们黯淡生活中的一抹亮色。

新中国成立前，漂泊在珠江上的6万多广州水上居民，在经济上受到重重剥削，一家人往往就只靠一条小艇搬运、渡客或捕捉鱼虾，以低得可怜的收入来维持生活，还要受到各种压迫和歧视，不能上岸居住，不能与陆上人民通婚。女人上岸被诬为“水蛇上滩”，儿童不能上岸读书，男人上岸，动辄遭殴打侮辱。他们长年累月以船为家，过着浮家泛宅、与潮汐共浮沉的生活。新中国成立后，疍民的生活发生了翻天覆地的变化。1950年广州市第一届各界人民代表会议通过决议，庄严宣布禁用“疍家”称号，一律称为水上人民。市人民、青年、妇女等代表会均安排水上代表参加，水上人民代表陈金（女）、林玉（女）还光荣上京受到毛主席接见。

疍家妇女勤劳俭朴，青年妇女梳一条大长辫子，穿大襟唐装衫裤，年长的梳髻。男女老少春夏秋冬均少穿鞋，多光脚或穿木屐，男穿淡素色的，女穿鲜艳漂亮的花屐，走起路来咯咯响。疍民从小划船，长年生活在艇上，不习惯步行，每次参加陆上游行或去中山纪念堂开会，会前要反复动员组织，参加者会后大叫行路辛苦。

疍民除了以捕鱼为生外，还从事水上流动贩卖，卖油盐柴米、菜果、日用品、小食的小贩艇不停地在水上穿梭叫卖，风味独特的“艇仔粥”、“臭草绿豆沙”至今仍令“老广州”回味无穷。每当夜幕降临，华灯初上，一艘艘小花艇荡漾在河上，艇内装饰十分雅致。客人一边品尝艇家即制的海鲜，一边饱览两岸景色。逢国庆之夜，珠江河面灯火通明，锣鼓喧天，几十艘船列队举行声势浩大的水上游行，引来无数市民两岸观看。1950年国庆周年庆祝，政府在沙面河面搭棚做戏台，粤剧名演员罗品超、文觉非、郎筠玉等一连三晚登台演出，远近水上居民划着小艇全家前来观看，也有陆上居民专程租艇而来，盛况空前。

1954年周恩来总理出国访问归来途经广州，专程乘船察看了黄沙、白鹅潭、沙面等沿江一带的小艇，了解水上居民的生活情况，并指示一定要为水上居民兴建住宅。市长朱光根据周总理的指示，热心为水上居民呼吁奔波。他认为，水上居民全部上岸，是广州人民一件具有政治意义的大事，这不仅可以结束水上居民长期被歧视、遭凌辱的历史，而且可以彻底解决反动统治时期长期不能解决的历史遗留问题。他积极向省市委呼吁解决水上居民上岸定居的问题，亲自上北京争取中央拨款。在周总理的关怀支持下，1960年终于拨下巨额专款作为兴建广州水上居民住宅的资金。这一项建筑工程，延续到朱光离开广州之后，在曾生市长任期内才全部完成。

曾生曾撰文回忆："据解放初期统计，水上居民有14665户，68225人。他们房无一檩，地无一寸，以小船为家，主要靠捞鱼虾和搞运输为生，白天劳动，晚上就停泊在珠江上，点上微弱的煤油灯，成为闪烁在江面上的万家渔火。他们常年过着浪里沉浮的生活，遇到刮风下雨，只好听天由命，有时船翻人亡，遭尽劫难。孩子们不能享受上学的机会。为了防止他们掉进江里，父母便在他们身上系上一条绳子，胸前背后还绑着一块浮木块。在旧社会这些处于社会最低层的'疍民'或'疍家'，深受压迫和歧视。为了解除水上居民的痛苦，改善他们的生活环境，中央和省市人民政府都非常重视这个问题……1958年起开始拨出20万元在山村兴建住宅，1959年又拨出200万元在河南基立村兴建水上居民住宅。在我接任市长之后，第一件事就是继续完成水上居民住宅建设和一系列配套工程。水上居民上岸居住，不仅要建筑住宅，还要兴建学校和商店，以及解决他们的就业、生活和教育问题。此外，还要做好思想工作。有些人习惯了泛宅浮家的生活，住在陆上反有'不自由'之感，上了岸又回去住艇了。为了尽快完成全部水上居民上陆居住的问题，1960年中央拨1200万元专款给省财政厅，到我离任前已基本上实现了基建计划。先后共建立了基立村、荔湾涌、大沙头、二沙头、滨江东、南园、素社、石冲口、科甲村、山村、如意坊、马涌、东望、猎德、墩头基等15处水上居民住宅群。建成房屋使用面积共28万多平方米。这项工作，在群众中造成良好的影响，水上居民同声称赞共产党好和社会主义制度好。"广州中山八路有条党恩新街，建于60年代初期。它由16幢4至6层楼宇组成，在当时国民经济困难和恢复时期，可算豪华住宅区了。这些新楼建成后，安置了占当时如意坊一带80%多的624户、3113位水上居民。为感激共产党和人民政府的关怀，这里就命名为党恩新街。

朱光看到广大水上居民生活所发生的巨变，无限喜悦写下了《水上居民的变迁》一文："长堤岸边，再也听不到水上妇女被凌辱的啜泣，再也听不到船工的饥寒哀号。珠江之歌，从广州解放那一天起，便完全变成了明朗的、欢快的调子，并且愈来愈高亢了……珠江河上，将不是几万水上居民的住宅，而是劳动人民击楫泛舟、放荡中流的乐园了。"（王美怡）

## 五 羊

五羊石像是广州市的一个标志。

五羊石像建于1959年，坐落在越秀公园西侧木壳岗上。石像中，群羊形态可爱，栩栩如生。大山羊居中，口衔"一茎六出"谷穗，昂首远眺，羊髯微拂；羊角雄浑有力，伸向空中，形象深沉、雄健。其余四羊环列四周，神态各异：或吃草，或嬉戏，小羊跪乳，母羊回首。

该石像由130多块花岗岩雕刻组砌而成，高11米，体积53立方米，重2吨左右，最小的一块是小羊的尾巴，重50公斤。创作者是当时广州人民美术社（现广州雕塑院的前身）的尹积昌、陈本宗和孔繁伟。打造石像的工匠主要来自北京雕塑工厂。这是一支多达三四十人、技术过硬的队伍，曾经打造过北京"人民英雄纪念碑"。

五羊石像来自一个美丽的传说。相传很久以前，广州一度连年灾荒，田野荒芜，农业失收，人民不得温饱。一天，天空一阵悠扬的音乐，自远而近；接着有五朵彩色祥云，由朦胧而清晰。五位仙人，身穿五色彩衣，分别骑着不同毛色的山羊，羊口衔着一茎六出的良种稻穗，驾着祥云飘然而至。仙人把稻穗给了广州人，祝愿此地永无饥荒，祝罢腾空而去，五只仙羊则化为石头留在广州的山坡上。从此，广州成了岭南最富庶的地方，广州也因此有了“五羊城”、“羊城”、“穗城”等名称。

这个传说所反映的时代，历来有不同说法。

一种说法在周显王（公元前368~前321年）时代。此时楚子熊商灭越，兼有南服，是为楚威王。有一粤人名高固，因其才能出众成了楚威王的宰相。时任威王太傅的铎椒，认为楚威王对春秋时代的盛衰兴亡缺乏见识，“不能尽观春秋”，便作《铎氏微》四十章，让高固呈递给楚威王。由于有良相高固的辅弼，楚国“文教日兴，五羊衔谷萃于楚庭”。相传楚庭所在地就是现在的广州。

另外还有三种说法：一是在西汉初年赵佗任南越王时期；二是在吴国孙皓为帝，滕修任广州刺史时期；三是晋朝郭璞迁城时。

现存记载五羊传说最早的古籍是成书于北宋初年的《太平寰宇记》。书中写道：“五羊城，按《续南越志》云：旧说有五仙人，骑五色羊，执六穗秬而至。至今呼五羊城是也。”没有说明五羊降临的时间。

无论如何，传说中的几个时代都是广州历史上的好时光。第一种传闻说的是这一带出了一位名相。南越国时期，广州地区进入历史上的第一次大开发时期。吴国时，滕修颇得民心，故“为边人所附”。郭璞生活跨越西晋和东晋，此时广州有大量北方和江南人口迁入，广州民众安居乐业，经济繁荣。50年代，广州市郊出土了一批刻有铭文的晋墓砖，其中有铭文这样写道：“永嘉世（307~312），天下灾，但江南，皆康平。永嘉世，九州空，余吴土，盛且丰。永嘉世，天下荒，余广州，平且康。”可见，五羊传说的寓意，既是赞美广州和平富庶、百姓安居乐业，也是祝福广州未来更加美好。此外，传说的内容是五羊衔谷而来，也许还暗示着广州经济正在发生的某种进步或转型。

目前，“五羊石像”及其所在的“五羊仙庭”，因其独特鲜明的艺术形象、深厚丰富的历史内涵而成为广州最著名的旅游景点之一。（章　深）

## 《广州好》

1959年，广州市市长朱光为庆祝中华人民共和国国庆十周年和广州解放十周年，满怀激情地写下《广州好》五十首。他热爱这座他倾注过无数心血的南国都市，珠江岸边的四时风物、千年古城的人文景观，都在他的笔下闪着永不褪色的光芒。

整整50年过去，广州人依然在吟咏《广州好》，他们永远忘不了这位才华横溢、为建设新广州呕心沥血的老市长。

朱光，这位被毛泽东主席亲切地称为“江南才子”的革命家，他的一生与广州结下了不解之缘。他青年时期曾在广州求学，尔后，参加了震惊中外的广州起义。新中国成立以后又回到广州。在这座他所热爱的城市里，他大刀阔斧、雷厉风行地创下过许多政绩，至今还在广州人民中传颂。

1949年9月，朱光率领200名两广干部渡黄河，跨长江，直抵江西赣州，在这里与南下大军聚集一起入粤。10月14日，广州解放，朱光带领着两广接管干部随解放大军进入华南重镇广州城。1949年10月24日，朱光任中共广州市委副书记，11月11日兼任广州市副市长，12月，任中共广州市委代理书记。朱光到达广州后，首先集中力量建立政权、肃清敌特、维护治安、整顿金融、稳定物价、赈济失业等城市接管工作上。

1954年10月，朱光任广州市市长。从1949年10月至1960年10月，朱光主政广州11年。他对这座革命历史名城的恢复、重建和发展，殚精竭虑，倾注了大量的心血。50年代初他就提出了“绿化长堤，美化广州”的口号。后来又提出：“要把广州建设成为一个更加完备的工业生产城市，同时，又是个美丽、整洁、安静的花园城市。”在他主持倡导下，广州拆迁了影响市容的木屋区；水上居民上岸住进了漂亮的新村；又陆续修建了众多群众性的文化娱乐场所和体育设施，如岭南文物宫（现在的文化公园）、烈士陵园、越秀山体育场、二沙岛体育训练基地；创办了广州雕塑院、广州美术馆、广东粤剧院、广州医学院、广州师范学院、广州工学院等市属大学和文化艺术团体；群众性的爱国卫生运动和城市园林绿化工作也开展得轰轰烈烈、有声有色。

广州刚解放，朱光就组织失业人员在珠江河畔长堤一带和马路两旁及广州城附近的荒山秃岭上广种花木，开展绿化工作。在广州东北郊方圆28平方公里的白云山种了大量的松树和各种果树，并且开凿公路，建设了许多风景点，使白云山变成树木葱茂，松涛如海，风景宜人的著名风景区。他把在抗日战争时期被日寇炮火夷为废墟的西堤灾区开辟成为集文化、游乐、休憩于一体的广州文化公园。1958年他发动全市人民奋战一年，先后建成了麓湖、流花湖、荔湾湖、东山湖四大人工湖公园，既解决了广州长期以来存在的因暴雨和潮汐造成的水淹问题，又美化了广州环境。他把当年国民党反动派枪杀革命群众的刑场之一的红花岗开辟成广州起义烈士陵园，供人民缅怀革命先烈。此外，还改建新建了三元里抗英斗争烈士纪念碑、黄花岗公园以及广州动物园等等。这些公园像一颗颗绚丽的明珠，镶嵌在珠江南北。在许多公园和建筑上，还留下他飘逸俊秀的墨迹。昔日杂乱无章、破旧肮脏的广州市的面貌发生了深刻的变化。

1959年，泮溪酒家改建，工程得到朱光的直接关怀，他对泮溪的建筑风格、园林布置等都进行了具体指导，还亲自为泮溪酒家书写匾额。看到匾额文字被酒家贴上了金箔，朱光觉得不合适，建议改用墨绿颜色，使之与古典园林建筑相协调，典雅美观。他还提议在泮溪临湖处竖起酒旗，展现古风雅韵。

朱光也是一位很有才华和个性的人。他风流倜傥，能诗能画能演剧，美国女作家威尔斯在《续西行漫记》中说："红军中有两个才子，一个是廖承志，另一个就是朱光。"他是延安七才子之一。他既喜欢吟诗作画（尤爱画梅花），也擅长于诗词。他笔下的梅花枝干奇崛，花蕾清新，别具特色。每画一幅还要配以题诗，"不写时花爱写梅，圆圆点点破寒开。指到冰肌香扑鼻，满天风雨也快哉。"诗情画意，跃于纸上。

1958年5月，朱光创作的《珠江大合唱》开台了。这部300多人的大合唱作品气势磅礴，轰动广东。《羊城晚报》撰文说这是"欢唱广东人民革命斗争的史诗"，是广东音乐界一件空前的盛举。次年朱光豪情满怀，又写下了组歌《珠江之歌》。

朱光在广州工作的11年（1949~1960）间，顶住了来自各个方面的极左压力，深入工厂、农村、机关、学校、街巷，直至老百姓家中，为广州人民办了大量实实在在的事情。当年羊城的十里长街，从越秀山麓到海珠广场，从文化公园到烈士陵园，无不留下了朱光的身影和足迹；羊城各大人工湖公园和风景名胜、水利设施工地，无不留下了朱光义务劳动时洒下的辛勤汗水。

经过朱光和全市人民十年披星戴月的苦干，到1960年10月朱光离任赴京时，广州的城市面貌发生了巨大的变化。从解放前的一座脏乱不堪的消费性城市，变成了一座工业初成格局，高楼叠起，四处鸟语花香，科、教、文、卫事业欣欣向荣的南国都市。

从50年代走过来的人，谁不记得《广州好》——

广州好，城古越千年。饱阅沧桑消劫烬，缅怀缔造接前贤，山立五羊仙。

广州好，反帝百年名。城北平英扬义帜，虎门焚毒抗夷兵，独立血来争。

广州好，三月吊黄花。七二英雄溅碧血，万千豪俊拔龙牙，辛亥耀光华。

广州好，越秀更娇妍。俯瞰烟霞穷变化，仰观林翠有无间，碑写碧云天。

广州好，黄埔涌波涛。北伐雄师钢铸骨，工农从此识枪刀，八一树红旄。

广州好，工运著威声。省港洪潮寒鬼胆，沙基残杀岂能平，教我工农盟。

广州好，革命好摇篮。农运雄风开讲所，回天基力出高坛，旭日万民看。

广州好，追忆红花岗。血荐轩辕垂万古，松涛陵上问穹苍，血谊永难忘。

广州好，追忆红花岗。故垒依稀寻战迹，头颅愧戴鬓沾霜，晨起舞朝阳。

广州好，我问白云山。南国擎天成砥柱，松林泉唱晓霞丹，何日摘星还。

广州好，凭眺越王台。千里江山来眼底，十年生息入诗裁，云海一天开。

广州好，镇海有高楼。极目风云堪识势，骋怀原野乐丰收，何事问王侯。

广州好，花塔插云头。六祖色空留塑像，东坡来去唱南陬，诃树啸千秋。

广州好，忆旧访流花。桥畔象山迎盛日，湖开新翠舞飞霞，春色遍天涯。

广州好，新景满昌华。十里藕花芳沁远，千株荔子道边遮，路断七香车。

广州好，东浦出东湖。红雨浥堤滋弱柳，碧波荡艇耀明珠，高下若平芜。

广州好，夜泛荔枝湾。击楫飞觞惊鹭宿，啖虾啜粥乐余闲，月冷放歌还。

广州好，晓港辟公园。傍水依山亭阁起，猗猗绿竹万千根，邻接古泉门。

广州好，过海踏花行。花埭素馨连紫陌，杨桃清脆味乡情，尧日照天晴。

广州好，晚照石门天。绿树青山霞绛染，蜃楼明月海潮喧，唤我不归船。

广州好，月上试凭栏。银汉繁星燎夜宇，珠江渔火照明澜，俯仰几回看。

广州好，夏夜放中流。渔唱激湍胸底阔，海云舒卷弄飞舟，更喜月如钩。

广州好，水暖任沉浮。海角荔堤垂柳岸，弄潮人喜向东流，洄溯自忘忧。

广州好，茶室且清宜。名点山泉常品尝，楼头风月约相知，共话太平时。

广州好，佳馔世传闻。宰割烹调夸妙手，飞潜动植味奇芬，龙虎会风云。

广州好，人物竞风流。五子三家留傲骨，海山岳雪剩荒丘，今日胜前俦。

广州好，花木四时春。旖旎繁英堆锦绣，缤纷香蕊落衣巾，只是为劳人。

广州好，端午赛龙舟。急鼓千捶船竞发，万桡齐举浪低头，屈子不须愁。

广州好，乞巧乞姻缘。巧艺年年祈夙愿，钟情红粉总堪怜，今日得团圆。

广州好，花市百花开。除夕东风花共醉，芬芳盈掬挈春回，曙色破天来。

广州好，元夕看花灯。街落银河城不夜，鱼龙凤鹊竞飞腾，火树满天升。

广州好，踏翠上罗峰。公社桃梅红十里，文山诗翰有遗踪，小立听晨钟。

广州好，宜雨又宜晴。蔬果桑麻繁种植，农林渔牧共经营，丽日有深情。

广州好，钢厂灿红霞。烟突嵯峨穿翠幕，铁流腾沸出丹葩，不见日西斜。

广州好，百艺斗瑰奇。牙刻木雕陶作好，拷绸麻织绣华蕤，创造属工师。

广州好，珠海跨长虹。络绎人车飞跃过，涛呼今已伏蛟龙，浩荡又东风。

广州好，侨伯构新村。去国饱尝漂泊苦，回乡今喜物华春，美景乐天伦。

广州好，粤剧放光辉。文茂英风存粉墨，汉卿妙笔泻珠玑，绝唱蝶双飞。

广州好，红马艺名扬。谢宝高风维正义，窦娥冤血断人肠，警世是歌场。

广州好，南国奏佳音。试马春郊龙夺锦，行云流水鸟投林，击鼓说雄心。

广州好，画派创新姿。锦绣岭南收笔底，天风春睡出高师，多少画中诗。

广州好，奕道冠群伦。北战南征搴将帜，车飞马跃炮如神，国手数官璘。

广州好，体育惠同群。人健国强情焕发，容陈戚艺冠全军，大任岂斯文。

广州好，科学早昌明，辈出英才多卓荦，青年意气莽纵横，百氏正争鸣。

广州好，业绩展华丰。灿烂琳琅多品类，声光电化创工农，计日达高峰。

广州好，路树列飞鹏。万棵紫荆飏彩蝶，千行绿盖缀明灯，影动月初升。

广州好，人道木棉雄。落叶开花飞火凤，参天擎日舞丹龙，三月正春风。

广州好，美德看今朝。秀丽全公扑烈火，英雄无我逼青霄，风格立高标。

广州好，解放十春秋。苦难已随流水去，繁华事业仗群谋，与众乐淹留。

广州好，四海亦为家。并举高飞同跃进，上游远瞩事无涯，日日望京华。（王美怡）

## 迎春花市

《羊城竹枝词》有云："羊城世界本花花，更买鲜花度年华。"广州素有花城美誉，历史上南有花田，东有花市，北有花桥，西有花地。一年花开络绎不绝，四季佳果纷纭丰盈，民间一直就是"衣香食果"。民俗上所谓"贫者穿花富者戴，明珠千斛似泥沙"便是一种形象的概括，所以广州民谚有"珠浦之人以珠为饭，花田之人以花作衣"的说法。直至今天，金秋的满城菊香，迎春的十里花展，以及光孝的菩提、海幢的鹰爪、萝岗香雪、石马桃花等以"花"为题的生活情趣，也广为人知，"人日游花地"这一民间节俗的盛况还为人津津乐道。"花"的符号等同于广州的"城徽"，早在80年代，木棉就被评选为广州的市花，"稻穗鲜花献人民"作为广州人精神，意在全力打造花城作为广州的品牌符号。

花城美誉最终集中在一年一度连续三日倾城的"行花街"（迎春花市）上，这是广州传统年俗中最重要的组成部分。可以说，没有"行花街"，就谈不上有完整的新年。迎春花市已经超出了买卖鲜花、装饰新年的意义，它是广州人的另一套语言标码、是广州的烙印般的城市符号。

买卖鲜花的市场约起源于清同治、光绪年间。《广东新语》载："粤东有四市，一曰花市，在广州七门，所卖只素馨，而无别花。"早期珠江南岸属产区也是销区，如瑶头、庄头，花地大策，《番禺县志》载："珠江南岸有村曰庄头，周里悉种素馨，花客涉江买以归……城内外买者万家，富者以斗斛，贫者以升，其量花若量珠然……花渡头在五羊门南岸，每日分载素馨至此上舟，故名……花多价贱，十钱可得升许，家有十余口，簪戴皆足。"而北岸则在城门口和藩署前、西湖路、三角市设有常年性的花市，《广州城坊志》记载："粤省藩署前，夜有花市，游人如蚁，至彻旦云。"后来发展到城外的西关十八埔、十二埔，十三埔一带，再集中在桨栏路，1956年迁到太平路，60年代后分区开设，因为越秀区是传统上的市中心，设在该区教育路的花市就作为各区中的"中心"花市。

60年代是广州花市的第一个鼎盛期。1960年，全市花市由原来的三个扩大到四个，增加了在东川路的东区花市。自2001年起广州的中心花市移到了天河体育中心，体现了广州经济文化重心已经从越秀山——北京路的传统中轴线，移向天河体育中心——珠江新城的新兴中轴线。

从农历腊月廿八日至除夕中夜，连续三天的迎春花市可以说是广州最持久的传统，即使在"文化大革命"期间，花市也没有废止，只是转移到城中各横街窄巷中。改革开放大地回春，"花海人潮十里长，嫣红姹紫竞登场"；"满城炮竹迎春夜，到处花团锦簇天"，花市恢复了其万千气象。

传统上的"行花街"，有其特定的民俗追求与基本的程式，欧阳山述说广州故事的《三家巷》中有欧桃等人"行花街"的细节，其中有"卖懒"歌：卖懒、卖懒，卖到年三十晚，人懒我唔懒——这就是"行花街"的功能之一：辞旧迎新。

辞旧迎新之义尤其体现在新旧年交替的时分。午夜钟起，满城鞭炮齐鸣，此起彼落，瞬间红衣纷披，落红满地，花档的档主在"电闪雷鸣"中拆棚倾花，称为"送旧迎新"。环卫工人必须在几个小时内全城清理拆除，为的是还大年初一清晨广州街头的整洁，称为"新年新气象"，这曾经是每年年夜广州最独特的年景，接下来才是呼朋唤友，满袖花香，赶去光孝寺、三元宫上“头柱香”祈福。

花市上必备的两大主题品种是桃花与盆橘。桃花是花开富贵，盆橘是大吉大利。其他为“衬花”与“碎花”，但花之为物，有种种花外之道，除了约定俗成地认可了它们固有的象征意义外，年节中的一花而多语算得上是一种特别的现象。这就是要“好意头”。广州人对“好意头”的追求极具创造能力：“竹报平安”、“百年好合”、“五代同堂”、“一帆风顺”、“鸿运当头”——这不过是红掌、猪笼草、竹子的等另一套吉祥符号和代码。同时，讨价还价时也要贯彻“讲意头”的原则，买卖双方最喜欢的有八（发财）、三（生猛）、九（长久）、十（十全十美）等所谓好“意头”的价位，并不是争执价位，只是彼此讨个吉利。

但近年来迎春花市发生了很大变化。由于市场的竞争，本土花的品种减少，引入很多外来品种，发展了顺德陈村、广州芳村永不落幕的花卉市场，常年花市也不断增加，使迎春花市的经营出现困难，夹杂在花市中出售的很多已经是工艺品、食品、服装等，有部分已经移进室内经营，失去了传统的韵味。（周翠玲）

## 珠江夜游

广州城背枕白云（山）、南临珠水（江），有着枕山襟江的雄浑气势，所谓“白云珠水两悠悠”。“云山”、“珠水”是广州最主要的自然资源。长夏无冬，水道丰富，历史上的广州是一个由两水、四湖、六脉、八濠组成的“水城”。因此，“珠江夜游”既是一个综合性的旅游节目，也是广州历史文化溢彩流光的展示橱窗。

早在1960年7月1日，广州市客轮公司就开通了“珠江夜游”的项目，但那时的游船就是载客的过江渡轮，一页甲板、一碟花生，从西堤码头横渡到芳村的白蚬壳，就是广州人“游船河”的亲水节目，也是50年代“一江春水绿、两岸荔枝红”的荔红时节，荔枝湾上戏艇品荔风情的延续。但作为综合的旅游项目与文化品牌经营，珠江夜游是与90年代起对珠江以及河涌的整治、广州山水城市建设以及广州城市形象推广的多项市政规划工程相联系的，1993年由市客轮公司和省珠江航运公司正式经营，自此成为最富有历史文化内涵的、最具广州风情的旅游项目。

广州人素有亲水玩水传统。珠江水道和纵横交错的水网河汊是粤人赖以生存的根本，所谓“生意兴隆通四海，财源茂盛达三江”，以此形成了一系列的民俗心理。广府民俗中，水是“财”的别称。在俚语中，“水脚好”、“水头足”是带来好运的意思；“度水”、“扑水”是指思量赚钱或筹钱；“傍水”是指向别人借钱，等等，这与广州曾是海上丝绸之路的起点、有着繁盛的海上贸易大有关系。

历朝羊城八景中，珠江也被重墨渲染。宋八景中有五景都是珠江之色，计有“扶胥浴日”、“海天晓霁”、“石门返照”、“珠江秋月”、“大通烟雨”，晕染了珠江的夜景、秋景和雨景。明清两代同样布局了珠江之画，如明代的“珠江晴澜”、“荔湾渔唱”，清代的“浮丘丹井”、“东海渔珠”、“琶洲砥柱”。

珠江之游不仅是美景之游，也是溯源历史之旅。清初屈大均的《广东新语》和乾隆进士李调元的《粤东笔记》中都记载有“羊城三石”的传说。东为海印，西为浮丘，中为海珠，三者隐隐相应，数百年间，水木清华，成就了粤中名胜。三石中最著名的海珠石引发的是宝珠进江化为

"珠江"的传说，更增加了珠江的神秘与丰富。90年代中期设立游船节目后，珠江夜游经常是一票难求，是众多广州家庭向外地人推介广州的首选节目。



珠江夜游的传统线路是从人民桥下的西堤码头出发，向东经江湾大桥、海印大桥、广州大桥——沿岸除了观赏珠海丹心、东湖春晓、黄埔云樯等新"羊城八景"外，最富有情调的是欣赏广州的长堤夜景。一批以爱群大厦、海关大楼、邮政大楼、骑楼、洋行、学校、医院等组成的新古典式、新巴洛克式、券廊式、仿哥特式、古典折衷主义等中西合璧风格的建筑，既是广州近代以来中外贸易和文化交流的见证，同时也是跨越了时空的建筑美学的范本，构成了欧风美雨冲撞下最富有广州风情的画卷，这就是所谓"十里楼台千顷月，几曾歌舞让姑苏"；往西而游，是华厦大酒店、白天鹅宾馆等现代建筑华彩流金，从近代到当代的呼应与跨越在游船不足三个小时的披风破浪中一气呵成。

21世纪以来，历史文化建设更被视为城市建设的基础，"广州一日游"的设计、珠江两岸灯光工程的推介、对珠江以及支流河涌的整治以及横渡珠江的体育活动的恢复，对珠江夜游的旅游品牌提出了更高的要求。引入多种经营方式，发展成为包括会议接待、表演等复合型的旅游观光活动。在市场竞争下，船只的装饰更适应了游船的要求，华丽舒适，提供了更多途径的服务，如舒适的轻音乐与多样化的广州小食以及对广州风物的介绍等；夜游、日游、日夜游等多种服务也陆续推出，线路不断加长，推进至珠江水系中的西江、东江等，如西江风情游等。

在两岸霓虹灯色梦幻的辉映下，游船锦绣，珠江夜游使入夜的广州在光色交汇中叙说历史与当今的故事，是历

史名城展现的又一张名片。（周翠玲）

## 卓炯

卓炯，广东经济学界最引以为豪的名字，在改革开放之初的中国经济理论界，他像一位勇敢的爆破手，冲破了产品经济理论的禁区，发出了“商品经济万岁”的预言。他更像一位坚强而勇敢的战士，始终战斗在经济理论研究的前沿阵地。他以其深厚的理论修养和对真理的执着追求，从上世纪50年代末期就开始探索社会主义商品经济理论，他是社会主义商品经济理论的创立者，也是中国市场经济理论的奠基人。

从40年代初期开始，卓炯在中山大学任教，开始研究《资本论》。尽管后来长期受命从事我党的理论宣传工作，但他始终没有放弃自己的学术研究。1980年，广东省社会科学院成立，卓炯担任分管科研的副院长。

卓炯的学术贡献是多方面的，最重要的是，他最早提出社会主义商品经济理论。中国经济自1949年后，就一直以“产品经济一计划经济”理论为主流。长期以来，“商品经济”被认为是资本主义特有的东西，社会主义应当逐步消灭商品和货币。在不容置疑的主流经济理论面前，卓炯没有盲目认同，而是以严谨的治学态度和坚持真理的勇气，坚持自己的学术研究。卓炯从50年代末期就开始质疑“社会主义是计划经济”的理论，提出社会分工决定产品的商品性，生产资料所有制决定商品的社会性质和特点，由此合乎逻辑地得出社会主义是商品经济的结论。他明确提出“我把社会主义的商品经济称为计划商品经济”，这在计划经济理论主导的时代，不啻为一声惊雷。改革开放后，卓炯的社会主义商品经济理论的研究更加深入了。80年代，卓炯先后出版了《论社会主义商品经济》、《再论社会主义商品经济》、《政治经济学新探》等著作，致力于构建社会主义商品经济理论体系。我国经济学界对卓炯的商品经济理论给予了很高的评价，称之为中国社会主义政治经济学理论的一次“卓炯革命”。

早在1982年，卓炯就讲过：“有的同志怕讲市场经济，其实，我们的市场经济是社会主义的计划市场经济。”他多次在不同的场合强调，商品经济实质上是市场经济，社会主义商品经济也可以称为社会主义市场经济。在“计划经济”理论为主流的时代，一个学者不拘泥于主流的理论，坚持自己的学术判断，是非常难能可贵的。他的理论研究付出了常人难以想象的艰辛，战胜了种种困难和阻力，无论遭到怎样的磨难，他从不退缩，充分显示出一个真理探索者的宝贵的学术品格。他的精神也深刻地影响了一代学者，80年代初，以卓炯为代表的广东经济学界新论迭出，人才辈出，广东经济学者率先进行多种经济成份研究及所有制理论创新，首倡“私营经济”、“股份经济”、“港澳台及外资经济”等。在服务产品理论、第三产业经济学理论、特区经济理论、外向型经济理论、经济发展战略理论等诸多研究领域，广东学者都走在全国的前列，成为全国理论创新的“排头兵”和“尖兵”。他们不仅为广东，也为中央改革开放的重大决策不断提供最鲜活的理论支持。

（卢晓媚）

## 大北立交

伴随城市公路的出现，近代立交桥应运而生，不仅大大方便了城市交通，也成为城市建设的美丽风景。最早的立交桥出现在美国。为了车流畅通，并安全地通过交叉路口，1928年，美国在新泽西州的两条道路交叉处修建了第一条苜蓿叶形公路交叉。1930年，芝加哥建起了一座立体交叉桥。1931年至1935年，瑞典陆续在一些城市修建起立体交叉桥。之后，立交桥在世界各地兴起，城市交通开始从平面走向立体。

50年代以来，随着广州城市人口急剧增加、车辆日益增多，平面交叉的道口造成车辆堵塞和拥挤，这一现象在大北尤为严重。1964年4月1日，广州建成了大北立交，是全国第一座城市道路立交桥。该桥当时颇为引人注目，从开工时起，到通车以后，几乎天天都有市民去，好多人忍不住骑自行车上桥“观光”一番，一度曾成为广州市新的城市景观，这虽然这在交通规则上是不允许的，但也从侧面说明当时它在广州人民心目中“明星桥”的位置。80年代，城市交通量也不断增长，为了道路建设的发展和交通的需要，1986年广州在环市中、西路上兴建东西跨越的大北高架路，补充了大北立交原有两层立交盘旋交叉的不足，从而大大缓解了区内的交通压力，使两条交叉道路的直行车辆畅通无阻。当时有句俗语：走大北立交桥，不愁塞车。

作为我国第一座城市道路立交桥，大北立交经历了45个春秋，它从最初的“明星桥”，变成了“卡脖桥”。以往通畅的车流消失了，取而代之的是以下一幅场面：每天一大早，大北立交就热闹了起来，立交低层从中国大酒店路口到梓元岗皮具城已排起了长龙，立交二层的环行岛上，东往西方向的车流一直排到火车站，车流相当缓慢，在立交环行岛上被“卡死”，以至于在立交桥上，机动车是上不来也下不去。人声、车声嘈杂混乱，让人真正体会到“堵心”、“闹心”的感觉，显然，现在大北立交的通行能力已经远远不能满足广州的交通需求。

但是在中国立交桥的历史上，“大北立交”仍然是个不可被忘却的名字。它是一座桥，是全国第一座城市道路立交桥，是一个城市的激情，承载了广州市建国后激情勃发的记忆；经历40多年的风雨考验，大北立交所代表的城市立交正所面临着种种挑战，立交桥在解决城市交通难题上是否能继续发挥作用，仍有待人们进一步探索。

（黄石鼎　宁超乔）

## “渡卒”

“渡卒”原意就是过河，在中国象棋中卒过河就是“渡卒”。有去无回的“渡卒”在粤口语中意为偷渡——“逃港”。

六七十年代，作为世界经济自由港的香港经济起飞，近在咫尺的香港并不只是广州人生活中潜在的梦想，而是可追求的目标。大陆经济封闭、物质极度贫乏，精神生活单调枯燥，两地的经济环境与生活方式悬殊。其时，广州人生活目标的很大份量就是为追求“港化”而奋斗。“港化”是广州人最崇尚的时髦，从民间的生活方式到整个社会的运作机制，香港是可供直接模仿的范本。80年代出国热之前，香港一直是广州人瞭望世界的窗口，港化就是“洋化”的代名词。

与香港有接壤之便的中山、东莞等水乡，水网连通港澳，生活贫瘠的乡人就在夜深乘船偷渡到香港边界（也有从陆路越境的），如九龙等郊野，再等待时机混进城区做黑工，再熬张“香港居民证”。成功率估计在20%至30%。这一以生命代价作为冒险的偷渡客，就被称为“渡卒”。

后来发展到广州知青也加入“渡卒”队伍。一些广州城中的知青争取到这些地方下乡插队，多是有如此动力的驱使。如果哪家的青壮年离家了，一般只有两条路，一是下乡插队，一是“渡卒”了。成功者数年后“衣锦还乡”，带回喇叭裤、牛仔裤、牛奶糖、拉架饼干、汪明荃、邓丽君的卡带，家里从此也就开了“南风窗”。但更多的是一去不返，或淹死，或失踪，或被公安遣送关押。

当时，很多青年苦练游泳技术，坊间也心照不宣，明白他们准备游“咸水海”了，也可能是去“喂鲨鱼”了。

1979年改革开放后，港穗两地交流恢复正常，尤其是先行一步的港商以“三来一补”的方式到广东投资，港资企业“满天星星”，制度与人为造成的隔离渐渐消除，尤其是近年开放了“自由行”后，历史上的“上省城、落香港”的便利全部畅达，如今在港或者在内地各行业的成功人士中就有不少是当年的“卒仔”。

进入21世纪，泛珠三角区域合作规划的出台，构建粤、闽、赣、桂、琼、湘、川、云、黔加上港、澳这11个以珠江为纽带的南中国省区的统一市场，生产要素自由流动，资源优势互补，区域协调发展，走向了共赢格局。穗港澳之间从地缘、血缘的紧密联系更拓展深化为观念的一体和市场的共同发展，很多港人“返内地”、“北上”寻找商业机会，“渡卒”一词恍若隔世。（周翠玲）

## 广州火车站

每年广州春节前后的头条新闻是：广州火车站；30年

广东改革开放成就中不能缺少的重要主题是：广州火车站；绝大部分外地人对广州的第一印象来源是：广州火车站；广州最集中的公开犯罪行骗的地点是：广州火车站；近20多年来连续超负荷运转的地方是：广州火车站……广州火车站在近20年来创造了最多的“别类”新词汇：外来工、民工潮、黄牛党、卖猪仔、野鸡车、扎针党、大袋佬、背包党、警匪大战、“黑公话”……

广州火车站有太多的标签、太多的承载、太多的起落，虽然如此，依然处乱不惊，长年运转如常，以祖国南大门的姿势送往迎来，显示出巨大的消解能力、巨大的包容能力、巨大的承受能力。正如有些人的评价：广州的城市性格正如广州火车站，快节奏中保持常态，忙乱中各守秩序。承受各种评价但不争辩、超负荷工作但运转如常。

从广州的地标式建筑到纳垢藏污之地、从全国四大交通枢纽之一到中国改革开放的晴雨表，广州火车站包含了极为复杂的定义。

广州铁路的终点站原址在石围塘，广州站的原址大沙头，是广深铁路的终点站。1951年，广州火车站迁至白云路。1974年，广州火车站落成启用，广深铁路、京广铁路及广三铁路均交汇在此，是全国的铁路枢纽之一。

广州的许多家庭都记得作为1970年代社会主义建设成就，举家在偌大的火车站广场上参观纳凉的情景。广州火车站的大钟成为与海关大楼大钟做对比的话题。就建筑形态上看，而今的火车站与建成之初没有太大的分别，但功能已经发生巨大变化。初期每日只发列车35对，按照每天3万人接待的能力设计。但30年后，广州火车站最高日发送旅客量已经达19.6万人次，最高日达30.4万人次，旅客发送量30年翻了10多番。

作为功能巨大的南北交通枢纽，广州火车站最重要的作用是成为中国近30年来南北大交流与人口大迁徙的通道与输送带，成为近30年间岭南“经济北伐”与“文化北伐”的总驿站。

1987年，以广州民工返乡潮为标志，正式启动了中国铁路春运。“全国春运看广东，广东春运看广州”。自此，20多年来广东始终是全国铁路春运的主战场，广州火车站承担了每一场重役。这种特定时期的人口大迁移，作为周期性的潮汐与中国社会的一大景观，被称为中国的“民工潮”。持续20年的“春运”与民工潮，是中国改革开放最重要的标签，制造了前所未有的两大现象：一是“孔雀东南飞”现象；一是“广货北伐”与岭南文化向全国的辐射。

“东南西北中，发财到广东”。资金、技术和人才自80年代初期开始，向改革开放的前沿广东流动汇聚，中国各地农村的富余劳动力也选择了南下淘金，百万大军下广东，人流与物流汇聚，被戏称为“孔雀东南飞”。南下大军再经广州火车站分流到经济改革风起云涌的珠江三角洲平原，广东改革开放的社会成就与经济奇迹离不开全国人才的南聚和民工潮的涌现。

从80年代起，以“珠江水、广东粮、岭南衣、粤家电”为代表的“广货北伐”，确立了“广货”在全国的品牌地位。进入21世纪，随着广东产业结构的变化，以“广州车、岭南房、粤信息”等等的“广东制造”继续风靡全国，尽管当年的“北伐”结构已经发生了多重变化，但“广货北伐”的影响力已经超越了商品品牌本身，以广货为载体，岭南先行一步、多姿多彩的地域文化辐射到全国，粤人的生活方式也由此成为改革开放后被广泛模仿的范本。大江南北，没有人不知道粤人的“打的” 、“埋单”，岭南文化被认同为灵活变通的符号与时尚的标志。

其中，广州火车站充当的不仅仅是交通枢纽的作用。它是中国社会变革中最敏感的晴雨表，如从每年南下的民工数量中可考察广东用人制度的变化、“民工荒”的出现给岭南发展带来的警示，等等。

随着发展的需要，1998年，港穗直通车广州终点迁往天河区的广州东站。2004年12月30日动工建设新广州火车站（位于番禺区钟村镇石壁村）。新站主要承担武广客运专线、广珠城际轨道和广深港城际轨道始发终到列车作业，目标是最便捷地对不同线路的乘客进行分流、最有效率地实现火车站各类不同的功能，体现新广州站作为标志性建筑所应具有的美感。

广州火车新客站预计2010年亚运会举办前投入使用，目标是亚洲最大规模的一流站场和国际一流的现代化、生态型综合交通枢纽。届时广州将拥有三个火车站，三足鼎立，服务全国，但广州火车老站也将继续发挥南北大交流的历史作用。（周翠玲）

## 河鲜货栈

广州地处南海之滨、珠江流域，盛产鱼类等水产品，广州人也爱吃鱼。但曾几何时，“吃鱼难”却是广州市民普遍面临的问题。80年代以前，全国实行“统购统销”的计划经济，物资紧缺，物价管得很严，老百姓买东西一切都要凭票配额消费。当时广州人每月有5毛钱的鱼票，但没有足够的鱼卖，而且凭票买来的鱼还大半是死鱼，因为供销公司在运送过程中让鱼在鱼篓里折腾几个钟头，到了档口又没有鱼池，早上出售时大多都半死不活了。有市民气得把这5毛钱鱼票寄给省委书记习仲勋，这对习仲勋刺激很大。于是，一场浩浩荡荡的价格改革率先在广州掀开了。

1978年年底，广州进行流通体制的市场化改革，实行放开塘鱼价格，按价值规律运行。1978年12月25日，广州办起全国第一间水产品行栏货栈——广州河鲜货栈。引进鱼货进城，随行就市，议价成交，迈开了农副产品放开价格的第一步。随即，鱼货成交量大幅度上升，过去难得见到的鲈鱼、桂鱼都跳进市场。1979年3月广州又开放塘鱼、冰鲜鱼市场，允许计划外的塘鱼、冰鲜鱼上市。随着成交量的不断扩大，零售档的鱼池也建起来了，鱼运到摊档后就放在池里，老百姓能买到活鱼。但在那个物资紧缺年代，供求严重失衡，市场放开后，一时间鱼价涨了几倍，涨到几块钱。群众议论纷纷，甚至还直接告到了国务院，但决策者顶住了压力，继续坚持价格规律。高昂的价格吸引了更多的人养鱼，各地的鱼也相继运来广州，随着供应量的增加，市场鱼价很快就平稳下来。三年后，对全国18个大中城市的调查结果显示，广州人吃鱼最多，鱼价最便宜。十年间销售额增加100倍，利润增加13倍，经营品种从10多个增加到上百个，成为广州河鲜市场的一大支柱。

塘鱼价格的放开和“河鲜货栈”式的流通体制市场化改革在广州取得了很大的成效，紧接着改革在更广阔的领域进行。从1981年到1983年，广州相继放开禽、蛋、鱼、果价格；1984年全面放开蔬菜价格；到1985年，七大类与人民生活密切相关的农副产品——菜、肉、禽、鱼、蛋、奶、果的生产经营和价格全部放开。一时间各行各业争相兴办货栈，如粮油、生猪、家禽、蛋品、饲料、果品、日杂、土产、咸鱼、海味、蔬菜等先后兴办30多家货栈。1984年，商业、供销社系统所属的行栏货栈发展到93间；

至1988年，货栈行业已发展到274家，参与者6116人。原来空荡荡的商店货架，忽然之间变得琳琅满目，原先轻飘飘的米袋子、菜篮子，一下子都变得沉甸甸了。许多原先要凭票证购买的东西开始不用票证也能自由购买了。广州价格放开的成功经验陆续在全国其他城市推广，“广州模式”享誉国内。到1992年底，全国有20个省（区）先后放开了粮食收购价格。

广州商品价格开放和流通体制市场化改革，改变了过去单一靠国有批发部门调拨、价格被统死的僵化局面，解除了计划经济时期的束缚，还贸易以最大限度的自由。以灵活的价格和多样化的经营方式，调节着市场供求关系和物资在空间上的分布，做到人不分公私，地不分南北，自由购销，产销见面，就地交易，从而冲击了条块分割、各自为政、统购统销的计划经济体系，最终结束了“票证时代”，并逐步从计划经济转向以“无形的手”调节市场。价格开放和流通体制的市场化改革对市场经济的发展产生了重大的影响，给人民生活带来了翻天覆地的变化，成了广州改革开放的一个重要里程碑。（张　强）

## “万宝”

1978年，改革开放的第一年，这也是“万宝”品牌诞生的年份。几个勇于创新的工人用自己的双手“敲”出了第一台冰箱，取的名字就叫“万宝”。现任广州市万宝集团万宝冰箱有限公司副总经理的陈忠丞就是当年试制第一台冰箱的试制组组长，从没听说过冰箱到把冰箱当成一辈子的事业，就是与万宝结下不解之缘的一个缩影。万宝伴随着改革开放而诞生，也伴随着国家自主品牌建设的步伐走出了一条不平凡的道路。

把“万宝”称为中国家电业的开拓者丝毫不为过。1980年，从新加坡引进了中国第一条电冰箱生产线并生产出中国第一代家用电冰箱——万宝冰箱。1984年，万宝牌冰箱的全国市场占有率达40%，成为中国最大的家电制造商。同年，列为国家重点项目的年生产能力达100万台的冰箱压缩机生产线从日本引进，这是我国第一条冰箱压缩机生产线。

1988年是改革开放的十周年，这一年对万宝冰箱来说是一个意义重大的一年。4月，万宝电器集团公司正式组建，被列为国务院四大改革试点企业集团之一。组建后的集团公司按生产经营一体化的要求，实现了“六统一”的管理机制。年底，万宝牌电冰箱年生产能力突破100万台，位列全国第一；同时工业总产值达26.83亿元，利税4亿多元，跻身世界电冰箱企业“八强”行列，冰箱压缩机产量此后连续多年为全国第一。集团公司立足国内，放眼世界，在多个国家地区建立销售网络渠道，遍布东南亚、澳洲、中东、西欧、北美，出口30多万台，占全国出口量的60%以上，出口产值6亿多元，创造了一个奇迹，书写了一段传奇，也为中国家电行业的自我开拓树立了一个榜样。国家有关部委的领导多次来广州考察的时候都提到，在家电史上，万宝为我们家电市场的发展和家电行业的兴起立了很大的功劳，如果要写中国家电史的话，第一篇章应该是万宝的辉煌。

然而，自我探索的路上不可能一帆风顺，“摸着石头过河”也不免有碰到石头的时候。1988年后，就在万宝准备迈入第二个发展历程的时候，我国制冷业迎来了三年的“严冬”。市场风险意识的缺乏，自身品牌建设的不足，竞争机制方式的单一是当时中国企业的通病，万宝也不例外。在经受内忧外患之后，很多有影响力的老牌企业都经不起这一轮市场的淘汰，但万宝还是生存了下来。面对内忧外患，万宝加大了企业的改革力度。1991年，万宝抓住了跨国公司急于进军中国市场的机遇，陆续与日本松下、三井物产，新加坡包装等跨国公司合作组建合资公司，以此扩大生产规模，提高科技实力，增加产品品种，拓宽销售渠道，对接国际市场，促进企业发展。同时，在公司内部也进行了生产组织结构的调整，形成了广州市区、人和、番禺、从化四大生产基地。万宝依托改革开放前沿的优势，及时把握国内外环境的局势，成功转型，1998年，其下属的广州冷机股份有限公司在深交所成功上市。

90年代又是考验中国企业的一个重要时期，通货膨胀和通货紧缩相继出现，其后又有亚洲金融危机，再一次把中国的企业推到风口浪尖之上。很多中国家电业的“元老”，如苏州香雪海、北京雪花、中山威力等都倒在新世纪的门前，万宝再一次幸免于难不啻于一个奇迹。大浪淘沙始留金，凤凰涅槃再重生。2000年，在广州市政府主持下，组建了新的广州万宝集团有限公司，注册资金达3.3亿元。次年，冰箱压缩机产、销量位列行业第一，空调压缩机产、销量位列行业第二。2002年1月，冰箱压缩机空调压缩机产、销量均创该集团历史最高水平。

迈入新世纪，我国加入了WTO，万宝也以此为契机，翻开了与国际巨头合作的新篇章，再一次探索国际合作模式。2001年，万宝与美国通用公司商务合作，其后又与多家国际商业大鳄合作，如日立、沃尔玛等。联姻国际巨头，实行国际战略使得万宝冰箱远销几十个国家和地区，实现工业总产值53亿元，销售产值48.74亿元，利税总额

1.54亿元，出口额7436万美元。2000年以来，广州万宝集团的工业总产值由1999年的不足30亿元，到2006年目标实现120亿元，年均增长30%以上，销售额和出口额都实现了同步增长。2005年，万宝名列中国企业500强第242位，列中国制造业企业500强第121位。次年，万宝品牌被中国机电商会评为“推荐出口品牌”和商务部评选的2006年度“最具市场竞争力”品牌，万宝商标也被评为中国驰名商标。从债务沉重到实现整体性盈利，万宝在我国家电业发展历史上具有了标本式意义。

如今，产品的竞争越来越集中于品牌的竞争。光有市场而缺乏品牌意识，只能处于竞争的下风，这也是中国无数民族品牌的痛。近年来，万宝一直默默致力于恢复和维护品牌的建设。回想80年代，大江南北，男女老少都知道“万宝”，而如今市场充斥着大量的国际品牌和国内品牌，万宝如何突出重围，重现辉煌，重新擦亮品牌，取得长远生存之道，是新一代万宝人的挑战。（秦瑞英　朱文忠）

## 音乐茶座

“音乐茶座”可以粗分为广义和狭义两种理解。狭义的音乐茶座最早出现于1978年的广州东方宾馆；1980年3月，该宾馆的花园餐厅开始出现小规模音乐演出，多是外面的歌手来客场演唱；1981年，宾馆招考歌手、伴奏，成立专门乐队，在翠园宫餐厅正式演出，听众花钱买上一张票，就可以进来坐在饭桌前听歌，票价内包括了茶座提供的饮料、小食。1989年，东方宾馆乐队改在国际会议中心席间助兴。

东方宾馆开风气之先，南音、海珠花园、花鸟乐园、海幢公园、广州文化公园、广东省中国旅行社轻音乐团等音乐茶座接踵而至。至1984年，广州已经有75家音乐茶座，每天听众达15000人。按照现代的理解，音乐茶座是一种介于正规剧场和街头表演之间的歌唱表演，相当于现在酒吧、咖啡厅、餐厅的演出。其实，除了这种需要歌手和乐队的音乐茶座，还有一种更加简单的，就是仅播放背景音乐，如当时桂园、南音、大同等音乐茶座。据统计，当时广州带乐队的大约有20间，不带乐队的大约50间。

音乐茶座的全盛时期是80年代，发祥地和重镇是广州，但迅速传遍全国。现在的80后、90后大概无法想象为什么食肆茶馆的助兴演出能产生如此巨大的轰动效应，那是因为，它截然迥异于之前的歌唱表演。整个“文革”期间，唱歌类似于喊口号，形式是高亢嘹亮的，内容跟普通人的情感毫无关系，表演均在舞台上，高高在上，听者仿佛是受训。音乐茶座首先从形式上拉近了歌者和听众的距离，歌者不再是领导的化身，而转化为听众的朋友；从内容来说，音乐茶座真正吸引人的是港台流行歌曲，是内地已经隔绝了30年的一种轻松娱乐市井气息浓厚的歌曲。

由于当时港台歌曲尚不能通过正规渠道进入内地，电台电视台也不能播出，因此，它们的流传主要靠卡带，其次就是内地歌手的翻唱，音乐茶座就是翻唱港台歌曲的重要平台。没有机会现场欣赏香港的罗文，你可以在音乐茶座欣赏“广州的罗文”李华勇，另外还有一位名叫李达成，据说比罗文还罗文，后来受到港人赏识，成为第一个签约香港唱片公司的内地歌手。除此之外，还有“广州徐小凤”张凤、“广州郑少秋”陈浩光、“广州苏芮”张燕妮、“广州刘文正”吕念祖、“广州邓丽君”刘欣如、“广州梅艳芳”汤莉，甚至还有广州版的“四大天王”，分别是廖百威、王建业、陈汝佳、李达成，不过，这“四大天王”可属于原创，因为当时还没有香港“四大天王”呢。

有人可能会说：翻唱他人的歌曲，永远不能跻身一流。不错，广州的音乐茶座确实没有产生杰出的艺术家，但它的整体效应却具有相当的革命性。通俗地说，它将一种人性化的演唱方式从港台引入内地，对内地的文化娱乐产生巨大的冲击；它是对虚假高昂的一种反动，是对自然真实的一种回归。整个80年代，音乐茶座的背后充斥着反对的声音和各种限制，有人状告某些茶座演唱或播放《何日君再来》《夜来香》《小小洞房》等“不健康港台歌曲”，甚至光是播放器乐版都会有人告状。在清除“精神污染”的过程中，曾经规定港台歌曲不能超过三分之一的演出比例。另外，音乐茶座最初只允许住宿宾馆的客人（以外宾为主）才能光顾，后来才有所松动。

整个80年代，广州是中国流行歌曲的重要中转站，多数脍炙人口的好歌均通过广州流传到全国，导致其他地区某些歌手模仿广州歌手的口音。那时，内地和港台在通俗文化方面尚未融合，以意识形态为准则的北派和以商业价值为目标的南派在此汇合，香港把流行歌曲叫做“时代曲”，北方创造了“轻音乐”这个词，试图在通往通俗音乐的道路上找一个过渡。尽管音乐茶座捧红的广州歌手经常在全国走穴并广受欢迎，而且垄断全国市场的唱片公司也在广州，但这些歌手却没有成为真正意义的全国性歌手，而音乐茶座这一现象至80年代末也开始式微。原因是，翻唱只是一个过渡阶段，成熟后必然走向原创，如广州媒体从90年代起便大规模关注本土歌手和原创音乐，而这些歌手（如毛宁、林依轮、李春波）均瞄准全国市场。

其实，音乐茶座的历史可以追溯到辛亥革命前后，那时的广州茶楼老板雇佣走街串巷“随缘乐助”的盲妹（也称师娘）演唱传统粤曲以招徕顾客。太平洋战争爆发后，由传统粤曲演变到西洋乐器和流行歌曲，大受欢迎，至抗战胜利前后达到鼎盛。

由此可见，广州称之为“音乐茶座”的东西，其实全国乃至全世界都很常见，比如苏州评弹的表演方式和表演场地，跟传统的岭南音乐茶座几乎完全雷同。再往北看，东北的二人转其实也有相当的类似之处。放眼外国，新奥尔良是美国爵士乐的重镇，其主要表演平台就是酒吧。毫无疑问，这种草根的表演形式在流行之初必定是粗砺的，是下里巴人，但未必是糟粕。它们的流行往往有着强大的群众基础，是民间声音的一种体现。它们的价值有时在于原生态的艺术，有时在于所折射的社会性。广州的音乐茶座是承前启后的，今天我们在咖啡馆听到一段动人的旋律，在民族餐厅看到一段未必专业但十分鲜活的表演，都会习以为常，但我们必须感谢80年代的广州歌手和听众，是他们为我们打开了这扇门。（周黎明）

## 太平洋影音公司

位于广州流花湖畔的太平洋影音公司保持着多项内地第一的记录：它是中国内地第一家拥有整套国际先进水平全新录音录像设备和音像制品生产线的音像出版单位，录制出版了中国内地第一批卡式录音带，生产出版中国大陆第一批录像带，出版了中国大陆第一张激光唱片……但所有这些，都无法反映它在80年代多么强势，为何具有近乎垄断的江湖地位（加上中国唱片总公司广州公司）。简单地说，当全国没有地方可以录制立体声音乐时，它可以做到。对于听惯了缺乏层次的单声道歌曲的人来说，初次听到立体声的震撼是难以形容的，何况当时歌曲本身也在悄悄步入贴近大众口味的流行音乐。

其实，太平洋影音公司最初成立时定位为外销，因为惨败才转为内销。早在1978年6月，香港百利唱片公司（中资背景）找到广东省广播电影电视局，希望合作创办一个机构专门生产立体声录音带和录像带。当时内地只能录制单声道的黑胶唱碟，立体声录音带是一个全新的事物。廖明祖（后来的太平洋负责人）受领导指派，去香港考察了一个多月，发现立体声录音技术已经很成熟，相比之下，内地依然是空白。于是，省广电局打算上马，但定位却是一家生产磁带的厂家，拟取名为“东方磁带厂”。廖明祖觉得“东方”不够响亮，视野不够广远，建议拓展为“太平洋”，同时，业务不局限于硬件，而是硬件（卡带）和软件（音乐）左右开弓。1979年1月，太平洋影音公司正式成立。

百利公司贷款400万人民币，引进了一套24声道的立体声卡带生产设备。协议规定，百利负责贷款，太平洋负责生产唱片，同时把收益偿还给百利公司，称之为“补偿贸易”。由于立体声卡带仍属新生事物，廖明祖等人做了大量的推广普及工作，到音协、文联、工人文化宫等地方举办欣赏会。1979年5月，太平洋录制了第一首歌，是朱逢博演唱的《蔷薇处处开》，专辑名叫《朱逢博独唱歌曲选》。

整个80年代，太平洋的唱片（卡带形式）如同一路看涨的股票，是抢手货。一些从事唱片发行的人士说，手里只要有太平洋的卡带，就等于手里拿着钞票。一盒唱片动不动就卖到几十万、上百万的销量。1987年10月，太平洋与香港永固公司合作推出海外歌星费翔，巧遇央视春晚启用费翔，全国掀起“费翔热”，第一集发行数达270多万盒，创造了国内发行男歌手卡带的最高纪录。

业绩节节攀升，从第一年因只做外销，仅制造成本便亏损4万元，到第二年赚了159万元，第三年赚了429万元，还清债务，到1983年末已总共赢利3000万元，成了纳税大户；90年代更是数次荣获当地税务部门“先进纳税户”的称号。1987年12月，一幢13层高、建筑面积12000平方米的现代化综合影音大楼全面落成，成为太平洋卡带热销最显眼的成果。

然而，由于相关规定的滞后，做出最大贡献的歌手和音乐人却无法从中获取应有的报酬。无论是作曲家创作一首歌，还是歌手唱一首歌，都是10块钱的稿费，没有提成那么一说。唯一的“犒赏”是1981年设立的“云雀奖”，给获奖者（多数为销量极高的歌手）1000元奖金。即便零售价仅五元一盒，就当时物价以及惊人的销量来说，一盒稍微走红的卡带所创造的商业价值也是巨大的。当然，歌手并不是为了赚钱才来太平洋的，一是太平洋能提供当时最先进的技术，其次它具有很强的造星能力。诚然，太平洋捧红的歌手中，有些正通过电影歌曲等手段处于名气急剧上升时期，比如第一批录制唱片的李谷一、朱逢博、胡松华、蒋大为等；另外有一些（如朱明瑛、王洁实等）因为附属歌舞团的演出，已经具有局部名气，而太平洋的唱片让他们彻底走进全国千家万户；最后一类是完全依靠太平洋卡带崭露头角并迅速建立巨星地位的，人数并不多，主要是沈小岑和朱晓琳，尤其是1982年5月推红的沈小岑，真正的走红歌曲并非当时常见的口水歌，而是原创的《请到天涯海角来》。

由于海外音乐的引进受到限制，太平洋制作的唱片中有相当一部分是港台歌曲，制作方式是“扒带子”，即从海外购进录音带，通过听音记谱、记歌词的方式记录下来，由音乐人依照原来的歌曲进行配器、配乐，让内地歌手翻唱，重新录制一张唱片。因为当时没有版权限制，什么歌曲都可以翻唱。

据当时的金牌配器师丁家琳回忆，一开始录音条件很差，连电贝司都没有，只能用一个贝大提琴，里面塞很多棉花，放一个话筒，模拟电贝司的声音。那时也没有爵士鼓，只能拿大鼓来，在里面塞棉花，放话筒，模仿爵士鼓。后来进口了一批爵士鼓，才解决了鼓的问题。电吉他想都别想，只能用钢琴或者别的乐器代替。

丁家琳、司徒抗与金有钟人称“三剑客”，出现在大多数盒带歌曲的配器名单里。据丁透露，一开始尽管设备简陋，但配器和演唱都非常认真，一张唱片一般需要录制一个月，一首歌曲即便由李谷一那样的歌手来唱，也要录制七八次才过关。但到后来，扒带子形成风潮，大家赶速度，最快的时候，一盒带子一天就能录完，录音技术固然有了一定提高，但整体则粗糙了很多。但也有人认为，扒带子是一个很好的学习过程，像毕晓世、李海鹰均藉此走上音乐制作的道路。

90年代，太平洋涉足电视制作，千年末又接连引进四条光盘生产线。虽然仍推出流行歌手，如《流淌的歌声》系列也比较成功，但影响力和销售量跟往日不可同言而语。一度家喻户晓的“云雀”商标，如今已经很少有人能辨识了。（周黎明）

## 外汇券

外汇兑换券，简称外汇券，它是我国改革开放初期，由中国银行发行的一种替代外币，在中国境内流通，与人民币等值的人民币凭证。由于人民币是中华人民共和国的唯一法定货币，外汇券严格说只是一种票券，而不是一种货币，它又不同于粮票、布票、煤票、油票等票券，它印有与人民币等值的面值，在一定范围内具有计价、流通等货币功能。

70年代后期，随着中国旅游事业的发展和对外经济文化交流活动的不断增加，来中国的外国人、华侨和港澳台同胞日渐增多，专门为他们服务的宾馆、商店及其他服务部门也相应增加。由于中国实行统一的人民币市场，禁止外币在国内市场流通，所以发行外汇券，便于外国人、华侨、港澳台同胞及驻华外交、民间机构常驻人员在这些场所购买物品和支付费用。中国银行先后发行了1979年和1988年版的两种外汇券，共印制了七种面额，分100元、50元、10元、5元、1元、5角和1角7种，九个版别，其正面图景均取材于我国的名胜古迹，名山大川，背面则印有英文“中国银行外汇兑换券”和中英文字“本券的元与人民币等值，本券只限在中国境内指定范围使用，不得挂失”的字样。外汇兑换券的兑换手续是：凡国外旅客、华侨和港澳台同胞入境时，所携入的外币、外汇可一次向中国银行兑换成外汇券。出境时，如有剩余外汇券来不及兑回外币时，允许自由携出境外，以后来华时可再携入使用。

有一个叫李梅的广州人回忆道：我至今仍保留着几张“代用券”（外汇券），这种“代用券”在改革开放初期可是个宝贝，用它不仅可以到广州友谊商店或海员俱乐部买到国内紧缺的名牌商品，如凤凰牌自行车、“白猪仔”牌午餐肉等，还可以买到国外的巧克力。广州人一般都会有亲戚在港澳，如果碰巧是回来参加中国出口商品交易会的，就会持有“代用券”。有一次，亲戚参加广交会时刚好碰上我父亲过生日，他送了50元“代用券”作为父亲的生日贺礼，我们便由此有机会到友谊商店去购买那些被我们视为“高级商品”的东西。记得当时妈妈买了几包“公仔面”、爸爸买了一包剃须用的吉列牌的刀片。这些“代用券”我们当宝贝一样珍藏着，一直不舍得乱用。想不到，就这样藏在衣箱底，至今虽然无用，却也成了一个时代的见证。

中国银行发行外汇兑换券，确实在一定程度上方便了持外汇的旅游者，人民币买不到的东西，外汇兑换券可以买到；同一样东西，用外汇兑换券购买，比用人民币省钱（按规定，二者币值相同）。当年在国营商店出售的金星牌16英寸黑白电视机，售价728元，双喜三波段二喇叭收录机374元，而广州友谊商店出售17英寸丽佳牌黑白电视机，售价350元，四波段二喇叭维多利亚收录机仅263元。很明显，这不符合国家关于“为了保护国内生产，进口商品价格应高于国产商品价格”的规定，必然刺激少数人套购外汇兑换券，从而降低人民币的币值，损坏人民币的信誉，冲击国家金融市场，造成物价混乱，群众对此意见很大。由于上述种种原因，从1995年6月30日中国银行停止使用外汇兑换券，大量收回，集中销毁。

外汇券是在我国改革开放之初，在当时物资供应、外汇管理一时跟不上形势的特定条件下产生的，在替代、肃清外币在我国市场上的非法流通方面，起到了维护我国货币主权尊严的作用，并且作为一种有效的管理手段，堵塞了非法套购非贸易外汇渠道，防止了外供单位的商品被抢购、进口商品外汇供应无保证。因此，外汇券本身具有特殊的历史意义。（阮晓波）

## 商品住宅

商品住宅是指房地产商取得土地开发权后，组织开发并向市场销售的住宅，商品住宅开发的土地出让、权属登记、物业管理等归市国土房管部门主管。广州市发展商品住宅的历史较长。1953年广州市政府为了解决华侨回国和高级知识分子居住需要，批准在当时市中心区的边缘建设华侨新村，定向出售。在1978年改革开放之前，广州基本上没有商品住宅开发与销售。只有部分机关、事业单位和一些大中型企业才有条件建设职工宿舍，住房供给严重不足。1979年全市人均居住面积只有3.8平方米，比广州解放时1949年的水平还要低。据1982年不完全统计，缺房户和居住困难户12万多户，其中人均居住面积2平方米以下的近两万户，住房困难户和严重困难户高达53.2%。1983年人均只有4.9平方米，比北京、南京等城市低。

1979年10月15日，政府批准了利用外资改造旧城区——东湖新村项目，广州市东山区引进外资住宅建设指挥部与香港宝江发展有限公司参照补偿贸易的方式，合作兴建。东湖新村现址原来是东山湖公园的西侧一个废水塘，占地面积3.1万平方米，是整个东湖住宅区小区规划的一个组成部分。新村总建筑面积约为7.5万 平方米。12月21日，新村破土动工。经过三年的努力，先后建成了8层楼房23栋，建筑面积4.8万多平方米。东湖新村是我国首次引进港资开发房地产项目，由港方投入资金建房，东山区引进港资住宅建设指挥部投入300万元改造民用供水、供电、排水等基础设施，并安装电话线路、建设商店、银行等方便居民生活的条件。在建成住宅中，其中三分之一安置改造拆迁户，三分之一留给投资方，港方出售房屋收回本金和利润，三分之一交中方合作者，出售房屋取得企业发展“第一桶金”。

此后，东山区旧城改造指挥部转为东华实业公司，开发了许多有影响的建设项目，其中五羊新城（后改称“五羊新邨”或“五羊新村”）是一个在全国有重要影响的成功项目。1988年经广州市经济体制改革委员会批准，在东华实业公司基础上改组设立股份有限公司，并于同年12月经人民银行广州分行批准向社会公开发行股票30万股（每股面值100元）。东华实业公司是房地产业率先改革发展的事例，见证了广州商品住房发展历史。

实施住房商品化，广州商品房开发业发展呈现蒸蒸日上。成立最早的房地产开发企业是隶属于广州市房管局的穗华地产开发公司，于1982年7月正式营业。当时，规模最大的是隶属于广州市建设委员会的广州市城市建设开发总公司，下辖六个分公司，每年开发的房地产数量约占市区全部开发总量的一半左右。房地产开发公司主要是根据城市总体规划和“六统一”（统一规划、统一征地、统一设计、统一施工、统一配套、统一管理）的要求，进行统建、合建、联建或自建，建设新的住宅小区和改造旧街道。

广州商品住宅开发的先行经验传送到国内主要大中城市，发展到今天，中国的房地产业可谓蔚为壮观。（谈锦钊）

## 荣誉市民

“广州市荣誉市民”称号是广州市政府为鼓励和表彰对广州市经济建设、社会公益福利事业、对外交流合作等方面做出重大贡献的港澳台同胞、华侨和外籍人士所颁发的最高荣誉。

从1979年起至今，广州市授予了12批共373名荣誉市民。

20年来，荣誉市民以他们宝贵丰富的经验、技术、智慧、爱心和巨额资金投入广州市九区、二县级市的建设，促进了广州科技、交通、教育、文化、卫生等各项事业的飞速建设，意义非凡。而荣誉市民的授予，使广大华侨荣誉市民有了归属感、依托感，从此找到了报效祖国、造福桑梓的门径。华侨如此，外国友人亦将这种荣誉视为骄傲，比如日本前福冈市市长山田忠先生将获奖证书悬挂于福冈市政府的市政大厅，视为福冈全市的光荣。

20多年来，特别值得一提的是：1979年7月，广州市革委会决定，对广州市机械化养鸡事业作出了特殊贡献的美籍华人许志俭先生授予第一个“广州市荣誉市民”称号。广州市成为我国第一个有组织、有规划、集中为海外和港澳爱国企业家、国际友人授予“荣誉市民”称号的城市。

1993年2月，在花园酒店国际会议中心举行的第六批庆典掀起一个高潮。李嘉诚、马万祺、郑裕彤、李兆基、何鸿燊等49位新“广州市荣誉市民”济济一堂，国家主席杨尚昆、广东省省长朱森林都来参加祝贺盛典。中央电视台及国内外几十家新闻媒体都以大篇幅报道。

如果说“广州市荣誉市民”工程的开启是受了海外的

启发，那么1996年6月给17位荣誉市民颁发“杰出贡献奖”则是广州市对荣誉市民活动的新的创意和升华。这17位荣誉市民的名字是：霍英东、何善衡、何鸿燊、李立、曾宪梓、利国伟、何添、郭炳湘、郑裕彤、李嘉诚、张松、杨永德、胡应湘、李兆基、林百欣、吕志和、谢华真。他们中既有资财雄厚、投资捐献数额巨大、驰名世界的商业巨亨，也有经纶满腹、报国心切的学者专家。可以看出，“广州市荣誉市民”工程既注重外化为投资额、捐资额的卓越贡献者，也注重内化为智识才学、精神财富、爱国爱家的各路精英。

为了给世人提供一个了解荣誉市民的平台，让荣誉市民的事迹广为传播，让荣誉市民的精神发扬光大，自1992年以来，由历任市长任主编，由广州市社科院组织各方面的专业力量，动员众多的社会力量，开始《广州市荣誉市民传》系列丛书的编写，至今已延续十余年。在我国，还没有哪一个城市，由市长亲任主编，历时十余年，专为荣誉市民推出如此厚重之巨著。

与此同时，广州市政府也不断完善着相关条例规定。广州市政府1993年2月1日，发布了《广州市授予荣誉市民称号办法》；1996年6月6日，发布了《广州市授予荣誉市民称号办法实施细则》；2004年2月24日，发布了《广州市授予荣誉市民称号规定》。（涂成林）

## 鱼骨天线

在广州，人们对鱼骨天线的记忆和看香港电视密切联系在一起。在改革开放前后，与其他大众媒介相比，电视带给广州市民的冲击毫无疑问是最为巨大的，尤其是香港电视成为普通百姓了解世界、认识世界的窗口。通过直观生动的画面，人们看到迥异的政治形态、社会管理、流行文化和生活方式，惊讶地发现与广州近在咫尺的另外一个世界的存在。

70年代末期，随着交通设施和通信设施的改善，香港与广东的交往大大增加，不仅香港居民，同时还包括祖籍广东的海外华人华侨，纷纷经由香港进入广东，或回内地探亲，或投资设厂。他们带来了各种新奇产品，小型电视机就是其中之一，它往往成为香港、海外亲友馈赠内地亲戚的礼物。随着经济的发展，生活水平的提升，电视机在广州、珠三角地区越来越普及。那时，广东成为全国唯一可以收看到境外电视的省份。当然，为了收看香港电视，老百姓颇费周章。起初，只有距离香港100公里以内的区域可以直接收看，接着，通过家庭自制的鱼骨天线，同样能够收看到香港的电视节目。

鱼骨天线是一种接收VHF / UHF波段电视信号的天线，顾名思义，其形状似鱼骨架，但其学名叫做八木天线。鱼骨天线绑在竹竿上，附带一个放大器，将竹竿伸进天空，指向香港所在的方向就可以收看到香港电视。很快，广州高高矮矮的屋顶升出密密麻麻的天线，全都指向东南方，构成一道奇异的城市风景线。在那个没有手机的年代，要架起鱼骨天线，往往会有这样的场景出现：屋顶上的人举着绑在竹竿上的天线来回走动，调整位置，不断扯着嗓子问屋内盯着电视机的人，“看不看得到，清不清楚?”“移一点，再移一点”，直到画面调出来。

相比国内电视节目的枯燥、古板、乏味，香港电视提供客观及时的新闻报道、丰富的娱乐消遣节目，广州的观众自然将目光聚焦在香港电视。当时，收看香港电视成为一个半公开的秘密，北方人来广州、深圳等珠三角地区出差访友，一个急切的愿望就是收看香港电视以开眼界。

80年代初，随着“清除精神污染”运动的开展，鱼骨天线一时成为舆论的焦点，舆论称“香港电视每分每秒都在放毒！”“广州已经香港化了！”有报纸发表《“香港电视”及其他》的评论文章，指出香港电视“无非是宣扬那个‘花花世界’享乐主义的商业广告，和资产阶级尔虞我诈的处世哲学之种种‘趣谈’”。那些电视剧，“不是荒诞离奇的武侠打斗片，就是恐怖的凶杀侦探片，就是庸俗低级的色情片”。概言之，香港电视统统是一种“心灵的癌症”，社会风气将遭受“污染”。为此，地方政府明令禁止收看香港电视，要坚决抵制精神污染，抵制资产阶级思想的腐蚀，对违反的党员干部进行严厉处分。有关部门还派出工作组，甚至动用消防车逐街逐户进行检查，强行拆除鱼骨天线。喜欢收看香港电视的群众对此怨声载道，并与检查组玩起你来我藏，你走我放的游戏，消防车刚出动，家家户户的“鱼骨天线”就快速撤下来，等夜幕降临之后，再悄悄送上屋顶。整个80年代，在历次政治运动的风潮中，鱼骨天线是拆了又升，升了又拆，几经反复。每逢关键时刻，都会有一个大功率干扰电台施放出强烈的干扰信号，使整个珠三角地区的电视屏幕里飘满茫茫雪花。

（黄　玉）

## 省港杯

改革开放之初，穗港能迅速地恢复正常的“官方”交往，“省港杯”（也称“贺岁杯”，新年期间举行，是送旧迎新的标志）足球赛功不可没。这是由邓小平亲自批准创设的足球赛事，是新中国历史上经由中央政府批准举办的第一个地方与境外的体育竞赛。

1978年2月7日，当霍英东率领的香港足总代表团和陈远高为代表的广东足协代表团，在广州市东方宾馆正式签署《广东省足球协会、香港足球总会足球赛协议书》，自此诞生了“省港杯”这一具有历史意义的赛事。

自1979年起，每年新年期间穗港两地的盛事，非省港杯足球主客场的比赛莫属；论明星效应，则非容志行、欧伟庭、古广明、蔡锦标四大国脚等足球明将莫属。时至今日，而立之年的“省港杯”虽然失去了当年的关注度，但它曾经发挥的作用与影响至今无可替代，意义已经超越了体育赛事本身。

省港杯是开放的标志、交流的先驱。改革开放前，穗港两地虽在咫尺如天涯，除了香港亲友回乡探访、接济内地亲戚外，两地的交往充满障碍。具有先见意识的霍英东率领的香港足总代表团从体育赛事入手，率先打开了两地交流的缺口。借助这一赛事，组织香港商人回乡探访，解除对大陆的种种疑虑，继而有合作投资之举。作为摸着石头过河的探索之一，引入外资也是逐步打开大门，内地得到的第一批外资就是港资，是香港商人饮了“头啖汤”。

80年代中期，广东足球代表了国内足球的最高水准。除了两进全运会足球比赛决赛（一次冠军、一次亚军），还获得过全国甲级联赛（南区）冠军，拥有池明华、古广明、麦超、赵达裕、郭亿军、谢育新、吴群立等多位中国足坛名将。1979年1月21日广东队以总比分4比1获得了首届省港杯赛冠军，从1983年至1988年连续6届捧得省港杯冠军。实际上，无论主客场，广东队的实力也超越了香港队，展示了一个时代鼎盛的足球水平。

省港杯也创造了几乎不可逾越的体育精神。广为称道的“容志行风格”，意在体现“文明波（球）”、“风格波（球）”，由苏永舜、容志行带领的广东队文明谦让、以技术取胜，从体育赛事中展示了封闭了半个世纪的内地的体育水平与体育精神意识。

迄今为止，省港杯已经进行了29届，其中广东队夺冠18次，香港队夺冠11次。1997年香港回归后，省港体育交流的模式进一步扩大，粤港之间的经济文化交流也是百花齐放，省港杯作为一项富有意义的传统赛事并没有停止，它以悠久的历史与先驱作用载入史册。（周翠玲）

## 直通车

广九直通车（又称港穗直通车或者穗港直通车）是运行于广九铁路、来往广州市广州东站与香港九龙红磡站的直通客运列车服务。

如今广九直通车已经成为人们所熟知的沟通粤港两地的重要路径，但在开通之初，并不是一帆风顺的。广九铁路最早要追溯到1898年，当时，英国政府为了强占华南贸易市场，拓展殖民地，向清政府提出了修筑广九铁路的计划，并于1907年7月13日正式动工，1911年10月28日建成通车。然而到了1949年新中国成立后，西方国家出于全面封锁中国的目的，单方面中断广九铁路直通车。于是，双方所有过境的旅客，都必须步行通过罗湖桥，然后再转车，这种状况整整持续了30年。1979年4月，经过广州铁路局代表团与九广铁路局代表团的辛苦谈判，中断了30年的广九直通车恢复通车。之后，广九直通车一直发挥连通两地的作用。到现在，广九铁路按照行政管理区域划分，分为广东段和香港段，全长约180公里，是大陆与香港联系的唯一铁路线，已经成为粤港交通网络中的主要组成部分，在运送粤港两地旅客的过程中起着重要作用。

广九直通车开通之初是充满着政治因素的，因一些港澳客商对“来自社会主义的乘务员姑娘”充满好奇与“诱惑”，广九直通车对乘务员的选拔标准非常严格，特别是“抗香风、拒腐蚀”的政审条件，譬如要查三代，“绝对不能有港澳海外关系”，并且规定：不准给旅客留下电话号码和通信地址。随着社会的进步和开放，这种情况已经不复存在，但广九直通车选拔乘务员的要求仍然很高，并不断向改善服务的方面努力。到如今，广九直通车一直拥有全国铁路系统最好的服务，让旅客感受到“坐直通车就像坐飞机”，大大改变了人们以往对铁路“笨、慢、挤”的印象，运行多年来，受到社会各界特别是香港同胞的普遍欢迎和赞扬。广九直通车因此成了连接粤港两地经贸合作、文化交流、人员往来的桥梁和纽带。

广九直通车的开通大大促进了粤港大融合。改革开放以来，港商纷纷进入珠三角投资，两地的经济来往日益频繁，人员交流日益增多。为了满足客流增加的需求，广九直通车从1979年运行初期每天开行仅1对，到1997年香港回归开行6对，再到目前已增至12对；同时，年运送旅客也由1997年的148万人次飙升至2008年的304万人次。据统计，从1979年到2009年，广九直通车在穗港间共穿行12.4万趟，安全运送旅客逾6000万人次。正是得益于广九直通车的便利性，粤港两地实现了“一小时经济圈”，出现了白天在香港上班，晚上在广州家中的新一代“城市候鸟群”人士。

尤其自2003年起，内地实现CEPA和“自由行”政策之后，粤港两地经济逐渐走向一体化，两地的人流将会更加大，广九直通车所发挥的运输作用越来越大。毫无疑问，广九直通车正越来越成为香港与广东乃至整个内地血脉相连的“亲情线”、“经济动脉线”，为推动粤港两地的经济发展、内地与香港人员的自由流动注入强大动力。

（黄石鼎　宁超乔）

## 清平市场

民间有“得一清平药材铺一世无忧”的说法，说的就是这个全国17个中药材专业市场之一的广州清平中药材专业市场。

最早的时候清平市场连一家药材店铺都没有，只是一个“墟”，时常有一些农民到这边来零散地卖药材。因为这里离沙面使馆区很近，对中医中药感兴趣的外国人便时常来光顾。渐渐地就有一些精明的老广在这里开设中药档口，最后形成了一定规模的集市。

现代的清平市场建于1979年3月，坐落在荔湾区沙基涌畔，清平路、梯云路十字交汇处。清平市场设立之初并不是要建成一个专业的原药材交易的集散地，那时候它还叫做“清平干果市场”，药材和干果一起混合流通。改革开放后，由于农业政策的改革，农民拥有了种植的自主权，种植的作物也可以自行销售，不再由国家统购统销。随着药材自由贸易的放开，沉寂多年的药材市场也逐渐恢复起来，并且越来越繁荣兴盛。

今天，清平市场已经拓展成长约一公里，占地1.1万多平方米的大型市场。它有四个进出口，1200多个售货台，全场经营有肉禽蛋菜、野味海鲜、中草药材、干果海味等

600多个品种。清平市场交易活跃，辐射范围广，全国20多个省市的商贩来这里进行交易。它得南国商埠之利，沐浴改革开放的春风雨露，发展迅速，商品成交量逐年递增，成为广州地区规模大、交易活、辐射广的农副产品和中药材集散地。

1996年7月，经国务院“一部三局”批准，清平市场成为全国首批定点中药材专业市场，是广州市唯一合法的中药材商品交易所，也是海内外药商云集之地及中药材进出口重地。经过20多年的培育和发展，商圈已成熟，并已成为全国最大的参茸补品、名贵药材集散地和中药材进出口贸易口岸，年营销额近20亿，客户遍布国内外，日客流量达数万人。

今天，广州市清平市场按照“高起点、高标准、高效益、现代化、信息化、规范化、合法化”的新思路，积极扩建成为集中药材交易采购中心、电子商务和信息查询中心、现代物流中心、药品检验和鉴证中心以及国药会展中心。（李雪琪）

## 发廊

理发被广州人称为“飞发”，形象生动的词语似乎让人看到银剪翻飞、发丝飘落的场景。然而在旧社会，广州的理发师傅备受歧视，和批（修甲）、捶（按摩）、奴、疍、优、娼、皂、卒，同列为“下九流”，低人一等。民国后，理发工匠仍处于社会地位低层，男的被蔑称为“飞发佬”，女的则被轻佻地叫做“发花”，一到视力衰退或者手脚不便就免不了失业，晚年生活无着。新中国成立后，私营的理发店大多被改造为国营的理发店，理发师带上了工牌，成为了有固定收入的技术工人，工作有保障，又能够享受公费医疗、退休等劳保福利待遇。理发师的工作积极性大大提高，涌现了成批的先进工作者，有的被评为特级技师，有的甚至被选为人大代表，参与城市的公共事务管理。

解放后广州的国营理发店按照规模、设备和师傅技术分为五个等级。丁级理发店只有一两张不能转动的木头椅或者竹椅，多开设在内街横巷，工人的技术也一般。丙级理发店有三四张木凳，这种凳子可供顾客后仰剃须，但不能转动，亦必须低下脑袋洗头。乙级理发店配备五六张可以转动的磨盘椅，可躺下洗头。甲级和特级理发店一般由大的私营理发店改造过来，像一新、豪华、模范、一乐也、中央、北秀等，这些店的客流量大，地方宽敞雅洁，技术水平高，使用名牌化妆品，工具均经严格消毒，店中全部使用磨盘椅，顾客感到舒适自如。

“文革”期间，广州的理发业不可避免地衰落了。原因有三：第一，曾一度有规定不准为市民烫发，强制妇女只准留直发，男青年只剪“卒仔装”（红毛头），烫不烫发不是个人问题，而成了政治问题；第二，电影界从来都是发型潮流的策源地，曾经一度广州依靠毗邻明星荟萃的香港这一地缘优势走到发型潮流的前沿，但“文革”期间广州与香港的民间交流完全中断；第三，“文革”初期制定的理发业的《临时固定工资》方案，形成“大锅饭”局面，职工的积极性大受影响。1966年至1979年，广州国营理发店每年都亏本，谈不上创新发展。当年“飞发”极为省心，最多吩咐师傅一声“天热了，剪短点”，或是“天冷了，留长点”而已。整齐划一的发型不仅使人们失去了嗜好和个性表达的反映，也折射出社会意识形态的僵化。

僵局的打破始于1979年第一家个体发廊——罗维丽莎

的出现。开在高第街的罗维丽莎只有十多平方米，开业初期只有两个师傅，收费是理发1.5元，烫发2.5元。当时国营理发店剪发一级才8角，女界电发一级2.6元，二级才2.4元。罗维丽莎的收费相比并不便宜，但顾客却络绎不绝。罗维丽莎的成功不仅在于引进了当时港澳时髦的发廊的名称，更重要的是引进了先进的“冷烫”技术。当时国营理发店普遍使用的技术是“热烫”：进行“热烫”的顾客头上罩着长得像大花篮的电烫机，一动不动地坐着在高热下“焖”两三个小时；而进行“冷烫”的顾客只需等师傅将“粟米水”（冷烫精）抹到头发上，卷上发芯，套上发帽，就可以自由活动了，大约一个小时后解开洗净，直发就变成了卷曲有致的波浪头。可以说，“鸡乸头”（鸡窝头）能在80年代初广州街头流行，冷烫技术的引进功不可没。

发廊和发屋这两种称谓在五六十年代就流行于港澳，指较小的理发店。80年代，小型的个体理发店在广州涌现，其中一部分是由广州待业青年中的港澳同胞亲属开设的，如嘉美发廊。当时个体发廊的标志是：门口挂着代表发廊的标识——三色旋转花筒；玻璃窗上贴着“冷气开放”和“冷烫”；墙上贴满港台外国明星海报；桌上摆着发型书和偷偷从香港带回的时尚杂志……头发再不是剪短那么简单了。赶潮流的广州人都喜欢到发廊，指着港台明星的图片对师傅说：“我也要做这样的发型。”从“张瑜头”、“秀芝头”、“幸子头”“纯子头”到“菜花头”、“蘑菇头”、“大波浪”和将刘海用风筒加摩丝吹得硬朗高企的“招手停”，广州个体发廊的师傅通过电影、电视等有限的时尚资讯媒介来把握潮流脉搏。

理发尽管是毫末技艺，却尽显广州开放变通的城市性格。20世纪初广州已经从香港购入全国第一架烫发机器；

1931年杜秉珊在丰宁路（今人民中路）开设第一家女子理发习艺社。1981年11月，位于长堤大马路的模范理发店与联邦德国威娜化妆用品公司合资改名为模范国际美容厅，成为广州市第一间引进外资的理发店。此后，豪华、友谊等理发店和东方宾馆理发部也开始邀请欧美理发师来作技术交流。

广州理发业的“引进来”和“走出去”几乎同步进行着。八九十年代是广州理发业的朝阳时代，广州发廊被视为流行风尚的“发源地”，和广州时装、广式装修一起，不知不觉红遍全国。1983年，北京的第一家个体发廊——“五羊发廊”开办，经营者就是广州过去的几个小伙子。以“广州发廊”为名的理发店出现在全国各地，到处贴着的“高薪聘请广州师傅”的招贴。1987年由青年电影制片厂拍摄的电影《珍珍的发屋》里，女主角珍珍在北京开了一间发型屋，起了个半日式的洋名“珍珍の发屋”，并专门请来广州的理发师阿明做师傅。这一切无言地证明了广州理发业过硬的技术、开放的思维和对把握潮流的敏感度。

从90年代开始，大型美发厅和国际连锁理发店在广州相继出现，其代表分别是新潇洒和八佰伴。技术也得到进一步发展，简单的洗、剪、烫发展到了洗、剪、烫、吹、染、护理、接发和造型等对师傅要求更高的技术，发型设计也从模仿和引进逐步发展为以原创设计引领潮流。经过30年的发展，广州的私营发廊已超过千家，国外的美发公司也不断进入广州市场。私营发廊正逐步迈向企业化和网络集团化的发展方向。可以说，从广州的发廊开始，国人的发型才真正超越了政治的束缚，成为彰显个性和展示审美偏好的重要符号。（刘朝华）

# 下　　篇

（1980~2009）

2009年的广州珠江新城

## 贝兆汉

在中国实行改革开放之后的前20年，“白云山”曾是中国制药业最响亮的品牌，它像一面高高飘扬的旗帜，代表着中国国有企业改革的方向。它的掌门人，就是著名的企业家贝兆汉。

白云山制药厂位于广州市白云山东麓，前身是白云农场的一个制药车间由20多名知识青年在国家没有一分钱投入、没有一份计划订单的情况下依靠两口铜锅艰辛起家。1976年，36岁的贝兆汉从白云山农场分管“知青”的干部调到制药厂任党支部书记。他接下的是一个烂摊子，产品单一，设备简陋，濒临倒闭。而贝兆汉却在这里创造出了“白云山神话”。

曾经当过制药员的贝兆汉深知，平均主义、“大锅饭”是国有企业最大的弊病，当改革开放的春风吹来，这位年富力强的管理者雄心勃勃，决心革除这一弊端。上任伊始，他就向上级提出承包定额利润，完成定额部分80%上交，20%留给企业；超额利润30%上交，30%用作企业发展，40%作为员工福利；企业要有独立的人事权，开明的上级同意给他这些自主权。1980年，贝兆汉正式与上级签订了承包协议书。由此开创了我国国有企业改革历史上承包利润、自主经营的先河。

承包经营，打破了计划经济体制下大锅饭的分配制度，既打破了企业与上级的大锅饭，也打破了劳动者的大锅饭。将劳动效果与劳动收入挂钩，大大地激发了员工的生产积极性，更充分地激发出企业管理者的创造性，极大地解放了生产力。1980年，白云山制药厂的企业产值就突破1000万元，以后又接连以年翻两番的速度飞跃。

产量上去了，而市场怎么办？白云山制药厂是国家计划外、预算外以及医药系统外的小企业，无计划内固定的销售渠道，医药公司不肯收购其产品。贝兆汉以惊人的创新和勇气，发动供销员背着药品四处推销，以市场为导向，以销定产。贝兆汉这一冲，冲破了计划经济的框框，冲垮了几十年一贯制的医药供销体制，也为企业冲出了一条生路。“以销定产”，无疑是“白云山”对中国计划经济体制改革的又一个重大贡献。

1983年，白云山制药厂又大胆推出销售环节上的“五包”服务——包运输损耗、产品降价、超期库存、淘汰药品及质量退货造成的损失，从而在全国范围内赢得大量的客户。

过去的白云山制药厂，靠单一品种的中成药穿心莲起家，贝兆汉深知科技创新的意义，深知人才的重要。厂里有了钱后，贝兆汉首先想到的是“回馈”：拨出200万元用于厂房改建，实现全封闭半无菌生产；建造花园工厂，完善绿化；建造新的药师宿舍楼。贝兆汉面向全国招揽科技人才，当时毕业能分配到白云山制药厂，是很多学子的最大心愿，“白云山”似乎成了实现人生理想的一块“圣地”，全国各地找上门来的各类人才络绎不绝，一时间，“白云山”人才济济。

贝兆汉把重点放在科学生产和研发上，从1982年开始，推行全面质量管理和TQC活动，健全三级管理责任制；1983年12月，安装了我国第一套片丸剂瓶装自动线；1984年，投资500万美元，引进粉针生产线、软胶囊生产线、水针生产线等先进技术设备和仪器，按照国际GMP进行技术改造，使企业向知识密集型技术密集型转化。1980年至1984年，总产值猛增10倍以上，冲过了1亿元大关。

在贝兆汉的带领下，“白云山”一步一步走向它的辉煌。1993年，白云山制药股份有限公司成功上市，创造集团销售收入22亿元、利润2.5亿元的骄人成绩。“白云山”成为中国医药行业最大的企业、中国500强的企业，成为广东这块改革开放热土地上最绚丽夺目的一面旗帜，是广东国有企业的骄傲。它让全国上下见证了国企改革带来的巨大效益，从而推动国企改革全面铺开。那时候，一些国家的政要访华时途经广州，都要“上（白云）山”看一看。1994年，贝兆汉荣获全国优秀企业家“金球奖”，这是他人生最为辉煌的时期。

作为中国改革开放初期的一个传奇人物，贝兆汉像改革开放初期的一些企业家一样，凭借特殊机遇成就了一番恢宏的事业，最后却因为无法与时俱进而不可避免地走向“下课”。但是，我们应该记住这些先行者的大胆探索和锐意改革。（卢晓媚）

## 《乐叔和虾仔》

80年代的广州人，恐怕没有谁会不认识《乐叔和虾仔》——一个是性格豪爽且诙谐的茶楼退休工人，无论晴天阴天总爱随身携带一把雨伞，更兼懂一点功夫；一个是活泼机灵、遇事必问为什么的学龄前儿童，还理着个“逗号头”的标志性发型。

《乐叔和虾仔》问世于1980年春节。由岭南美术出版社主办的《周末》画报甫一问世，即在头版显要位置推出了系列连环漫画《乐叔和虾仔》。其主要内容，是通过这一老一少每周在广州街头的经历，就所见所闻加以评论，歌颂新人新事新风尚，抨击各种社会弊端，成为广大群众评判是非的充满正义感的代言人。

《乐叔和虾仔》可谓每周都有新精彩，且举其中一个章节：却说那天，有个阿婶蹲在街头，眼圈红红、泪水涟涟。刚好路过的乐叔和虾仔一打听，说是被偷了钱包，欲回郊区的家都没路费了。好心的乐叔自是解囊相助。过了两天，虾仔在同样路段见到同样的人，同样向路人哭诉遇上小偷。虾仔躲在一边悄悄侦察，还发现对方的眼泪是靠抹万金油刺激出来的。乐叔听此一说，也动了个心眼，乔装打扮一番后再走过去，戳穿了该“眼泪骗术”。该漫画刊出后，马上就有读者写信到《周末》画报编辑部，说这种对欺诈现象的揭露太及时了，因为同样的事情，也被自己刚刚碰上了。

应该说，上世纪的时代氛围，也呼唤乐叔和虾仔这样爱憎分明的平民英雄的出现。那时候，大凡广州街头发生什么事情、社会又有哪些热点，总有人及时写信到《周末》画报编辑部里来。有了遍布大街小巷的神经末梢的即时反馈，才有后来的文字和绘画，以及再后来的电视、话剧、木偶剧、年画等艺术形式的生动反映。《乐叔和虾仔》在80年代火得不得了，到90年代却又悄然淡出人们的视野。江山代有明星出，文化市场中从来不会缺乏广受欢迎的偶像级人物。但从《乐叔和虾仔》长达十年间所聚集的大量狂热的粉丝群体，却是今天的明星所难以比拟的。

作为《周末》画报长期以来精心经营的拳头栏目，《乐叔和虾仔》凝聚了黎耀西、陈树斌等一批著名漫画家以及文字作者的精心劳动，也凝聚了老编辑洪斯文、胡子雄、叶家斌等的大量心血。曾参与文学脚本写作的饶原生回忆道：

用广州话写作，讲述广州人自己的故事，这么好玩的事情，致使我跃跃欲试，且持续时间长达十年之久。在同名电视小品饰演乐叔的余静干曾跟我开玩笑：“论年纪我乐叔比你大，论辈分你比我高，没有你们一班作者的创作，又怎么会有我？”有幸成为《乐叔和虾仔》创作队伍中的一分子，我感到高兴。

我曾随广东电视台的一个摄制小组驱车来到文昌路，才下车子，马上就听到有人大惊小怪地叫喊起来：“看，乐叔！还有虾仔！”不出一分钟，里三层外三层的围观者使整条文昌路出现了交通瘫痪现象。有警察匆匆挤了进来，一看，也乐了，竟然忘了要疏散人群的本分工作。那时，我曾一次次目睹了广州人是这样热情地追捧乐叔和虾仔的。

那时的我，只有中学文化程度。我在应聘广东电视台、南风窗杂志社等新闻单位时，能拿出来证明自己文字水平的，就只有一叠《乐叔和虾仔》作品，以及因此而获得的由文化部和中国美协颁发的文学脚本二等奖证书。却没想到，每次碰到的考官，见此都会眼前一亮，“乐叔和虾仔，原来是你写的?!”于是，应聘十分顺利。

《乐叔和虾仔》荣誉多多、牵挂多多，因此就有过一场风波。那年，《周末》画报另开了一个反映潮流青年的漫画专栏，意欲与原来每期必登的《乐叔和虾仔》交替出现。但是，只一期不见，读者焦急、忧虑兼不解的电话和信件便纷纷袭向编辑部：“请问他们哪里去了？是发生意外了吗?”“乐叔和虾仔是属于广大读者的，不能随意取舍!”“见不到他俩的面，总觉得少了点什么……”强烈呼声之下，画报只好“知错就改”。

时光匆匆流逝，《乐叔和虾仔》终究还是“人间蒸发”了。以后说是“复出”，却再不是旧时模样。作为曾经极大地丰富了广州人文化生活的一对艺术形象，后来没有

像迪斯尼的“米老鼠和唐老鸭”一样，成就为不衰的文化品牌，其中得失，令人唏嘘。（饶原生）



## 高第街

1997年2月19日，中国改革开放的总设计师邓小平逝世。广州市内一条繁华的商业街上，所有的商户停止营业十分钟，集体默哀三分钟。

这条街就是高第街，一条在中国改革开放之初创造过辉煌历史的街道。这些看起来普普通通的商户，在80年代，都曾有过不平凡的人生经历。他们是中国第一批个体户和万元户。他们的命运，因为邓小平，因为改革开放，发生了奇迹般的逆转。

新中国成立前，高第街就是广州著名商业中心之一，在一里长街中，店铺鳞次栉比，商品琳琅满目，著名的老字号有“九同章”、“三多轩”等，多为前店后作坊式工场，是广州有名的日用百货集散地。

除此之外，高第街名扬天下的另一个原因是街内的“许地”居住着中国近代名门——许氏家族。许氏远祖从清代到广州高第街居住经商，后成官宦世家，名人辈出：有鸦片战争时期领导乡绅、民众抗英的许祥光，有署理浙江巡抚的许应骙，有孙中山重要军事助手、粤军总司令许崇智，有辛亥革命期间在南京发炮轰走张勋的南京临时卫戍司令许崇灏，有近代著名的教育家许崇清，有与邓小平并肩发动百色起义的许卓……这个家族在鸦片战争、太平天国、中法战争、戊戌维新、辛亥革命、讨袁护国、大革命、抗日战争、解放战争等各个时期都有地位相当重要的人物。他们的活动对近现代中国社会产生了不可小觑的影响。90年代，一部反映许氏家族《千秋家国梦》的小说和同名电影的拍摄，使高第街更加出名。

有过辉煌又归于平淡的高第街在80年代开始再一次迎来了它的辉煌。1980年10月高第街作为广州第一个工业品市场正式开放，同时它也是全国第一条经营服装的个体户街道。原本位于广州城南一条普通的街道逐渐变得车水马龙。街内2000多商户以批量销售为主，兼及零售、来料加工、代销等，经营方式灵活多样，商品多来自各地手工业者及区街、乡镇企业。因为品种样式善于根据市场需要而变化，价格较为低廉，高第街吸引了众多内地来穗的商户、旅游者，以及港、澳、台和国外的游客来此购物观光，商品销往20多个省、市、自治区，成为广州的商业窗口之一。改革开放之初，高第街的年营业额就有近1000万元，上交国家税收500多万元。

80年代，改革开放后的广州先行一步。广州的街道上到处都是摊档，嗅到商机的待业年轻人纷纷自谋出路，当起个体户。高第街上，聚集了全国各地南下广州的个体户，他们纷纷抢购那些令人眼花缭乱的港式时装，以便回到当地的市场上，领导服装新潮，并赚上一把。高第街上的时装，是八九十年代广州人乃至中国人眼中的一道风景。

至今仍在高第街开档的祥哥回忆："最旺的时候每晚有三四万客人，一晚赚上几千元或一万元是常有的事。"为了招呼客人，很多广州本地摊主开始学习普通话。为了拿到最新潮的货，很多服装商都在附近旅店、甚至是很低档的旅店住着"等货"。

祥哥说起自己的发迹史："我是靠26元起家的，我对任何人说都是这样说的，因为当时是刚从农村回城，当时就是靠自己的手艺，自己用这26元买些零件，自己做了第一个扩音机，卖给了别人，卖了48元，又重新利用这48元，一直这样加上去，一直这样干下去……”

转眼30年，高第街还是这条600米长、8米宽的街道，两旁依然店铺林立，只是现在这里没有了日客流量20万人的繁盛，没有了全国唯一个体户商业街的优势。祥哥说，这些都不重要，只要当初创业时候的那份拼劲和韧性还在，天是无绝人之路的。“不要说三餐，一日有两餐就够了，不要说早餐，有两餐就可以了，当你跌到去大浪的底部时，你继续不停地往上游，不要让大浪弄死你，那你肯定是有希望的。”

过去30年的时光，高第街上的商户来来去去，兵来将挡，水来土掩，一本通书读到老在这里是行不通的，“识执生”才是这里的生意法则。

至今，高第街两侧仍保留了大部分民国时期的传统民居。无论是作为近代城市街巷的代表，还是作为改革开放的标志性产物，高第街都有其特定的历史价值。（王美怡）

## 广货

“我和省长给你们站台！”在2009年4月的珠三角广州现场会上，为了扩大内需保增长，中共中央政治局委员、广东省委书记汪洋的高调表态，为新一轮的广货北上吹响了进军号。

广货北上的成功可以追溯至清朝，十三行不但将洋货销往内地各大城市，还将广货也推向内地各省。“当店油坊无其数，广货洋货卖的全”（《捻军歌谣》），广货与洋货一起成了形容内地商人生意兴隆的标志。广货除了广东本地的特产，还指模仿舶来品生产的机械钟表、西洋珐琅器皿等，这与广货的集散地——广州城的开放性密切相关。洋货来到广州，心灵手巧的广州人往往能够很快模仿生产，将洋货变成了本土化的广货。改革开放以来，“广货”的概念正在发生着翻天覆地的变化。

改革开放前，广州城商业凋敝，生产工艺、技术设备落后，几乎所有的商品都要凭票证购买，可供选择的商品非常稀少，更谈不上走出家门迈向全国。但广州人的灵巧并没有因物质的匮乏而壅塞。1972年尼克松访华，美方厨师提出要白酱油，而国内居然没有。中央要求广州48小时内生产出来，结果广州集体攻关，一夜间就完成了。

改革开放初期，广州生活消费品严重短缺，广州因此抢先发展食品和日用品为主的轻工业。广州利用了毗邻港澳的便利，引进了港澳台先进的技术和管理理念。华丰伊面、嘉士利克力架、健力宝饮料、牛仔服、健美裤、蝙蝠衫等广货以时髦、物美价廉等特点在国内各大城市“攉城拔寨”，以“广东粮、珠江水、岭南衣”为代表的广货风靡全国。

随着人民生活水平的不断提高，三角牌电饭锅、五羊牌自行车、华南牌手表、钻石牌转页扇、高宝洗衣机、容声冰箱……广式家电以先进的技术、美观的设计和低廉的价格受到人们的欢迎。“远看是洋货，近看是广货”这一说法最能说明广货的特点和受欢迎程度。

“广货”乘风破浪，享誉五大洲。最典型的是虎头牌手电筒的异军突起。1980年的广交会，广州生产的虎头牌手电筒以其款式新颖、价格便宜的特点打入欧美市场。与此同时，广州的家电企业也借广交会这个平台逐步走向世界。美的风扇打入了阿联酋等中东国家，空调打入阿根廷市场，洗碗机成功打入法国市场，吸尘器进入意大利。珠三角服装、玩具、鞋类已成为广交会的主打产品。一系列的批发市场应势而生，茶叶、干货、电器、美容用品之多，至今全国无二。

1995年，广货的市场遇到进口产品与外省产品的双重夹击，这时候广货还沉醉在昔日的成就中，未能奋起反击。广货逐渐式微，老牌子渐渐淡出公众的视线。

进入21世纪，广州的老牌企业痛定思痛，由政府整合零散资源，以集团式经营，紧跟市场需要，开发出极具竞争力的拳头产品，广货以全新的面貌进入市场，并取得了骄人成绩。五羊自行车远销五大洲，555电池占全国市场40%的份额，广州手表厂帮欧洲钟表品牌加工，三角电器更多元化、更美观、更实用。广州近年来还大力发展汽车工业，成为全国三大汽车生产基地之一，广字头货品，再一次成为了抢手货，再一次“威水”起来。如今，“新广货”不仅涵盖了服装、日用百货以及时尚消费品领域，同时，也涵盖了汽车、船舶、石化、IT、装备工业等重化工业和高新技术产业，且开始在广东制造业中唱主角、挑大梁。

“广货”时尚、新颖，无论是产品的品种多样化，还是企业的市场应变能力，广货都走在了前列，并逐渐形成了一种品牌效应。（周虹虹）

## 炒鱿鱼

“炒鱿鱼”是“被解雇”的意思。新中国成立前，到广东或香港做工的外地人，雇主多包食宿。这些离乡别井的打工仔，随身带着轻便的包袱，顶多带一张棉被或竹席。那时候的店铺，多是前铺后居，即屋前端是营业的铺面，店主与伙记同住在店后的房间或阁楼。

那时代，被解雇的人是没有任何地方可以申诉的，一听到老板的通知，便只好卷起铺盖走人。当员工被老板开除时，他便需收拾行李离开，这动作便叫做“执包袱”、“卷铺盖”或“炒鱿鱼”。“执包袱”、“卷铺盖”，看字面也能明白个中含意，而“炒鱿鱼”便要靠想象力了！原来，广东菜里有一道“炒鱿鱼”，即炒鱿鱼片，当鱿鱼片熟透时，便会自动卷成一圈，正好像被开除的员工在将自己的被铺（席或棉被）卷起一束时的模样，人们由此产生了联想，就用“炒鱿鱼”代替“卷铺盖”，也就是表示被解雇和开除的意思。

在改革开放前，炒鱿鱼一般是单向的，即老板或单位炒职员的鱿鱼；而在改革开放后，“炒鱿鱼”的词义则逐渐扩大，变成双向的，不仅指老板“解雇”，也指员工敢“跳槽”——“炒”老板或单位的“鱿鱼”。这批敢于自“炒鱿鱼”的人，最早出现在广州的“个体户”人群中，“炒鱿鱼”也最早在广州成为风气。当许多内地人还恋恋不舍于“大锅饭”、“铁饭碗”，不愿告别“单位”，担心可能“下岗”时，广州人早就在“跳来跳去”或自立门户了。

广东的劳动用工改革最早是从深圳第一家中外合资宾馆竹园宾馆开始的。1980年3月，当时的香港投资方、妙丽集团董事长刘天与广东省劳动局领导座谈协商时就提出：港商来深圳投资办企业，深圳却还实行固定工制度，工人捧着“铁饭碗”，港商需要的人进不来，不需要的人出不去，企业没活力。他建议：老板与工人签合约订合同，互相可以“炒鱿鱼”，只要提前一个月通知就行，即打破“铁饭碗”，破除“干好干坏一个样”。

广东省外资企业、私营企业开了“双向炒鱿鱼”的先河。80年代中期，珠三角的县镇机关干部、国企员工从单位辞职成为热潮，大多数进入外资企业、港资企业工作，形成当时“下海潮”。恰恰是“双向炒鱿鱼”的流行，促使政府机关和国有企业改变“独此一家”和“酒香不怕巷子深”的观念，感受到人才竞争的压力，单纯的人事管理观念迅速转变为人力资源开发观念。

风靡全国的“炒鱿鱼”经由广州、深圳等地，通过生动的粤语表达传播了出去。新词汇表示新事物的引进，新事物包含着新知识，新知识孕育新的话语体系，它在反映社会变化的同时促进社会的变革。语言在某种程度上是“势利”的。在现实生活中，语言的影响主要是单向的，即从经济、文化、政治发达的地区向落后地区流动。改革开放以后，广东省的经济发展快，且又毗邻香港，许多新鲜的事物与观念，源源不断从这个南风窗向内地输入。于是粤语北上，形成了“炒鱿鱼”等粤味普通话。广州人或广东人的生活方式和生存方式，已越来越成为内地人们的仿效对象。

“合则留，不合则去”，是个人意识、自我实现意志的具体体现，但这需要相应的政治制度、社会空间和文化氛围。改革开放以后，“炒鱿鱼”和“炒老板的鱿鱼”已经逐渐成为用人方和员工的直面的常态，这标志着国人独立人格的觉醒、自我实现意志的彰显，也反应社会变革给个人提供了广阔的空间和开放的舞台。（陈　杰）

## “110”

新中国成立前，广州市就有盗警电话号码，当时是“00”，它就是110报警服务台的前身。1951年国庆前夕，

“00”盗警电话由属部队建制的广州市公安总队管理。1958年12月20日，中央军委、公安部决定，将广州市公安总队移交给广州市公安局，“00”盗警电话一并移交给广州市公安局。五六十年代这个电话处于停用状态。

由于建国初期敌特活动猖獗，因此虽然称为“00”盗警电话，其实接到的电话内容很少涉及盗窃、抢劫之类，大部分是报告发现敌特分子活动，如“发现有人向敌机发出信号”、“发现可疑人士对着某目标拍照”等信息。1953年1月的一天，“00”就接到一个报警电话称花都赤坭山上出现空投特务，“00”马上通知有关部门“赶紧抓特务!”几经周折，最后终于在北京路的一家招待所内抓住了这名空投的敌特。

随着后来国际电话的出现，当拨“00”时，脉冲电话就会与国际电话区号混淆。1973年，邮电部借鉴日本、韩国经验，将“00”盗警电话改为“110”匪警电话。但只是单机报警电话，甚至没有自己的专门“地盘”——它被安放在市公安局办公室的总值班室内，由值班人员兼顾接听。

改革开放后，广州不断出现社会治安新问题，为适应斗争形势发展的需要，提高公安机关接处警的快速反应能力，便利群众报警、求助和投诉，更好地为人民群众服务，1982年，市公安局将原为盗（匪）警电话的“110”，逐步扩大职能，拓宽服务范围，建立了“110”报警服务台，展开“110”报警服务工作。1986年1月10日，市公安局将“110”匪警电话正式改为“110”报警服务电话，在全国公安系统中率先成立“110”报警服务台。1987年6月，公安部下发了《关于大中城市公安局普遍建立“110”报警服务台的通知》，要求各大中城市公安局在两年内普遍建立“110”报警服务台。自此时起，“110”报警电话正式成为“110”报警服务台。

1998年8月，由广州市政府组织协调，供水、供电、医疗、环卫、城管、民政、工商等23个政府职能部门正式启动了以“110”报警服务台为龙头的社会服务联合行动网络，“110”社会联动机制随之形成。社会联动机制的建立，再加上‘有困难找警察’的宣传，报警量开始显著多起来，寻人的、修煤气的、夫妻吵架的各种求助类报警也日益增多，因为报警的增多，“110”不断扩员，但仍感觉满足不了报警需要。

“110”成立时只有两部电话，10多个接警员，基本是女性。开始的几年接警量十分少，一天才10多宗，最多不超过几十宗，报警内容多是警务性质，很少有求助电话。当年接警时最头疼的是确定报警地点。必须问几个点，才能够确定事发地点，否则派出所民警就可能找不到地方。此外，当接到警情涉及其他政府部门时，需要翻电话本找其他部门的联系人电话。为此，几乎所有的接警员都将常联系的政府部门人员的电话背下来。随着计算机的普及，“110”报警台很快实现了电脑化操作，工作效率得到大幅提高，1998年，一人一个班次已经能够处理100多宗报警了。

2003年12月28日，广州市“110”社会联动网络升级为应急联动系统。该系统采用电子信息、光纤通信等先进的现代高新科技，进一步提高反应速度和处警能力。现在报警人只要说出一个模糊的地址，便能通过电子地图、电子词典准确查到事发地点，而且还能卫星定位到最近的巡逻警车，以最快的时间通知民警赶到现场。

广州“110”诞生20年来，走过了从反特电话到报警服务，从求助热线到救援中枢的历程，“110”从襁褓婴儿长成高大青年。从诞生之初一天接警10多宗，到如今一天接警达万余宗。从1986年到2007年底，广州110共接处群众报警求助2500多万宗。“逢危难打110”、“有困难找110”，“110观念”已经深入人心。20年来，它走过的每一步，都见证了广州的成长，都吸引着市民关切的目光……

现在的“110”已不仅是报警电话，也是为市民排忧解难的热线，更是广州紧急救援指挥中枢。在发生重大突发事件时，“110”能统一调度各联动单位的应急救援力量，实现统一决策和指挥，最大程度发挥社会联动的整体实效。

（郭贵民）

## 婚姻介绍所

中华人民共和国成立以前，广州人的姻缘多为父母之命、媒妁之言，间有指腹为婚，自由恋爱较少。30年代前后开始出现“相睇”（男女双方见面），50年代后婚姻认识途径开始逐步改革，80年代初，广州诞生婚姻介绍所。

如今，“婚姻介绍所”已经变成了一个耳熟能详的词。但在近30年前，“婚姻介绍所”还是很陌生的词语。城乡二元化的社会结构，以及严格的户口制度与国有制、集体所有制的关系，人员流动相对较少，人们婚恋交友的范围总是离不开生活的圈子，本来用不着婚姻介绍所。但广州第一家婚介所则是在知青返城的特定历史条件下应运而生的。

70年代末80年代初，全国出现知青返城的高潮，在农村插队的知青回到城里已成了“老青年”。他们在农村插队时无法解决婚姻问题，回城后年龄大了，找对象自然有困难。那时候，“大龄青年”、“搞对象”是使用频率特别高的词汇，而解决大龄青年的婚姻问题几乎是全社会的共识。当时有这么一个说法，对于返城知青，上海注重安置，北京注重工作，广州则是帮忙找对象。

在给大龄青年找对象方面，当时广州市有关部门确实下了工夫。广州市团委牵头，广州市十大工业局团委商定，每个局轮班组织，发起了大大小小的交谊舞、唱歌或郊游活动，给城里的未婚青年提供一个交友平台。但十大工业局的团委还有自己的工作，没办法专心来解决“找对象”问题。于是，1982年11月，经广州市编委办财政局人事局联合下文，广州也是国内第一家婚介所——广州青年婚姻介绍所成立，由青年文化宫主任兼任所长，隶属广州市团委，由市委、市政府拨专款，并配备专职工作人员。

当时的婚介所还是鲜明地带有那个时代独有的历史烙印。早期在婚介所登记的未婚青年，大多数是“有事业心、好学上进的‘三好’、‘五好’青年”。而且，广州青年婚介所成立后设立的18条章程，规定只给38周岁以下的广州本地男女青年办理登记手续，“前来登记者，需持本人工作证”，然后再交上5毛钱。接待服务时间为每周一、三、五，会面则统一安排在周一。

前来登记的未婚青年择偶要求如果太世俗，还会被红娘批评教育。广州青年婚姻介绍执行所长吴沛玲还记得，有位男青年在“选择对象要求”一栏里说明“要最漂亮的”，结果被所里的“红娘”找去谈心，劝导他不能着眼外貌，关键要考虑对方人品如何、性格爱好是否默契。还有一位市领导干部的儿子来所里准备登记时，要求给他找一个处级干部的女儿。所里没让他登记，而是对他进行思想教育，批评他“门当户对”的落后观念。

每逢周末的联谊晚会，是最受未婚青年欢迎的。女孩们打扮得花枝招展，所里的红娘们就在现场随时准备拉红线。女青年若是有看中的，便会悄悄拉拉红娘的衣袖，指一指，红娘就会为他们做介绍。除了联谊交友之外，婚介所主要通过查卡配对。现任广州青年婚介所办公室主任黄子模说，当时所里办公条件简陋，“一张桌子一部电话就是全部”，卡片摊在桌面上，未婚青年按自己的要求物色对象，再由所里组织会面。

婚介的形式既不同于中国传统意义上的“相亲”，也不同于新中国成立以来的共产主义新传统所流行的“单位介绍”，但却兼具了两者的特征。婚介所的出现意味着个体可以通过正规机构，进行传统的“相亲”活动，标志着原来由国家的代表人——单位管制在包括婚恋的个人生活中的逐步退出，也是传统社会结构与共产主义新传统结构同时逐步消解的产物。

虽然在由计划经济向市场经济的转型期间，婚介所的成立离不开官方背景，但随着改革开放进一步深入，由民间组织、民间团体成立的婚介所大量涌现。婚介本身随着时代的变迁而在对象、形式与内容上也发生了巨大的变化：服务对象已经不再只是未婚的大龄青年，还延伸到了年龄不限的中国大陆居民及港澳同胞、海外华侨、华人单身男女（包括离婚、丧偶）；在形式上也已经越来越依托报纸、电视、网络等各种媒体。服务内容也从原来简单的“相睇”，拓展到旅游等各种新的婚介形式。

婚介所发展到今天，热度依然不减反而有再度飚升的趋势，原因是随着社会生活的高速发展，现代“宅男宅女”生活方式促生了新一代的“剩男剩女”。交流工具越来越发达，越来越多的青年男女选择“足不出户”的“家天下”的与世界交流的方式，无论是与朋友聊天、了解专业外的世界都依赖电话、电视、电脑。学历越高、收入越高、专业内应酬越多，与朋友交流的渠道反而越小，生活圈子越窄。这样新的封闭方式，使他（她）们难以接触工作圈子外的人，形成“现代光棍”。

2008年“11·11”光棍节，出现了新鲜事——选择走进婚介所“脱光”（为脱离“光棍”之意）的大部分并非是“光棍”，而是“已婚人士”。近几年，前往婚介所替子女征婚的父母出现了明显上升趋势。据广州市青年婚姻介绍所的数据显示，在前来婚介所咨询征婚事宜的个案中，72%是父母或者长辈为其子女或者晚辈咨询的，比平日上升了43%，其中广州本地父母占总体的43%。父母希望自己的经验能影响、帮助儿女；而儿女也因为工作忙、传统观念的回归等，对闯进婚介所的父母从过去的“排斥”到现在的默认的态度。于是，婚介所在新的时代背景下，没有弱化反而更能发挥着自己的作用。（陈　杰）

## “白天鹅”

“白天鹅”即白天鹅宾馆。在广州，坐出租车时说一声“去白天鹅”，司机便心领神会，直奔白天鹅宾馆而去。如果认真地说“去白天鹅宾馆”，倒有可能被个别司机“欺生”。

白天鹅宾馆坐落在广州历史悠久而榕荫如盖的沙面岛（原为租界）南侧，濒临三江汇聚的白鹅潭。宾馆建筑面积10.08万平方米，总占地面积2.71万平方米，主楼34层，高102.75米，拥有843间舒适温馨的客房。自1983年2月开业以来，白天鹅宾馆一直享誉海内外。

1978年，国务院侨办主任廖承志邀请了一批香港工商界的巨子到北京访问，希望他们为中国旅游部门在北京、上海、广州和南京等地兴建八大中外合资酒店的计划慷慨解囊，其中包括利铭泽、霍英东、李嘉诚、冯景禧、胡应湘和彭国珍。访问期间，邓小平接见了他们，并说中国将实行改革开放政策，希望他们到中国大陆来投资。

霍英东对八大酒店计划非常支持，主动要求参与这项酒店计划。他考虑到广州向来港澳和华侨旅客较多，还有一年两次的广交会，加之广州毗邻港澳，沟通较易，而且能得改革开放之便利，于是决定把酒店建在广州。1979年4月10日，广东省旅游局和香港维昌有限公司（霍英东、彭国珍投资集团全权代表）签署正式合作协议，共同投资2亿港元，在广州沙面兴建宾馆（当时协议上称白鹅潭宾馆，后改为白天鹅宾馆），双方合作经营的期限为15年，期满之后，宾馆一切产权归广东省旅游局所有。这是内地计划建设四大城市八大宾馆中的第一份合作协议书。1997年，双方又协定延长协议五年，合作期延长至2003年。之后，宾馆产权归广东省政府。

白天鹅宾馆兴建伊始，有部门提出，要有“备战备荒为人民”的意识，楼顶阳台要建立高射炮台。还有部门提出，宾馆旁边一定要建一个大的职工宿舍。身处计划经济时代，什么事情都由单位包，宾馆那么多员工，全都要安排职工宿舍。因此，有人就说要建大大的自行车棚。这一切，跟海外的投资理念差异何其之大！让人家住进炮台里面去，还看见旁边有个又大又破的职工宿舍，门口全堆满了自行车，涉外宾馆怎么开？关键时候，还是叶剑英元帅出面，给予了霍英东先生最有力的支持。

白天鹅宾馆在改革大潮初涌的80年代初带动了大批港资进入广州酒店业，拉开了广州酒店业发展的大幕。自白天鹅宾馆之后，港资兴建的广州中国大酒店，以及主要由利铭泽家族投资兴建的广州花园酒店也分别于1984年和1985年建成开业。

白天鹅宾馆是中国第一家中外合作的五星级宾馆，也是第一家由中国人自行设计、自行施工和自行管理的大型现代化酒店，因而具有非比寻常象征意义和实际意义。霍英东认为，白天鹅宾馆既是改革、开放政策的产物，又给改革、开放以有力的促进，他有意识地将白天鹅宾馆视为改革开放的一个符号。白天鹅宾馆建成后，霍英东先生特地要求在沙面岛的北侧加建一座小桥，以便连通对岸的清平自由市场。当时，许多人不解霍英东先生这一举措的深刻寓意。

世界顶级建筑设计师贝聿铭曾参观白天鹅宾馆，他称赞说："在江边建筑这样宏伟的大厦，实属世界罕见，可见中国有天才的设计大师!"

佘畯南和莫伯治担任宾馆总设计师，他们运用"流畅的中国空间手法"，将宾馆建筑与沙面的欧陆风情、白鹅潭的美景融为一体，一条专用引桥把宾馆与市中心连接起来，实现了功能性和艺术性的统一。

宾馆采用高低结合、主楼与底座构成整体的建筑型体方法建造，融汇了中西方建筑和园林艺术的特点。主楼建筑采用"腰鼓形"平面，电梯及一些辅助设施都在"肚子"里，周围是房间，外墙采用白色涂料饰面，通体乳白，矗立如玉屏。透过江面远眺，它恰似一只洁白的天鹅，振翅欲飞。

宾馆最引人入胜的地方是"故乡水"园林。园林设在中庭大厅，主体是一座三层楼高的假山，亭台楼阁、小桥曲径、艳花翠草分布其间，瀑布直泻，飞珠溅玉。正是这水声潺潺的“故乡水”引得万千游子“别来此处最牵心”。

白天鹅宾馆面向市民开放还创下了国内高级酒店的一个传奇。在改革开放初期，所有的星级宾馆门口都立着“衣冠不整，请勿入内”的告示牌，但白天鹅宾馆却是例外。自宾馆开业之始，霍英东要求将宾馆开放给群众，所谓“泥腿子也可以进白天鹅”。他希望老百姓看看新鲜事物，并相信先有人气，然后才有财气。1983年春节宾馆全面开张那天，广州市民蜂拥而至，光是大堂卫生间里的卫生纸，就用掉了20多箱。到晚上，宾馆员工清理现场时，捡到市民挤掉的鞋子竟有一大筐。这个传统延续至今：每年新年在白鹅潭一带赏完烟花，广州市民总是习惯走进白天鹅宾馆的大堂转一圈，并相信能转来一年的好运气。

1983年开业以来，白天鹅宾馆赢得了诸多殊荣和广泛赞誉，使“白天鹅”品牌蜚声海内外。宾馆共接待了40多个国家的元首和政府首脑，伊丽莎白二世、尼克松、布什、卡斯特罗、基辛格、西哈努克、李光耀等政要名流都对其赞叹有加。我国改革开放的总设计师邓小平更是三次莅临“白天鹅”，并亲笔题字。

2008年8月，广东白天鹅酒店集团有限公司揭牌成立，这标志着白天鹅宾馆实现了从单一的酒店经营向集团规模化经营的成功跨越。如果说白天鹅宾馆的建设和经营是举中国改革开放之志，开创了中外合作的先河，并获得了巨大成功，那么如今白天鹅宾馆成立集团，则是扬中国改革开放之魂，成功迈出了“三步走”品牌发展战略的第一步，意味着向专业化、产业化、国际化进军的步伐加快，显示出敢于挑战国际酒店市场竞争的信心和决心。（郑　英）

## 安 珂

1983年3月8日下午6时许，在广州长堤大马路华光小食店，广东人民广播电台23岁的政法记者安珂，和同在广州业余大学新闻班上学的两位同学在进餐，一个四人的偷窃团伙盯上了他们放在椅子上的皮包。当安珂和同学小何发现皮包被偷一起追出店外时，一个小偷拔出牛角刀向小何猛刺过去。安珂挺身而出，勇猛地以拳脚还击。此时另外三名小偷蜂拥而上，围攻安珂，安珂终因四面受敌孤立无援，背部和肋下被刺伤九处，经抢救无效而壮烈牺牲。

为了表彰安珂的英勇行为，1983年3月26日，中共广东省委决定授予安珂模范共产党员称号；3月30日，广东省人民政府批准安珂为革命烈士；4月14日，中华全国新闻工作者协会第三届全国理事会授予安珂"优秀新闻工作者"称号。第六届全国人民代表大会第一次会议的《政府工作报告》号召全国青少年和亿万人民向包括安珂在内的先进人物学习。1989年12月，安珂被评选为中国"八十年代卓越青年"。

安珂事件的事发地是广州的闹市区，而且时值下班，街头人流熙熙攘攘，人群围观安珂赤手空拳同四名歹徒在马路中央搏斗，交通堵塞达十分钟，可是没有一个人上前呐喊相助，竟让歹徒持刀扬长而去。安珂的两名目睹歹徒抢提包的同学，一个是共产党员，一个是保卫人员，却在血战的时刻不见了。安珂倒在血泊之中，有人拦截两辆过往的卡车和客车以便送往医院抢救，车上的司机竟不予理睬，置英雄的垂危于不顾。

安珂的事迹以及以上的场景通过广播被人们了解以后，广东人民广播电台收到了大批听众来信，在热情赞扬安珂为维护人民的利益而英勇献身的同时，也提出了这样一些问题：在安珂同歹徒搏斗的时候，那么多围观的人，为什么没有一个人挺身而出，助他一臂之力呢？为什么凶手竟然在众目睽睽之下逃之夭夭了呢？这一事件暴露出当时社会风气中的严重问题。

改革开放之初，社会风气一度下挫，街头时现被人称为“阿飞”、“流氓”的不良青年，不少人害了一种恐惧症，面对行凶作恶的歹徒，不是挺身而出，及时报警，而是麻木不仁，袖手旁观甚至避之唯恐不及。歹徒正是利用了某些人的这种恐惧症，才敢于在光天化日之下，大打出手，行凶杀人。安珂的母亲胡萃华当时沉痛地说：但愿儿子的鲜血能震动某些人麻木的灵魂。

安珂事件之后，广州当地媒体热烈讨论造成社会麻木状态的深刻原因，提出了“精神公害”这一事关社会责任感的严肃课题；同时也称颂那些在安珂事件中显示了高尚情操和公民责任感的人——例如，最先上去扶起倒在街旁、血流如注的安珂的，是人们至今仍不知道姓名的过路女青年；不收分文、没有留下姓名把安珂送往医院抢救的机动三轮车司机；中山医学院第二附属医院下班时走过急诊室而主动上前共同参加抢救的该院儿科和内科医生。

安珂事件引出的热烈讨论，对改革开放初期广州人的道德观念产生强烈冲击。“安珂”这一名字，也因此进入80年代广州人的集体记忆。（于 静）

## 西汉南越王墓

1983年6月8日，在广州市繁华市中心的一处建设工地上，挖掘机把一座叫象岗的小山包刨掉了一半。施工中，一位民工突然发现了排列整齐的大石块。大石块底下，藏着一个巨大的墓穴！

广东考古界颇有声望的专家麦英豪闻讯后赶到了象岗工地。他根据现场的情况判断，大墓采用了大量的石头，而且是深埋在象岗山17米深的山腹中，说明修筑大墓耗费了众多民力，墓主人的地位一定十分显赫。通过深入象岗墓室，考古专家进一步确认这是南越国时代的一个大墓。

广州象岗发现了南越国大墓，立即引起了广东省有关部门的高度关注。为防止大墓里的文物遗失，第二天一大早，武警战士就把大墓现场警戒起来。鉴于广州发现南越国墓葬的考古价值和保存情况，一封请求发掘的报告，由国家文物局上报到国务院，很快得到“同意发掘”的批示。

通过考古发掘、史料查证和现代医学实验，象岗南越国墓主人的身份得以确定，他就是赵佗的孙子、南越国的第二代国君、南越文帝赵眛。

象岗，一个在人们的视线中早已习以为常的小土山，它的杂土乱石下，居然是一个2000多年前的帝王的葬身之所。

赵眛是南越王创始人赵佗的孙子，号称文帝，公元前137年至前122年在位。该墓葬系劈山为陵而成，墓室坐北朝南，前三后四，总共七室。墓宽12.5米，长10.85米。墓主居后部中室。前部前室四壁和顶上均绘有朱、墨两色云缎图案。

西汉南越王墓具有很高的文物考古和史料价值：

第一，这是岭南地区发现规模最大、出土文物最丰富多样、墓主人身份规格最高的一座汉墓，是中国境内迄今发现年代最早的彩绘壁画石室大墓。它堪称一座地下宝库，共出土各类文物1000多件（套），依其质地可分为金、玉、铜、铁、陶、水晶、象牙、丝麻等20多项，铜、铁、陶、玉器数量尤多。

第二，出土的龙钮金印是我国考古发掘出土的第一枚帝印。在传世或发掘出土的秦汉印章中，先前未曾有过皇帝印玺。此外，“泰子”（泰同太）金印也属首次发现。《史记》、《汉书》均记载赵佗的继承人为“赵胡”。“文帝行玺”龙钮金印和“赵眜”私章的出土，表明南越国第二代国王的名字不是“赵胡”而是赵眜。

第三，出土的“丝缕玉衣”，是经科学发掘、整理和修复起来的我国最早的一套完整的玉衣。经过修整复原，“丝缕玉衣”全长1.73米，共用玉片2291片，用朱红色丝带粘贴。这是考古文献记载中已知的金缕、银缕、铜缕玉衣以外又一个新品种。南越王墓的墓主赵眜，死于元朔末元狩初（前122~前117），故这套玉衣的制作年代，比满城汉墓出土的玉衣要早。

第四，出土文物证明在南越国早期广州已与波斯和非洲东岸有海上交通贸易。南越王墓出土文物中有一件呈扁球形的白色银盒特别引人注目。银盒通高12厘米，腹径14.9厘米，重572.6克。出土时在主棺室，盒内有十盒药丸。从造型、纹饰和口沿的鎏金圈套等工艺特点看，迥异于中国传统的器具风格，而与古波斯帝国时期（前550~前330年）遗物相似。有关专家经研究，认为这是波斯产品，银盒里的药丸很可能是阿拉伯药。因此，银盒并非南越国制造，而是舶来品。此外，南越王墓还出土了非洲大象牙、深蓝色玻璃片等舶来品。

第五，出土文物反映南越国已有较高的铸造工艺水平。出土的铜鼎36件，有汉式鼎、楚式鼎和越式鼎。其中有九件刻有"蕃禺"铭文，显然皆由南越国的都城工匠所造。出土铜提筒九件，具有浓厚的地方特色。出土铜熏炉11件，有单件和四连体的，炉腹和顶盖均镂孔透气。这是最能反映南越国地方特色的典型铜器，铸造工艺复杂。

南越国是岭南历史上第一个封建割据政权。南越国在93年间，推广铁器和农耕，发展海上交通贸易，促进岭南地区社会历史的全面发展，岭南进入开发史上的重要时期。南越王墓的发现，为研究秦汉时期岭南地区的早期开发、南越国史、广州城市发展、汉越民族文化融汇等，提供了极为宝贵的资料。

南越王墓发掘后，墓室就地保护。广州市有关部门以南越王墓为中心，建造了一座占地1.4万平方米的新型遗址博物馆。（章　深）

## 灯光夜市

时光回到80年代中期，夜幕下的广州西湖路、教育路，亮如白昼，熙熙攘攘的人群中，不仅有中国人，还有蓝眼睛、高鼻梁的"老外"。道路两旁，林林总总排满了"档口"，档口上方明灯高挂，档口里则挂满了各式各样的服装、皮具等各式小商品，档主卖力招呼行人，各式叫卖声、讨价还价之声不绝于耳。语言的障碍在这里消失，有的只是大包小包的商品和人们兴奋的表情。

这里就是被誉为"南国夜明珠"的广州市越秀区西湖路灯光夜市。它始建于1984年5月，范围包括西湖路和教育路，全长800多米。灯光夜市之所以选在这里，主要原因是当时西湖路有个西湖商场（现为广州百货大楼），商场旁有一块空地，最初是几十名个体私营人员拿了些东西在那里卖，连晚上也出来卖，做夜市生意。当时广州人的夜生活很单调，西湖路、教育路晚上很安静，没有多少行人和车辆。后来为了方便人民群众的生活，解决回城人员以及刑满释放人员的就业问题，广州市政府决定在这里兴建“灯光夜市”。

灯光夜市起初主要是经营服装和饮食生意。由于广州人还没有过夜生活的习惯，所以头两三个月很少有人光顾。饮食档口由于生意一般而逐渐迁走，只剩下卖服装的继续在那里经营。每天入夜开市前，档主用竹竿沿马路两边搭建成简易摊档，每档都悬挂着一盏电灯。随着时间的推移，来灯光夜市购物观光的人逐渐增多。灯光夜市发展起来后，不但吸引了夜生活单调的大批广州市民，其灵活、快捷的经营模式以及交通便利、人流聚集的黄金位置，更招徕全国各地的商家。因此“档龙”迅速延伸，高峰时期达到1000多档，把整个西湖路和教育路挤得水泄不通。搭建摊档的材料也从竹竿换成了不锈钢管，灯泡也被光管所取代，市面进行了统一设计和装饰。每晚开市，人流接踵摩肩，千灯齐亮高照，从高空俯视，金碧辉煌，好似一条人间的银河。灯光夜市的经营范围也迅速从经营百货等小商品扩展到批发服装、皮具、婚纱等中高档商品。

当时广州市作为改革开放的窗口，发展个体经济的试验地，每年都有很多外宾来参观，灯光夜市也成为了发展中国家的总统、总理等外宾参观的必到之地。据一位曾经的老档主罗老伯讲，最旺的一晚，一位成都客跟他买了一万条裤子，一晚就赚了几千元。据不完全统计，从1984年至1990年在灯光夜市长期经营、较为固定的小百货经营摊档和企业有900多家，参与直接经营和配套服务的就业人员超过1万人，每年吸引数十万的海内外顾客和游客，高峰时年营业额达8000万元，年上缴税收600多万元。作为全国首创的都市夜间个体集市，广州的灯光夜市既得改革开放之先机，又得毗邻港澳的地利，还一度领先国内时装产、销潮流，被称为中国时装的展示橱窗和贸易集散地，并成为个体商户创业致富的摇篮。其后，广州市和各地纷纷效仿，一时间“灯光夜市”在全国遍地花开。

2001年底，有着辉煌历史的西湖路灯光夜市正式关闭。2002年7月10日晚，经营了15年的广州芳村区陆居路灯光夜市也结束历史使命，顺利关闭。陆居路灯光夜市是广州最后一个灯光夜市，它的关闭宣告了大型灯光夜市完全淡出广州人的生活，取而代之的是步行街、网上购物等其他新鲜的商业形式。灯光夜市的灯火虽然已经熄灭，但它们曾经的辉煌依然保留在一代人的记忆深处。（董克难）

## 《雅马哈鱼档》

《雅马哈鱼档》是一部国产故事片，其艺术价值远不如“史料”价值。尽管曾荣获文化部1984年优秀故事片二等奖，1985年第五届中国电影金鸡奖最佳美术奖，这部影片无论在当年还是现在回头看，均只有一个突出的特点，那就是记录了80年代初的广州。

影片由珠江电影制片厂于1984年出品，片长96分钟，导演是曾主演过《董存瑞》的张良，主演有张天喜、黎志坚、杨丽仪、许瑞萍等，都不是明星，但长着非常典型的广州脸，加上当时的发型和装束，简直就是一个时代的缩影。比如珠珠的靳羽西头，阿龙蓬松的烫发，是当时广州男女青年的时尚发型，后来逐步流传到全国。海仔则是一副标准的烂仔样子，年仅23岁，留着一点小胡子，自以为很帅，实质很猥琐。那个年代的广州青年都喜欢穿紧得裹身的衣服，短裤也很短，很暴露，但一点不性感。估计那个时候也没有什么性感的意识，反正香港流行什么，广州紧跟着追捧什么。

该片有两大卖点：一是浓郁的市井风情，二是强烈的地域色彩，加在一起就是广州的市井风貌。广州是中国内地改革开放的前沿阵地，是最先富起来的地方。我们现在觉得土得掉渣的东西，当年都代表着先进的生产力。影片有大量街头小摊档的场面，热闹异常，在个体经营刚刚获得允许的时候，那种景象无疑代表了繁荣。影片对于广州的描写到了不遗余力的地步，大量采用骑楼、珠江、北京路、饮早茶等符号性的场景。此外，当时完工不久的区庄四层立交桥，以及东方宾馆的牌楼、隔壁中国大酒店气派的外表，北京路的人行天桥（因太过落后并阻碍道路现已拆除），还有街上的出租车，这些在全国其他城市都是相当罕见的，代表着物质的富裕和金钱的重要性。唯一别扭的是主角说普通话，尽管保留了不少粤语的语气词，背景音也采用粤语，但从现代的眼光看，普通话对影片精心营造的广州氛围来说，可谓大煞风景。不过，那年头不时兴对白打字幕，不说普通话就不可能全国放映，算是无奈的折中。

就故事本身而言，该片既是大胆的，又是保守的，充斥着矛盾。主角阿龙是一名有前科的青年，面对失业的前景，他变卖了家里电视机、收录机、手表等值钱的东西，又向朋友借了些钱，伙同好友海仔和女友珠珠一起开了一家卖鱼的鱼档。因为他买的运货的摩托车是雅马哈牌子的，所以鱼档也顺便叫做雅马哈。显然，当年张良没有如今冯小刚的商业意识，没有向雅马哈申请植入式广告费，反过来，可能也没有考虑到借用商业名牌需要事先获得许可。

影片的戏剧冲突非常简单：一开始阿龙并没有顺利拿到营业执照，但稍微打点一下，问题就解决了。（这在现在看来也不可思议，政府巴不得你开店做生意，哪会像当年那样设置障碍?）主要矛盾出在跟隔壁葵伯和葵妹的交往，他们父女俩也是开鱼档的，被阿龙从原来的档口赶到对面，后来又在阿龙的恶性竞争中受到经济损失，但随时向阿龙伸出援助之手。起初观众以为葵家想招阿龙为女婿，最后的答案是她受未婚夫（也是阿龙的同学）的委托，拉他一把。由于葵妹完美无瑕的品格（她也是影片中最端庄漂亮的），所有矛盾迎刃而解。论逻辑，葵妹没有一点私心，比耶稣还高大，着实不可信。因此，这是一个毫无立体感的虚假人物，也是编导缺乏设置矛盾、解决矛盾之功力的结果。相比香港五六十年代《南北和》、《南北一家亲》之类影片（也以邻里竞争为主要剧情），《雅马哈鱼档》在这一点上十分幼稚。

阿龙、海仔和珠珠相比而言塑造得比较真实，一方面归功于造型，另一方面人物均非完人，比如阿龙爱摆架子、爱耍脾气，海仔属于小聪明，老是想着靠骗术赚钱，珠珠没什么心眼。但细究起来，这三个角色的塑造最多也就是及格，谈不上成绩。

影片的寓意是年轻人不怕失足，只有奋发图强，一定会成功。如此励志的故事，借助的手段却有点敏感，那就是个体户。新中国成立后的前三十年，靠自己的双手从事商业活动是不被允许的，罪名叫做“投机倒把”。时至1984年，改革已经五年，但阴魂依然不散，为个体商业正名是需要勇气的。在这方面，影片不时透过人物对白，反映出当年的纷争和忐忑，有角色说个体户是“为政府解决就业问题”，有一个“澳门仔”询问个体户政策是否会改变；如果你觉得整部影片并没有一个角色出来谴责个体经济，请不要忘了，影片的结局是两个摊档、五个家庭（按姓氏算）的联合经营，表面上是大团结，实际上未尝不能解读为对个体户的一种隐性的否定，至少是妥协；或者说，个体经营的确创造财富，但合作经营更有前途。换言之，这可以算是影片在政治上脚踏两只船，为自己买的一份保险。如果中国政策出现大倒退，主创人员或许可以依据这个结尾为自己洗刷“罪责”。

撇开这些微妙之处，仅从影像角度，影片是对商品经济初级阶段的一首赞歌，那充满活力的广州街景是对改革开放成就的潜在肯定。尽管艺术上较粗糙，中国影坛再也没有出现如此纯粹的“广州影片”，而全国范围内同类题材的电影它也算得上是先驱。有它开道，后来才出现其他的个体户题材影片，如1987年以北京为背景的《二子开店》。从这个意义讲，《雅马哈鱼档》如同广州在改革开放中扮演的角色，粗放但具有领头羊的作用。（周黎明）

## 新时代影音公司

2009年初，媒体竞相报道，称新时代影音公司即将破产。

新时代影音公司创办于1984年10月，隶属于广州市文化局，是由当时广州市文艺创作研究室的几位作家向广州市文化局借贷10万元创办的，创办之初仅有一间临时办公室。初衷是借自身的文化资源，开办一家“以文养文”、“以文补文”的音像企业，但因没有音像出版权，创立初期发展十分受限。80年代，它协办和赞助了“羊城十大歌星大赛”、“穗港澳青年大联欢”、“新时代校园歌曲大赛”等一批演唱活动，并发行活动中演唱的歌曲。至1986年底，已销售52个编号共250万盒原音带，收到了较好的社会效益和经济效益。

新时代的全盛期是90年代，跟中国唱片总公司广州公司、太平洋影音公司、白天鹅音像出版社并列为广东音像出版界“四大巨子”。多年来，新时代共出版了音像制品1250余种，资产总值曾高达8500万元，净值资产曾达3980万元，但它的名字却永远跟毛宁、杨钰莹连在一起。

杨钰莹是新时代签约的第一个歌手，这在当时实属创举。据当年新时代总经理吴建邦透露，他当年被文化部外派到香港学习，随后便把香港乐坛的造星模式引入到内地。1990年，18岁的杨钰莹从江西来到广州，那时的名字叫做杨岗丽，因为过于男性化，后改为杨钰莹。当时全国正刮起甜歌风潮，邓丽君、韩宝仪的歌风行，杨的音色甜美，尽管打扮较“土”，潜力可造，于是被新时代签下，据说是内地签约歌手制的首例。

1990年，新时代为杨钰莹推出首张唱片《为爱祝福》，然后投入10万元，在央视的黄金时段做了10天广告，每天10分钟，播放杨钰莹的MV。这在一盘盒带的批发价是4.1元的年代里，纯属闻所未闻。但大投入有了大产出，杨钰莹一夜走红，无数人通过电视看到了她清纯的相貌，听到她甜美的歌声，惊为天人，专辑《为爱幸福》销量上百万张。

新时代同时为杨钰莹争取唱影视剧主题歌的机会，利用音乐方面的资源，免费为影视公司的影视剧制作配乐、创作主题歌，条件是必须让杨钰莹演唱主题歌。《外来妹》就这样红了。新时代还为杨钰莹拉到过一部电影，叫做《时光列车》，杨不仅唱了主题歌，还在里面客串了一个角色。电影最终没有公映，但杨的一些剧照后来流传到网上。

毛宁是1990年新时代在一家歌厅里发掘到的，比杨钰莹稍迟一些签约。因大笔经费已投到杨身上，起初新时代对毛宁的投入并不大，到了1993年才推出首张专辑《请让我的情感留在身边》。但据吴建邦说，对毛宁专辑的制作下了更大的本钱。因为无法采用清纯脸蛋和甜美声线的旧套路，于是找来广东腕级音乐人张全复、毕晓世、陈小奇等，为毛宁写歌创作，其中包括那首后来传唱度很高的《涛声依旧》。

新时代想了很多方案宣传毛宁，均不理想，但一件意外的事情却让毛宁最终走红了，事关歌曲《蓝蓝的夜，蓝蓝的梦》。这首歌最开始是当时已有名气的歌手张咪先唱的，她是毛宁的朋友。有一次，毛宁在上一个电视录播节目时，也选了这首歌演唱。碰巧那天张咪也在现场，两人在后台为这事情争吵起来。这件事情被媒体爆炒。次日，全国报纸都刊登了毛宁与张咪的争歌事件，而且事情不断升级。在媒体的连续追访和报道下，毛宁的人气迅速提升。

事后，新时代发现毛宁和杨钰莹搁在一起挺般配，便刻意把他们打造成一对，于是就有了“金童玉女”搭配，让两人更上一层楼。毛宁从此事受益颇多，他的盒带也随之突破了百万销量。

新时代刚签约杨钰莹时，给她每月1500元左右的底薪，外加唱片分成，另外还给她安排一套四五十平米的房子，另有一辆专车接送以及保姆照顾。合约里的每一项细节都按照当时香港唱片公司的标准去定制。毛宁除了保姆，其他相似。新时代的合同是五年制，两人均在1995年续约，但一两年后又均提出解约。

除了这对“金童玉女”，新时代还签了林依轮、刘婷、殷浩、陈妃平等一批颇具实力的歌手，但大红大紫的仅有毛宁和杨钰莹。

2009年初，广州媒体竞相报道，称新时代影音公司即将破产。见证“新时代”的录音师陈珞表示惋惜：“作为公司行为，经营不下去破产是无可厚非的，但是这个品牌丢失、浪费，就太可惜了。还是期待转机，期待有人愿意注资、重组。”（周黎明）

## 江南大酒店

1984年的一天，《人民日报》刊登了广州市联星村奠基兴建江南大厦的报道。这是我国改革开放后，第一家由农民集资兴建的高层大酒店。

80年代初，广州海珠区没有一家标志性的高层建筑，也没有一家星级酒店，餐饮服务、旅游接待都与日益发展的经济建设和改革开放的形式不相适应。如在这个地区建设有相当规模和档次的酒店，成功率一定很高，同时也可以解决本村农民今后的生活出路。当时，刚好是邓小平在改革开放后第一次到南方视察，邓小平的讲话更激发起他们的改革开放、发展经济的热情。经过村、生产队领导干部的研究，大家一致同意在江南大道与昌岗路交叉的西南角，建设一栋八层高园林式的酒店，并将这种想法和初步规划上报给区、市领导。

设计方案经过多次修改，最后以建30层高层建筑上报，取名为“江南大厦”。1983年3月18日，江南大厦奠基。江南大厦奠基后，建设并非一帆风顺，面临着巨大的资金和管理问题，直到1986年江南大厦的土建才完成。1986年4月19日，江南大厦进行了平顶仪式并更名为江南大酒店。

1988年9月23日，江南大酒店像一个难产的婴儿终于呱呱坠地，是日举行了剪彩仪式，10月1日正式对外开张营业，全国第一家农民办的大酒店终于成为了现实。

江南大酒店在以后的十多年发展中，曾数易其主。2000年后，江南大酒店更名为广州珀丽酒店。

全国第一家农民集资兴建的大酒店，虽然经历了20多年的风风雨雨，但它毕竟是中国农民在改革开放大潮下勇敢尝试的一个缩影。它的实践，为洗脚上田的农民开创了新的生活之路，也为农民融入新时期的社会发展积累了经验。（周虹虹）

## 开发区

"开发区"是广州人对广州经济技术开发区的简称。虽然"开发区"已在今天遍地开花，但在广州人的日常生活中，提起"开发区"，往往是特指广州经济技术开发区。

1984年12月28日，广州经济技术开发区在呼呼的北风中举行奠基典礼，它是国务院批准成立的首批14个国家级经济技术开发区之一。开发区位于广州市东部，穗港澳黄金三角洲的中心地带，东南、西南与东莞市、广州市番禺区隔江相望，陆路与增城市、广州市黄埔区、白云区、天河区相邻，区位优势明显。

广州经济技术开发区的发展是一段"敢为天下先"的历程。开发区于1984年9月随广州市经贸代表团赴香港开招商会，首批招商引资签订七个港资项目，并在1984年到1989年的建设初期实现了较大发展，奠定了依靠自身积累实现滚动发展的基础。进入90年代，广州经济技术开发区坚持“以引进外资为主，兴办工业项目为主，加工出口产品为主，致力于发展高新技术产业”的办区方针，在建区初期的建设成果和以往建设经验的基础上，积极探索符合开发区特点和规律的发展新路，逐渐成为境外投资者登陆国内市场的桥头堡和国内企业开拓国际市场的跳板，较好地发挥了体制改革的“试验田”、对外开放的“窗口”、连接国内外市场的桥梁作用。到2008年，广州经济技术开发区形成了化学原料及化学制品制造业、电子及通信设备制造业、金属冶炼及加工业、食品饮料制造业、电气机械及器材制造业、交通运输设备制造业等六大支柱产业，实现地区生产总值1140.29亿元，占广州市生产总值的13.9%，在全国开发区中连续五年位居首位。

广州经济技术开发区依托其独特的区位优势、政策优势、体制优势，坚持以招商引资为龙头，以科技进步为动力，以提高经济效益为核心，不断增创体制、开放和环境新优势，对外开放进一步扩大，综合经济实力和整体素质有了较大的提高，发展成为一个拥有日臻完善和优化的投资软硬环境，工业门类比较齐全、技术水平比较先进的现代化综合经济园区，科技创新和高新技术产业发展硕果累累，成为了改革开放以来广东省、广州市现代化建设事业的一个缩影。如今，广州经济技术开发区辐射带动作用充分发挥，正在成为高新技术产业为先导、现代工业为主体、第三产业相配套的现代化、国际化的综合经济区。

（杨再高）

## “南风窗”

“南风窗”曾寓意复杂。“你家有南风窗”，流行于六七十年代岭南坊间，意指有海外关系。作为历史悠久的侨乡，广州的大部分家庭都与海外有千丝万缕的联系，这一联系既给当时处于封闭环境中的大陆人家带来外面世界的信息与精彩，经济上也有所接济与帮补，因此成为坊间暗中羡慕的对象；同时，“海外关系”也意味着家庭与阶级成分的复杂化，是街道基层组织如居委会要关注与“警惕”的对象。

另一层含义是指有港澳关系。由于港澳位于广州之南，当时也正当经济起飞，在穗港两地同语同源的关系中，家有女儿的人家就以嫁去港澳为追求，以此改变其自身与家庭的命运。因此，那时港客回乡，一方面是接济内地亲友，另一方面是“相睇”（相亲）。回来相亲的港人大部分是因为失婚或者年纪过大，广州人就不屑地称为“箩地橙”，但依然竭力攀亲带故，一旦成功，就称这家人从此“开了南风窗”。

一方面是竭力隐瞒的海外与港澳关系，另一方面也是被羡慕与追求的生活目标。在大一统的生活环境中，如果家庭生活优于邻里，无一例外就是“有南风吹”了。因此，“南风窗”在六七十年代，代表着信息、富足、时尚、外面的世界。

“南风窗”另一含义是指崛起于80年代中期具有全国影响的《南风窗》杂志。

1985年4月，市委研究室创办了《南风窗》杂志，刊名由时任广州市委书记许士杰选定。广东先行一步的改革开放，首先就是观念先行。选用粤人所熟识的《南风窗》

一名，表明了杂志社对广东改革开放的实践进行先行一步的探索。创刊之初编辑部提出了“四新”、“四桥”的主张——传播改革开放的新观念、新事物、新潮流、新趋势；做政治与经济、理论与实践、领导与群众、几代人之间的桥梁。因此，当时有评价说，北有《新观察》、南有《南风窗》，并列双雄，成为观察中国社会变革的窗口。

配合广州摸着石头过河的社会改革，杂志社进行了不少创举，最广为人知的就是举办了被海外传媒誉为“民主化建设的先声”的“假如我是广州市长”的活动，倡议让全市老百姓给市长提建议，为广州建设出点子。倡议书上还配发了当时广州市市长叶选平的话“让那些从零开始的人讲话”。这是新中国建立以来，首次由市委领导干部倡议的官民沟通、民主提意见。

许多外来人认同广州的“自由”、“包容”、“务实”、“休闲”等方面的城市性格，多元性和个体自主性获得了比较充分的发展空间，认为它既是广州城市的基本气质，也是广州的凝聚力与辐射力，广州人放达的心态和乐天的精神与政治文化的世俗化密切相关，这从《南风窗》的创刊故事可见一斑。

创刊号中还有几篇“奇文”，一篇是市委书记的《许士杰谈请示病》，一篇是市长叶选平的《我是你们的大司务长》，还有一篇文章叫《广州处处讲钱》，提出商本位代替官本位是历史的进步，体现了改革开放观念先行的勇气与探索精神。继而，《南风窗》还举办了评选“广州地区十大杰出公仆”、《南风窗》民意测验等广泛的社会活动，引起全社会关注这一份“官办”杂志的开创性的新风气。

近10年间，《南风窗》不断以变通精神与创新锐意改革。最重要的成功转型有两次。

1998年，《南风窗》进行全面改版，提出做“一份有责任感的政经杂志”。这是国内首次鲜明提出“政经杂志”的概念，并且在中国新闻界引导了一股“政经之风”，迅速成长为中国发行量和影响力最大的政经杂志，成为备受读者和海内外关注的具有代表性的主流期刊之一。

2001年，《南风窗》成功改为半月刊，再次进行转型，在“政经”的方向上，突出新闻的力量，提出“做最具影响力的新闻杂志”，

创刊迄今24年，从突出广东领改革开放观念之先到引导全国“政经之风”，《南风窗》始终以“面南”的姿态、以开放的追求，适应了岭南社会的变化。在岭南报刊丛立的市场上，它确立了全国性的品牌地位。以至于外地人要了解广州，要一卷《南风窗》在手；以至于《南风窗》杂志之名已经几乎覆盖了它的本义，听到这个词语，广州人就疑惑，“是说《南风窗》杂志”吗？（周翠玲）

## “假如我是广州市长”

“假如我是广州市长”是改革开放初期《南风窗》杂志社、广州软科学公司以新锐的思维、开拓的胆识于1985年联合发起组织。活动持续三年，共收到各界人士建议信6000多封，而负责接待来访“假设市长”的软科学公司每逢星期三也是门庭若市，市民提出的建议经过整理、归纳，送到了市长叶选平同志和其他副市长的案头，这些信件的内容涉及广州经济、社会、文化建设各方面。这些建议，有的已被采纳实施，有的已被列人市政府的议事日程。

从六七十岁的老干部、老工人到十几、二十岁的青年学生，从外省市的“广东仔”到港澳同胞、外籍华人，都

兴致勃勃地参加这一场别开生面的市长“竞选”。一位普通的人民警察建议以经济手段办环境卫生事业。他认为，应发挥国家、环卫公司和企业、居民几个方面的积极性来办环卫，并就此进行多方论证。他说，“假如我是市长，我就把这项工作的改革重点定为以经济的形式和手段来办环卫、管环卫，把资金的筹集和运用视为成败的关键。”最年轻的“假设市长”，是一位带红领巾的小学六年级学生。他以充满稚气的“市长”口吻建议整顿大街小巷两旁杂乱无章的招牌广告，让美丽的花城更可爱。广东省计划经济研究所的一位干部针对全市交通拥挤、事故不断发生的状况，从经济学的角度，分析了造成交通混乱的主要因素。他挥笔写下几万字的建议，对拓宽交叉路口路面、加强交通信息服务、整顿交通秩序等问题，提出了许多好的见解和建议。

通过对“假设市长”来信来访建议的研究，市领导发现这些建议中，有三分之一以上是针对广州市的交通问题。这一点，真“假”市长所见略同。因此，1985年4月4日，叶选平市长把18名“假设市长”请到市政府办公大楼来，就改善交通管理问题，再次倾听他们的意见。这些市民有的建议成立城市交通管理权威机构，统一安排各项市政工程和路面管理；有的建议拓宽马路，市区建筑要向高层发展，向城郊发展；有的建议立即制订法规，切实解决行人、非机动车和机动车挤在一起的“混合交通”状况。随后，市政府和有关部门立即着手解决“无章可循和有章不循”这个影响交通的主要问题，根据有关法律条文，制订了关于行人、自行车和摩托车必须遵守交通规则的三个法规。1985年7月中旬，这三个法规正式执行。广州闹市大街的交通秩序大为改观，市区内车辆运行的速度有所提高，堵塞现象逐渐减少。

叶选平市长对这次别开生面的活动有自己的看法和评价。他说：人民城市人民建，人民城市人民管，不仅让有名气的专家说话，还要让那些普通市民说话，从中发现人才。现在重要的是提倡思考，即使是发发"牢骚"也不要紧，那些忧国忧民、关心四化的"牢骚"，正是我们希望听到的。不仅如此，叶选平、朱森林、杨资元等历任市长先后向57位提出好建议的市民颁发印有"公民，谢谢您"和市长签名的获奖证书。

该活动的成功开展，表明了广州在改革开放中先走一步，也反映了广州民主、开放的城市品格。该活动的成效是显著的，真正起到了上情下达、下情上传的作用，成为沟通党心与民意的桥梁，对提高市民参政议政意识、推进领导机关决策民主化具有积极意义，从而在广东理论界、宣传界吹起了一股清新的风，在全社会营造了一个人人关注广州建设、关注广州发展的良好氛围。（易卫华）

## "美在花城"

美丽应该是人人有份的：有人展示美丽，有人欣赏美丽。但在"十亿人民十亿兵"的年代，美丽并不是一项优点，对美丽典雅的外貌和仪态的追求更被看做为应该受到批判的资产阶级腐朽思想。草绿色的旧军便服、非黑即蓝的粗布工作服，掩盖了自然赋予的个体美态，塑造着整齐划一的"蓝蚁之国"形象。70年代末开始，随着改革开放的步步推进，蓝蚁形象逐渐被突破，但对人的外貌和仪态的欣赏还是比较私密的事情，选美依然只是电视屏幕上香港的热闹。

二月春风似剪刀。1985年的春风，剪破的是对美的束缚。1985年初，广州市团委为了配合“两个文明建设”和“五讲四美三热爱”活动，策划、组织了一次叫做“首届羊城青春美大赛”的活动。活动的主题是“美化广州、美化生活、美化青年”。2月3日晚7点，教育路回民小学的大门口拉着一幅红色标语：“美在你身上”，550多位俊男美女齐聚回民小学参加预赛。通过了预赛的130多人于2月14日在广州少年宫参加初赛，最后选出男女各10名选手进入决赛。与现在的人们所熟知的选美程式不一样的是，羊城青春美大赛的预赛和初赛不仅要进行面试，还要进行文化知识笔试，其内容包括时事政治、历史、地理、数学、文学、化学等方面的知识。面试则考察选手的仪表、气质、风度、体态和表达能力等方面，其中最让人感到意外的是选手的容貌只占总分的15%。

虽然主办方的目的是举办一场有社会主义特色的比赛，选出健美而又有才华的人来代表广州新青年的理想形象，并一再强调它不同于西方或香港的商业选美，但“首届羊城青春美大赛”实际上还是在社会主义新中国举办的第一场选美活动。初赛完以后，随着舆论关注的升温，比赛突然遭受前所未有的沉重压力。不仅部分广州老百姓不理解这次选美的目的和意义，连远在北京的一些老同志也误认为广州搞选美就是在宣传资产阶级的腐朽生活方式，只讲穿着打扮，不要艰苦奋斗。有关方面限制了国内的宣传机构对羊城青春美大赛的报道，主办方几经努力，大赛才幸免于夭折。

1985年3月6日晚7点半，羊城青春美大赛的决赛在中国大酒店丽晶殿拉开序幕。场内700多个位子座无虚席，门口还挤满了没有拿到请柬却闻风而来的观众。为了防止境外记者对这次比赛进行报道，决赛现场还派驻了军警，主办方拍摄的现场录像也要送往北京审查。但是，对于社会主义新中国的第一次选美活动，外媒敏锐地捕捉到了其中蕴含的重要意义，第二天《南华早报》、《亚洲周刊》、《朝日新闻》等大批的外媒就报道了这一项赛事，并登载了包括女子冠军谢若绮和男子冠军汪子建在内的十名“羊城之星”的照片。

经由首届羊城青春美大赛，国内选美活动艰难“破冰”，为三年后真正的商业性选美活动“美在花城——广州地区首届广告新星模特大奖赛”奠定了坚实的基础。

1988年3月10日，《羊城晚报》刊登了一则《欢迎参加电视广告模特大奖赛》的启事，吹响了中国内地第一次电视选美的号角。“美在花城”的创立初衷是为了给刚刚成立的广州电视台提高知名度，解决广告收入的问题，结果在羊城一炮打响，短短15天的报名期内，报名参赛人数达到6000多人。有趣的是，颇有一些选手因为担心评委眼花缭乱记不住自己而重复报名，甚至还有五六十岁的市民不顾启事标明的年龄限制而寄来照片要求参赛。

“美在花城”的比赛既有现场问答，广告小品、歌舞等才艺表演，也有选手穿时装、晚礼服和泳装的走秀环节，是不折不扣的选美活动。如果说初赛中选手穿紧身衣进行小品表演成为当时社会议论的热门话题，那么复赛时主办方规定的泳装走秀环节则引起了轩然大波。选美是有伤风化还是美的展示？这在80年代是一个严肃的问题。一些女选手的男朋友不愿意让自己的女朋友当众展示身材，偷偷发匿名信“诬告”她是“三陪女”，希望主办单位取消她的参赛资格。有几位名列前茅的选手因为社会和单位的压力而被迫退赛。

1988年5月28日，广州体育馆内座无虚席，几经波折，“美在花城”总决赛终于成功举办；次日晚上，总决赛的实况录像播出时，广州城内可谓万人空巷，家家户户都把电视机调到了34频道的广州电视台。在首届“美在花城”大赛，“看上去很美”的不仅是女子组冠军王旭、男子组冠军周彤，而且是选美活动本身。“美在花城”逐渐消弭了民众对选美等与人体美相关的活动的猎奇或者恐惧心态，时至今日，绝大部分民众都不会用异样的眼光来看待选美活动了。

从第二届“美在花城”开始，广州电视台对选美活动的运作更加成熟和灵活，市场反响越来越大，带动了全国的地方选美热潮，以“美女经济”开启了大众化的娱乐文化时代。时至今日，“美在花城”已经成功地举办了15届，与后起之秀南方电视台的新丝路模特大赛以及广东电视台“明日之星”影视新星大赛并称为广东三大选美盛事，是广州的一张醒目而优雅的文化标签。（刘朝华）

## 广州标致

1985年9月26日，法国标致公司在广州成立了在中国的第一家合资企业——广州标致汽车公司。广州标致是中国汽车工业第二个合资项目，也是广州汽车业起步的地方。80年代末90年代初，广东经济已在国内遥遥领先，但主要依靠的是轻纺、食品、小家电、三来一补等工业支撑，而且以港资为主。当时，全省汽车生产和装配厂有200多家，主要是公交车、改装汽车、轻型车等。年产量很低，平均下来每家企业只有100多辆的产量，效率相当低。汽车产业的产值只占全省工业产值的1.2%。当时，机械部的领导来广东视察机电时说过一句话："广州这边工业满天星斗，但是没有月亮。"

制造自己的小轿车，对于汽车产业基础薄弱的广州，简直是一个奢望。当时，由于一汽大众尚未成立，上海大众也未成气候，广州标致一出炉就成了众人哄抢的"香饽饽"，在国人心中，标致"雄狮"的知名度绝不亚于宝马、奔驰。到1991年，广州标致在国内的市场占有率就达到了16%，市场前景一片看好。但从1992年开始，广州标致的销量就"飞流直下三千尺"。1994年，风光一时的广州标致陷入亏损，工厂稍微宽一点的马路都摆满了滞销的库存车，崭新的车子在露天被雨淋风化，有的还钻进了老鼠，大片大片咬烂了的电线裸露在外面，过往的人无不心酸。到1996年6月，"广标"出现了超过3亿多的负资产，成为全国第二大亏损大户。到1997年，年销量不足1000辆，公司累计亏损额达29亿元，标致在中国已名存实亡。1997年，本田汽车公司以1美元价格买断标致在广州标致的所有股份和债务，标致得以抽身。广州标致败走中国的原因，众说纷纭，有车型落后说、有广州工业基础薄弱说、有体制障碍说等等，有关其死因的讨论时断时续，对中国汽车而言，它的失败的确具有标志性意义。

广州标致现象，对中国汽车工业，尤其是对广州工业经济的发展产生了深远的影响。广州标致汽车的失败可以说为中外合资汽车发展模式提供了重要的经验借鉴。标致之后的上海一汽大众、广州丰田、本田、日产等国内众多知名汽车公司的发展崛起，无不表明，外资汽车工业进驻中国，只有与与中国大型企业合作，才能保证产品设计、生产和销售方面的优势，而且要了解中国市场，要向中国市场推出最新的、最先进的车型，需要适应中国市场的销售方式，通过建立良好的销售服务网络，带动汽车工业的发展。这既是广州标致失败的原因，也是后期中国汽车工业发展需要具备的要素。

广州标致汽车的失败，是对广州的警醒和激励。虽然它已悲壮地倒下，但它是广州汽车工业之梦真正开始的地方。（陈来卿）

## 东方乐园

2005年，“广州白云国际会议中心”作为广州政府积极打造的形象工程之一和广州的新地标投入使用。赭红色外墙与富有现代感的设计外型与白云山的葱郁山体连绵一致、和谐有致，这一白云山的外延景观成为广州城北的标志性建筑。所谓时光荏苒、物换星移，20年前，这里的标志性建筑却是另一座具有浓郁地方特色和民族风采，并以先进科技手法表现华夏文化的第一代游乐园——东方乐园。

1985年开业的东方乐园是岭南大地改革开放中观念先行的产物，它的出现，带给广州家庭关于游乐与游乐园的全新观念，并从此扩充了休闲旅游的内涵，使广州人拥有了一个实现游乐梦想的基地。

在东方乐园开业前，广州人的休闲活动限于文化公园式主题馆的观赏学习、越秀山体育活动的欣赏与参与、烈士陵园的纪念性活动。东方乐园占地24万平方米，共建有大中小型游乐项目50多个，有双环过山车、摩天轮、森林狩猎、环园列车、太空漫游、波浪秋千等惊险刺激的现代机械游乐项目；有由人造海浪、彩虹飞渡、长河游、儿童泳池等四部分组成的水上世界和旱冰场等健身娱乐项目；有赛车、电子射击等竞技性娱乐项目；有中国历史人物塑像馆、欢乐中华、环幕电影、东方之旅等观赏性娱乐项目，以及金钟小镇等民族风情模拟再现项目，提供了以挑战、刺激、冒险为目标的游乐设施，以至于有人质疑某件事的极限，就说“有没有东方乐园的过山车刺激”?

到东方乐园游玩是当时广州人最时尚的休闲方式，所有的家庭出游、集体活动几乎都以游乐园为首要选择，传统的公园休闲方式被抛离，原广州文化公园小型的游乐设施也不得不歇业。

“吃喝玩乐一条龙”的游玩方式也是东方乐园带给广州人的新创意。从1987年开始，东方乐园举办每年一度的“广东民间艺术欢乐节”，场面宏大。以我国民族民间艺术、民俗风情的展示为主题，瑶、苗、壮、藏、彝、黎、哈尼、维吾尔等少数民族的歌舞表演以及别具风情的各地民族节庆“泼水节”、彝家“火把节”、瑶家婚礼，等等，制造了狂欢的气氛。其间，出售各种民族民间工艺品，各地风味小吃也摆上擂台。一园内，集观赏、参与、竞争、游乐、购物、饮食于一体，完全满足了一日游的要求，乐园的知名度因此大增，广州人原来对白云山麓的大金钟水库的记忆被东方乐园取代。

90年代中期后，旅游业的热点不断扩大，游乐园方式的游乐已过热潮，东方乐园的周边环境也发生了很大变化，特别是随着白云机场的搬迁，东方乐园经营困难，最终歇业。原址终于被白云国际会议中心取代。（周翠玲）

## 跳　槽

在明清时代，“跳槽”本是青楼语，含有狎邪之意。《现代汉语词典》修订版和《汉语大词典》都将“跳槽”一词收录在内，却都没有提到“跳槽”在历史上常见的意思，只含糊其辞地解释为：“指男女间爱情上喜新厌旧，见异而迁。”随着时间的推移，人们已经忘了这个词本来的用法，只是根据其形象而又通俗的比喻，把它当作了“更换工作”的流行语。在现代社会竞争日益激烈的情形下，“跳槽”已经变成时髦，“跳槽”之声，不绝于耳。

在中国，50年代至70年代末的相当长的一段时期，城市劳动力大都隶属于具体的单位，个人的政治、经济和文化资源的拥有量与单位息息相关，进入不同的单位也就意味着拥有不同的生活机遇。人们是不能够随便跳槽的，单位制把人死死地束缚着，不少人在一个单位干到退休。

80年代，跳槽还是一个不被人接受的字眼，特别是丢掉“铁饭碗”去“下海”，更是需要极大的勇气。改革开放后，广东率先成为提供就业机会和接受人才流动的热土。民工南下、揾（找）工跳槽、求职招聘、自主创业、个体经营、第三产业、炒鱿鱼、炒更……一时成了人们生活中的重要词汇。广州作为中国改革开放的前沿，最先开启了跳槽的大潮，内地大量的人才“孔雀东南飞”，写就了无数改变个人命运的跳槽故事。在人才流动现象日益频繁的今天，通过选择跳槽来改变自己的未来，已成为人们乐于接受的生活方式。

“人挪活、树挪死”，某私营企业老板张先生充满感慨地说：正是在几年来的多次跳槽，我才从一名下岗职工“跳”到现在某外资化工公司销售经理的位置，并成功走上了创业道路。

张先生从湖南岳阳某大型国有企业下岗后，就前往深圳、广州“跑业务”。七年来，他先后从事过化妆品、化工产品和建材销售，经过了近十次跳槽，终于从一家化妆品公司的业务员"跳"到欧洲某著名化工公司广州办事处销售经理的职位。张先生总结自己的跳槽历程说道：我不断地选择跳槽主要是为了吸收、积累客户资源，为将来自己进行创业打好基础。现在，我不再跳槽了，要利用这几年来积累下来的客户资源进行创业，做一个私营贸易公司的老板。

京、沪、穗一直是求职的热门城市，也是全国各地人才争相涌入的城市。由于城市文化及城市经济发展战略不同，使得各城市中求职者的跳槽动因也不尽相同。据广州市社情民意研究中心2000年7月的一项调查显示，有超过一半（52.5%）的广州人有跳槽的念头，其中有一成多的人愿望强烈。从2002年某知名调查公司的数据来看，广州人对于职业发展的关注度远远胜于北京和上海，这是广州人跳槽的主要原因，其次才是薪资福利和公司发展前景。

经历了改革开放30年的变化，原来的单位制社会结构松动了，"铁饭碗"的时代渐行渐远，市场越来越大，机会越来越多。广州人早已完全接受并习惯跳槽，不管是出于对高薪的期望，还是源于想"换个活法"的冲动，越来越多的人通过选择跳槽来寻求更加广阔的个人发展空间。

（陈　杰）

## 卡拉OK

1971年，日本神户市的音乐家井上大佑发明了第一台卡拉OK机器。卡拉OK刚推出时，反应非常冷淡，井上就和他的朋友们假装顾客，这才吸引了其他顾客，使卡拉OK逐渐流行，之后就一发不可收拾。80年代，卡拉OK传到东亚及东南亚。台湾商人进一步将卡拉OK结合市面流行的

MTV，将歌唱场所改良成包厢，称为KTV。KTV一方面传回日本，形成对传统卡拉OK的“反哺”；另一方面在80年代后期随着到内地做生意的台商传入中国大陆。

事实上，80年代的中国也有本土的卡拉OK。那个时候，夜晚还是冷清的，人们依旧持续着新闻联播—黄金时段连续剧—睡觉的晚间生活路线。但随着改革开放，人民不断提高物质生活水平催生着新的娱乐方式的出现。那时，广州有大大小小的文化站都开始提供磁带伴音唱歌服务。这只是自发性的，也并不知道卡拉OK这种叫法，但其基本模式已是“卡拉OK”了。文化站提供的伴唱服务是收费的，一首歌收五毛钱。在台上唱歌的每个人，跟着音乐，踏着节拍，对歌词不熟的拿着歌书，熟的就像歌唱演员一样拿着麦克风尽情高歌，那种感觉就好像现在参加“超女”比赛一样兴奋。这种文化站提供的伴唱服务，后来慢慢地被外来的卡拉OK所替代。

1985年，在增城，已出现香港老板投资的小规模卡拉OK。但广州市内的卡拉OK一开始只是在个别五星级酒店出现。1988年1月，东方宾馆与日本株式会社合办“东方卡拉OK”，这是广州最早的正规营业性的卡拉OK歌舞厅，可惜，收费高昂，成为了专供外宾休闲娱乐的场所，普通市民望而却步。到了1989年6月，贵都大酒店的卡拉OK厅正式对外营业，这算是广州最早的卡拉OK厅。那时的卡拉OK厅是一个新鲜事物，很多人都不知是什么。贵都酒店刚建好卡拉OK厅时，服务员都没接触过，就问是什么？酒店经理就说是日本很流行的酒吧经营模式，于是一开始服务员都由酒吧员去做。

初时的经营模式是用录像带来播歌，可提供无线麦和有线麦给客人唱歌。播歌前，DJ要用另一台录像机来选好歌，有时会出现伴奏播快了或慢了的情况，弄得客人无所适从，那种感觉很原始也很搞笑。过了几个月，才换成大的LD碟，这样点歌才顺很多了。最初的卡拉OK厅只有大厅，没有包房，只是在大厅用玻璃隔几个贵宾座，唱歌也是每张台轮着来唱。卡拉OK厅是售票的，装修很新潮，长长的吧台，大大的投影屏幕，进口的音响，配上无线麦，客人可以坐在吧台前，一边喝酒一边唱歌。

到了90年代初，卡拉OK厅就越开越多了，很多五星级酒店、电影院开卡拉OK厅，个体户也开卡拉OK厅。但到了90年代中期，卡拉OK厅慢慢被夜总会、的士高舞厅所取代。到了2000年后，许多的士高舞厅慢慢地又冷落下来了。2005年后，卡拉OK量贩店重新占领了广州的各个角落。

《时代》周刊曾将井上大佑评为“20世纪亚洲最具影响力的20人”之一，理由是，甘地等政治家改变了亚洲的白天，而井上大佑则改变了亚洲的夜晚。2004年10月在美国哈佛大学举行的“搞笑诺贝尔奖”颁奖会上，井上大佑因“发明卡拉OK向人们提供了互相宽容谅解的新工具”，而获得了“和平奖”。

在改革开放的初期，作为一种民间自发的精神文明形式，卡拉OK无疑给人民群众的休闲娱乐生活增色不少。卡拉OK是娱乐，同时也是一种表达与宣泄。敢拼敢闯的广州人常常借着卡拉OK纾解心中的块垒，而在太阳再次升起的时候，依旧大步朝前、开拓进取。卡拉OK可称得上是一种民间自发的文化需求解决方案，一方面在一定程度上充实了广州人刚刚萌芽的夜生活，另一方面也表达着广州人对文化生活的向往及其庞大市场需求。

由于初期成本低（尤其运营成本低廉）、回报高，卡拉

OK成为了广东尤其广州第三产业大军中的一支不可忽视的力量。90年代，广州几乎所有的娱乐场所都开设卡拉OK，卡拉OK促进了广州的娱乐服务业GDP的增长，为大量低学历人员提供了就业机会，同时也成就了许多广州第三产业创业者的“第一桶金”。

香港和台湾的流行乐坛常常借助卡拉OK让大众体验新歌，以新歌或新人在卡拉OK中的受欢迎程度作为包装推出新曲新人的重要依据之一。可见，卡拉OK是助推流行文化，传播推广流行元素的巨大力量。广州作为华南文化中心，是流行文化的主要阵地。卡拉OK也就自然而然成了流行文化重要的传播和流通渠道之一。

至今，卡拉OK仍然是广州年轻人聚会的首选之一，卡拉OK的歌曲大都横跨革命老歌、经典流行歌曲、最新流行歌曲，甚至网络歌曲等，歌曲的地域跨度也从曾今的大陆和港台发展到了日韩和欧美。卡拉OK在丰富广州人休闲娱乐生活、传播流行文化、解决就业问题等方面依旧起着重要作用。（皮圣雷）

## 市长专线

为推进市政府直属单位开展“为市民着想，为基层服务”活动，密切同群众的关系，克服官僚主义，改进工作作风，提高办事效率，广州市人民政府于1986年元旦开通了市长专线。代市长朱森林接听第一个市民来电，号码是332177，意为“不管‘3721’，市民拿起电话找市长”之意。开办初期设在市政府办公厅秘书处，实行24小时值班制，对群众来电实行分类处理，能立即答复的当即答复，能马上解决的决不拖延，暂不能解决的转有关部门处理，对一些重大问题，呈市长阅批处理。市民来电反映的问题，有近八成得到妥善解决，基本上做到件件有着落，事事有回音。1986年2月起，逢星期三在《广州日报》第1版增设“给市长打电话”专栏。1988年8月广州市政府设置专职办公室负责市长专线工作。据统计，仅1986年一年，市长专线电话共接到市民来看6550多次，涉及供电、供水、城市建设管理、交通、治安管理、市场管理等方面的问题。1991年，广州市制订了《广州市市长专线电话网络目标管理责任制（试行）》条例，规定建立以市长专线电话网络工作守则和联络员工作守则为考核内容的管理体系，根据“分级负责，归口办理”的原则，结合专线电话的特点，制订市长专线电话网络目标管理责任制。

2003年，在张广宁市长的敦促下，“12345，有难题找政府”市长专线新号码开通。目前，“12345”专线电话已经成为市长沟通市民、倾听民意、排解民忧的重要桥梁。市长专线电话业务处理方式主要包括以下几种方式：(1）电结，对群众咨询性质的来电，工作人员直接通过电话予以解答；(2）电办，对群众反映的供水、供电、供气、市政等事关群众生计，需要尽快解决的问题，工作人员直接通过专线电话协调处理；(3）引导，群众来电反映社会生活中发生的属于政府职能部门解决的问题，涉及对党委、部队、司法机关工作的批评、意见和建议，引导群众直接向职能部门有关单位反映；(4）转办，群众反映的热点难点问题，经整理后呈送有关领导批示或以转办件的形式转往有关单位处理；(5）督查，及时督促检查转办函件的办理情况。

如今，一提起“12345”市长专线电话，即便是小孩子都能琅琅上口，其督办力度和快速反应能力也特别强。一遇到重大事件，“12345”即开辟市长“绿色通道”，直报市长，问题当日就予以解决；其他问题则分轻重缓急程度，或是电话交办职能部门当天回复，或是以“电批”、“信函”等形式交办，相关的职能部门5~14天内将回复或予以办结。比如，2003年5月16日，工作人员接到了董女士的电话，反映荔湾区大坦沙岛中街珠岛花园5栋楼下的“好万家”超市被天河区法院查封后，超市里的物品已经腐烂，散发出难闻的气味。为了切断“非典”传播的可能途径，“12345”马上电转交办天河区法院。天河区法院先后两次到现场对商场内的腐烂物品进行清理，并于2003年5月23日到现场会同珠岛花园物业管理公司的人员彻底清洗、消毒。市民一有问题和困难即致电“12345”，真正打响了“12345，有难找政府”品牌。

市长专线的开通与成功运作，及时有效地解决了群众一大批急、难、烦问题，有效化解了各种社会矛盾，在建设服务型政府、加强执政能力建设、构建和谐社会等方面，进行了十分有益的探索和实践，显示了广州市政府开放的胸怀与民主的品格，在我国改革开放的进程中，产生了积极而深远的影响。（易卫华）

## 友爱在车厢

80年代初，广州公共交通尚未发达，公共汽车无论从数量还是线路上都无法满足日益增加的城市交通需求；而公交公司的服务意识尚未完全转变，市民的素质也需要提高。公交车上，乘客之间的口角、争执不断发生。公交司机“飞站”，乘务员出言不逊的状况时有发生，车厢变成了“火药箱”。

为了提高公共汽车司乘人员的服务水平和质量，也为了建设社会主义精神文明，1986年11月，广州市公共汽车5路线592号“三八红旗车”、604号“共青团号车”、606号“青年突击队车”等三台标兵车与广州文化公园、广东酒店、南方大厦百货商店、华夏公司、广州火车站、市旅游职业中学、东升医院、市运输公司、爱群大厦、广州医学院附属一院、大同酒家、市公共汽车修理厂车身车间等12个沿线单位联合倡议发起“友爱在车厢”活动，并迅速得到中国人民解放军体育学院、市公安局各交通中队等41个单位联名响应。同年12月，中共广州市委经济工作部作出决定，号召全市80多万干部职工家属支持参与“友爱在车厢”活动。“友爱在车厢”活动引起广泛的共鸣，成为公交员工与广大乘客共同参与的双向性文明友爱活动。

历经20余载，“友爱在车厢”活动一直保持了它旺盛的生命力，主要原因在于它始终坚持以经济建设为中心，同步营造和提升良好的社会人际环境，推动和促进社会的协调发展；坚持以人为本，把关心人、爱护人、帮助人体现于利民、便民、为民的服务之中，培育和塑造广州和广州人的美好形象；坚持贴近人民群众，于细微处见精神，使精神文明创建活动牢牢扎根于广大群众之中；坚持与时俱进，创新活动形式，丰富活动内涵，不断保持创建活动旺盛的生命力。

80年代“友爱在车厢”活动的倡导，架起了人与人之间沟通的桥梁，使人们如沐春风。90年代，“友爱在车厢”活动注入“以人为本”的服务精神，促进了公交服务的改善和服务水平的提升，增强了员工的职业道德和广大市民的社会公德，成为广州市群众性精神文明建设主题实践活动。“友爱在车厢”活动还从小小的公交车厢辐射到广州各个行业，辐射到全国各地。该活动历经20年而不衰，成为广州市精神文明创建活动最有光彩的品牌之一。

（董克难）



## 六运会

1987年“第六届全国运动会”在广州举行，这是全国运动会第一次在北京、上海以外的地方召开，广州也是第一次承办如此重大的全国体育盛事。

为此，广州市专门在天河划出了520公顷的地方（原来的天河军用机场旧址）建设天河体育中心（54.54公顷），并在其东、西、南三侧配套建设了文化娱乐、办公旅游、商业贸易三个功能区，增加了58.33公顷的建设用地，形成了天河新城区的核心区。同时，在体育中心北面建成占地31.74公顷的广州铁路第二客运站（广州东站），分流来自广九、广汕、广梅等线的客货流，并方便“六运会”运动员、观众和旅游者等进出广州。

为解决体育中心建设的巨额投入，广州市成立了城市建设总公司经营在体育中心周边空地上规划布局的近300万平方米的商务办公楼和大量的商品住宅用地，实行“综合开发建设”的方针，即开发公司不仅要建房，同时还要完善相应的基础设施，包括道路交通等。这个决策直接催生了“天河新区”，因此，有“一个六运会，变出一个新天河”之说。“六运会”也是广州市城市发展的第一次“东进”，对广州城市向东拓展具有决定性的带动作用，促成了广州城市空间结构的突破。

以“六运会”为契机，天河新城区开始了轰轰烈烈的开发建设。1988年7月，广州市批准了天河区总体规划，天河区将规划建成广州市科研、文化、体育中心城区。1993年7月，广州电脑城在天河东路投入使用，如今密布于天河的八大电脑城，使这里成为全国第二大电脑集散地；1996年1月，改建后的广州火车站东站投入使用；1992年开始规划珠江新城，用地规模650公顷，人口规模预测可达17~18万，提供近30万个就业岗位；1996年8月，体育中心南侧的天河城广场正式开业，标志着天河新区迈向市级商业中心区——“天河商圈”；1997年4月，391米高的中信广场落成，成为广州最高的城市标志性建筑；1999年广州市委、市政府正式对外宣布：天河区已经成为广州市的新城市中心，这标志着广州市的城市建设形成了“双中心”的新格局。天河区作为新城区，城市建成区面积从建区初不足20平方公里发展到2002年的80多平方公里。

90年代初，广州市提出建设现代化国际大都市战略目标，中央商务区（CBD）就在天河区的珠江新城内规划和建设。然而，经过10年（1992~2002）的开发建设，珠江新城却一直在原地踏步，整装待发。因此，2002年，广州市政府颁布了《珠江新城规划检讨》，补充完善了公共服务设施，增加绿地面积，并适当调整城市空间形态，重新将珠江新城定位为集国际金融、贸易、商业、文娱、行政和居住等城市一级功能设施于一体，推动国际文化交流与合作的基地。建成后的珠江新城将是广州正在崛起的中央商务区CBD，也是广州未来的新城市中心，是集中体现广州国际性城市形象的“窗口”。CBD的功能给天河区的发展定下最基本的格局，也成为天河区最具有区域竞争力的比较优势，甚至绝对优势。

经过20年的发展，在“六运会”的带动下，今天的天河区在城市空间和产业空间的布局上，初步形成了以CBD

为基础，以ITD（即信息技术圈）为依托的“双圈”结构；在地区生产总值（GDP）上，2008年总量位于全市首位，已经从建区初期的一片农田建设成为一个具有浓郁的现代化新城区。所有这些，都是受益于“六运会”的带动。也因此，“六运会”在广州城市发展史上具有里程碑的意义。（蒋 丽）

## 高架桥

广州是名副其实的“桥梁博物馆”。除了横跨珠江的海珠桥、人民桥，还有在广州市区半空中纵横交错的内环路、小北立交、大北立交、东濠涌、沙河立交、天河立交等城市高架桥。而说起广州的高架桥，就必须从人民路高架桥说起。

为了迎接“六运会”，1986年广州市政府决定在人民路、六二三路建设高架路，以改善市中心区交通阻塞日趋严重的状况，这也成为全国第一条高架桥。它北起流花湖公园旁的人民北路、南接人民桥与内环路相通，全长3.7公里，双向车道，宽11米。多年来，人民路高架路对发展广州的城市交通和经济社会发展，尤其是缓解广州中心城区南北向的车流，起到过极大的促进作用。

人民路高架桥建成造成了全城轰动的效果。23年前，该桥建成伊始，万名群众踏上这座当时国内最长的高架桥，上演了“万人徒步高架桥”的盛况空前景象。当时《广州日报》还拍了一张名为《人流》的照片，后来还拿了全国大奖。外地朋友来广州后，在人民路高架桥上还惊叹：“你们的马路建到天上来了！”

但是这些耗资巨大的交通设施，使用不过十多年，其种种弊端即遭人诟病。近几年来，该桥拆除与否，争论了数年，越来越多的城市规划专家倾向于拆除。客观上看，高架桥对城市景观破坏太大，同时加剧老城区商业圈的衰败，其中就以人民路高架桥为最。又由于种种局限，高架桥在某些特殊路段上反而加剧地面交通拥堵，或者破坏排污设施。

有人大代表曾建言，“人民路是广州最有特色的骑楼商业街之一，但高架桥兴建这么多年来，老牌商业街的光彩逐渐黯淡了。”“人民路高架桥南段，爱群大厦、南方大厦以前多么风光。那时，每逢有大事发生，中央台新闻报道一提到广州，用的都是爱群大厦的镜头。建了高架桥后，人民路沿途漂亮的骑楼被挡住，逐渐变得衰败，沿途住户都知道，住在里面又吵又脏。如果不是后来拆了南段匝道，现在的爱群大厦也恢复不了原先的风采。”

高架桥不论好不好，既是历史，也是既定的现实。简单地以现在的眼光来否定高架桥对广州经济发展起到的重要作用是不客观的。同样，广州的城市规划和管理者也应该反思广州在有关高架桥建设的决策理念和政策思路上的教训，一方面借鉴香港等城市在处理高架桥建设和城市发展关系上的经验，最大限度地利用好现有的高架桥，避免因高架路桥过多而造成对城市景观的破坏；另一方面创新城市交通发展理念，积极发展下沉穿越式交通，有效地解决交通堵塞问题。（黄石鼎　宁超乔）

## 白马广告

十年“文革”让中国万马齐喑，经济生活已完全陷入停顿；更何况广告行业，除了语录、口号式的政治宣传，商业广告竟是完全空白；毕竟，“灯红酒绿、霓裳羽衣、俊男靓女”，宣扬的可是腐朽的资产阶级生活方式。

十一届三中全会后，中央开始逐步地放开对经济的束缚，推行改革开放的政策。广东，开风气之先，利用毗邻港澳的便利，逐渐产生了商品和市场经济的萌芽；以港资为带动的出口加工和以民用为目标的轻工业迅速在珠三角地区如雨后春笋一般，遍地开花。有了生产的发展，就必然需要相匹配的销售手段，广告作为有力的营销工具，也逐渐受到重视；媒体开始涉足广告经营，画家也开始创作大型的户外广告看板……不过，其发展势头缓慢，1985年，全国广告营业额6.05亿元，人均广告费还不到0.5元。

正是在这样的背景下，1986年，白马应运而生。

创业之始的白马，韩子定、余希洋还只是美院的在读学生，但是他们在老师的支持下，开始组织起一个以美院学生为主要班底的小团队，包括刘山（现平成广告公司创意总监）、丁嘉明（现美院教师）等，以炒更的地下操作方式，对外承揽广告业务。并且，白马一上来就不是传统画广告板小打小闹模式，而是以影视制作为主营方向，通过与珠江电影制片厂一批年轻的导演、剪辑如张松、许建平等专业人员合作，使白马能凭借着创意优秀和制作精良的影视作品，满足客户对影视广告的庞大需求，脱颖而出，一鸣惊人。

1986年，白马拍摄了中国第一条电影胶片的电视广告。1989年，白马摄制“健力宝”广告，制作费用达到创纪录的68万，李宁成为中国第一位拍广告的体育明星，其广告一经播出，令健力宝“冠军品质”的形象深入人心。1990年，白马摄制太阳神形象片，72万元的制作费用，再次刷新大创意大制作之新高，开创了中国企业拍摄形象广告的先河，并且令"太阳神"迅速成为全国知名的大品牌……

也正凭借于此，年轻的白马迎来了"疯狂的成长期"，当其时也，曾创下一年接拍百余条电视广告的纪录；当时的广东电视台和中央电视台，大部分的电视广告由白马制作；当时广东12家药厂的11家、广东仅有的两家日化厂的电视广告全部交由白马创意制作……白马已拍摄近千条电视广告（大多数是高峰时代的作品），即使今天，白马也依然是中国接拍电视广告最多的广告公司之一。

不仅如此，年轻的白马更担起了推动行业整体而有序发展的责任，几乎是以一己之力，改变了人们对广告的认识，将当时一般为2000元一条的电视广告制作水准提升到平均30万元一条。通过长期的实践摸索，白马形成了一套行之有效的拍摄制作流程规范，被同行沿用，甚至包括收费标准、合同格式等细节，成为影视广告制作行业事实上的规则制定者。

经过六年多的成长，白马这匹小马驹儿早已出落得羽翼丰满，膘肥体健，既是青春无敌的高头大马，自然对一切都跃跃欲试，摩拳擦掌。当时的中国广告业，也处在一个大跨越大发展时期：1992年，全国广告营业额35.09亿元，人均广告费3元。

然而，机会越多，竞争也就越大。随着改革开放的深化发展，国门更进一步地打开，诸多世界品牌进入中国市场，与之相伴的是类似奥美、盛世长城、麦肯等国际性的广告公司纷纷通过合资的方式，进入中国广告行业，西方现代广告的创意理念、经营思想、管理经验被大量引入，既对中国本土广告起到了很好的示范作用，但更带来了直接的冲击。从此，年轻的中国本土广告公司经营者在这些广告巨人的竞争重压之下，开始了异常艰辛的探索……身为中国本土广告行业翘楚的白马，自然更需要转型升级，提高自身的经营实力。

面对国际先进广告的经验和模式，白马首先要学习，从以往成功但单一的影视制作服务中走出来，而拓展至以策划为引导的创意，以媒体发布为延伸的全方位客户代理制。于是，在1992年正式成立了广东省白马广告有限公司，开始为客户提供与国际接轨的标准化、综合的广告服务。

1992年，潘高寿蜜炼枇杷膏广告经由白马代理在香港发布亮相，这是内地广告首次在香港市场刊播广告。1993年，白马为“太阳神”建立品牌形象，是中国第一个实施品牌战略的企业，使其由一个原本只有5万元资产的民营企业，一跃而升为十几个亿的集团公司，雄踞90年代保健品市场领导地位，成为中国广告教科书的经典案例。为本土日化企业浪奇成功塑造了高富力、万丽、天丽等分品牌形象，由于在广东市场表现优异，而被同样以广东为根据地的世界日化巨头宝洁于1995年收购，借以消解这些成功品牌所带来的市场冲击力。

此外，白马还先后服务过众多全国性品牌，为中国企业的崛起而助力推动，其中有：中国联通，使其寻呼业务成功超越市场垄断者的中国电信，而成为行业领导者。维维豆奶，从1992年始，白马开始进行一系列的包装设计及整体广告推广，成功开创冲泡豆奶这一新产品类别，并成为该行业的主导品牌。重庆奥妮，从最早刘德华以“黑头发，中国货”代言皂角洗发浸膏开始，到后来从命名到包装到广告，周润发的“百年润发”之整体代言，直至“长城永不倒，国货当自强”的呐喊，白马推动这个来自内地的民族日化品牌，取得巨大的市场成功，被宝洁视为“现象”而被重点关注。至今为止，白马服务过的品牌多达近400个，并成为第一个营业额突破1亿元的中国本土广告公司。

基于品牌代理的成功，白马于1996年作为首批18家会员，联合发起成了中国最早的4A组织——广州4A成立，试图为年轻的中国本土广告公司的成长树立标准，积极倡导整体代理制度，为中国广告的现代化奔走呼号。与此同时，白马更代表年轻的中国广告业，积极活跃在世界广告业的舞台，1994年，成为第一个派团参加嘎纳国际广告节的中国广告公司；1995年，赢得第三十六届克里奥（Clio）国际广告大赛平面设计银奖，这是中国广告行业获得的第一个国际广告创意奖项。

广告是文化的重要组成，尤其是时尚的商业文化，更需要广告创意来推动来营造。白马虽然早从艺术的象牙塔中走出而融入商业广告的创作中，但一直有着深厚的艺术情结，从未因业务放弃创意追求，并将这股激情一直延伸，营造出更大的文化创意平台。

在影视广告创作中，基于对逐渐苏醒开始追求个人梦想的中国社会心理的敏锐洞察，白马形成了自己独特的叙述创作手法，讲求创意的精致，刻意渲染产品使用的诗意氛围，营造情调，在当时中国广告充斥着的对商品的硬性功能诉求的语境下，白马的广告显得尤其与众不同，有着浓郁的生活味道。学者余虹在《当代中国广告史》一书中，将其归纳为“浪漫梦幻”风格，代表了90年代中国影视广告创作的主导方向。也正是因为这种有浓厚“广式生活方式”的广告，令广东产品一时风行大江南北，广东成为全国人民心向往之的地方。

在广告上的盈利，也让白马有资金与实力投入到文化产品的生产中。由于影视广告制作的关系，白马与国内外著名导演有着紧密合作，也尝试投资拍摄影视剧、专题节目：由白马投资、制片的《英雄无悔》获中国电视剧最高荣誉“飞天奖”一等奖；大型电视连续剧《家园》获“飞天奖”三等奖。在电影方面，白马参与投资了路学长导演的影片《长大成人》，导演王小帅的电影《越南姑娘》，参与拍摄专题纪录片《西藏文化之旅》、《茶马古道》等等。

与此同时，白马的商业模式也不断创新转移，随着广告行业竞争的愈演愈烈，尤其是与日渐强势的外资公司比，中国本土广告公司缺乏资金、客户关系、人才优势等劣势将日益明显。因此，白马从1995年开始，逐渐转移重心，进入广告媒体行业；1996年，在白马刚好十岁的时候，进入户外广告媒体的开发经营，在全国16个城市组建候车亭网络；1998年，与全球最大的户外广告公司Clear Channel合资经营的中国城市候车亭广告网品牌——风神榜正式启动，并于2001年成功在香港证券交易市场主板挂牌，成为中国广告行业海外上市的第一股，今天更成为覆盖中国所有大中城市的户外候车亭媒体领域的第一品牌。

而到了2006年，白马广告也成功实现业务转型，由传统的广告公司变成文化媒体内容运营商，与广东电视台合作成立了全国第一家“高尔夫频道”，进入数字电视的媒体运营，谋求创造更大的创意和更大的产业。

回顾白马，从最初的工作室到今天的集团，迄今已有近24年两个轮回的时间；而如果算至2006年，由白马广告转型成为高尔夫频道，白马广告的存在也刚好20年时间。在这20年时间里，广东广告行业由引领中国广告的旗帜高峰，逐渐滑落，归于平寂；但白马始终在创意坚持，锐意进取，不断变身，由影视到整体代理，再到户外媒体，直至新兴的数字电视，从狭窄的广告行业向更大传播产业的跨越，小马不畏虎，老马更识途，始终作为一个广东创意的急先锋，冲在最前面。（钱　磊）

## “大哥大”

“大哥大”是模拟移动电话的俗称。1987年中国首个模拟移动电话网开通，2001年6月模拟移动电话网被完全关闭，“大哥大”也随之被“手机”取代，成为历史名词。

“大哥大”的叫法究竟因何而来，目前主要有两种说法：一种说法是“大哥大”源于粤港人称呼帮会头目之谐语，在香港一些警匪片中，黑社会资格较老的成员一般称为“大哥”，而头头、老板之类则称为“大哥大”。由于这些“大哥大”常手拿“移动电话”在屏幕上出现，所以人们便把“移动电话”叫做“大哥大”；另一种说法是，当时香港影视巨星洪金宝（绰号“大哥大”）经常使用这种电话，“大哥大”这个别名也来源于此。无论来源于何种说法，“大哥大”这三个字所携带的信息是明确的，在那个年代它便是身份、地位和财富的象征。

“大哥大”的出现，意味着中国步入了移动通讯时代。1987年11月，广州市邮电局为了配合当年在广州举办的全国六运会，属下的无线分局率先推出第一批共100部模拟移动电话，号段从901001至901099。中国第一个拥有手机的用户叫徐峰，他回忆道：“1987年11月21日是我终生难忘的日子。这一天，我成为中国第一个手机用户。手机解决了我进行贸易洽谈的急需，帮助我成为市场经济第一批受益者。”那时，徐先生还是一位20多岁的小伙子，挑选了901088作为自己的号码。“当时邮电局的人还不知道这款手机应该卖多少钱，他们叫我押下了一张2万元的支票，先把手机拿走。”徐先生说。后来徐先生为这部手机花了近2万元，光入网费就6000元。这一价格在当年，相当于一辆丰田牌农夫车的价格。尽管当时买一部手机代价不菲，而且需要经过多方努力才能办妥，但是市场还是供不应求。一部手机（连同号码）的黑市价最高炒至6万元！这种重量级的移动电话，厚实笨重，状如黑色砖头，重量都在一斤以上。它除了打电话没别的功能，而且通话质量不够清晰稳定，常常要喊。它的一块大电池充电后，只能维持30分钟通话。最早的半年，徐先生只能在广州市内打手机，此后随着深圳、北京和上海等大城市网络的开通，漫游才第一次实现。此外，当时的通信资费也是奇高无比。据说，当年徐先生的手机话费，最高时每月超过1万元。手机在当时可以说是一项奢侈品。而今，手机无论是价格、功能、资费，还是服务质量，都发生了巨大的变化。如今，手机不再是奢侈品，成为了大众普遍使用的通讯工具。

1987年中国第一部“大哥大”诞生于广州，2005年广州手机用户突破1000万，2008年广州移动电话用户达1917.0万户，这反映了近20年来广州经济社会的飞速发展，人民生活水平的显著提高，也显示了社会主义制度的优越性。（张赛飞）

## 区庄立交

广州市是老城市，早年的城市建设过分“见缝插楼”，地面道路缺乏拓展空间，导致周边的建筑和道路都很难移动或拓宽，只能向空中发展道路，城市立交桥用空间分隔的方法消除道路平面交叉车流的冲突，使城市交通网的车辆畅通无阻，带给城市的不仅是交通效率的提高，还有更多的城市体验。城市立交桥已成为现代化城市的重要标志。

区庄立交1987年建成，坐落在广州市区环市中路和环市东路的交叉处。区庄立交没有建成前，周边交通拥堵情况非常严重，车辆要通过区庄平面交叉路口处，没有半个小时左右的排队时间是不行的，区庄立交建成后，车子通过的速度大大提高，只需一分多钟即可，人力资源和能源的消耗，以及尾气污染都大大降低，取得了相当大的经济效益和社会效益。

区庄立交总共四层，按不同的地理位置分层布置，第四层是三跨简支梁，第三层是环市中路、环市东路、先烈中路以及先烈南路交叉处所组成的转盘，第二层是三跨钢架连续梁，最底层是原有路面。全部立交工程均为钢筋混凝土结构，除第四层为预制梁外，其他均为现场浇铸。

虽然广州市第一座立交桥是大北立交而不是区庄立交，但区庄立交在人们心目中的地位十分重要，因为这座高达13.5米的立交桥是广州市也是国内第一座四层双环式多功能立交桥。区庄立交建起来的时候十分轰动，当时不少小学生获奖作文都是以区庄立交为主题的，内容大多是赞扬区庄立交的雄伟。可见这座十几米高的“小巨人”带给人们很大的震撼。

区庄立交这个当年的小巨人现在看来已经再普通不过了。为改善道路交通环境，配合2010年亚运会在广州举办，广州市对全市上千余座桥梁进行改造，广州区庄立交迎来了新的发展机遇，根据计划将会对这座位于市中心的老立交桥进行综合改造，包括立交第三、四层维修加固，路面黑色化、桥梁涂装工程、街心公园改造、底层边坡整饬和绿化升级等内容，力图使这座四层转盘式立交旧貌换

新颜，继续发挥它在舒缓交通压力方面一如昔日的重要性。（黄石鼎　宁超乔）

## 城中村

弯曲迂回的街区过道、超近楼距的“贴面楼”、快餐档、水果店、地摊小百货、凌乱的霓虹灯、南腔北调的吆喝声等，这些映象就构成了人们印象中的城中村。

就本质而言，城中村是指在市属各区范围内仍然保留农村体制，使用集体土地，并以村民委员会为组织形式的农民聚居村落；或者虽然农村集体经济组织全部成员已转为城镇居民，但在土地使用、居住环境景观等方面仍保留原农村特征的原村民聚居点。

城市化进程的快速发展是城中村形成的客观原因。在城市化过程中，为了扩大城市规模，征用城郊农村土地，逐渐将一部分村落包围在建成区内。这些村落起初还在城市郊区，进而位于城乡结合部，随着城市规模的持续快速扩张，城市的耕地被征收，而当地的农民仍然留在原居住地，并且保有一部分供他们建房居住的宅基地，形成一种城市包围农村的态势，原有村庄不能得到及时的改造升级，进而形成了城中村。

城中村并非天生就是被城市包围的农村，新中国成立之后，广州市郊区经历了多次演变最后才形成城中村。1949~1957年，广州市郊区实行了土地改革和社会主义改造，推行农业合作化运动；1958~1978年，“大跃进”、人民公社化运动以及“文化大革命”，使广州郊区的农业生产遭到极大的干扰和破坏。为缓和市区高密度人口，企事业单位开始有计划地向郊区转移，城乡逐步交融是这一阶段的重要特征。1978~1992年，广州农村实行家庭联产承包责任制；另一方面，广州城市建成区开始逐步拓展，年均递增2%~5.5%。1985年新设天河区、芳村区，海珠区扩大到赤岗。1987年，原郊区改成白云区。1988年，扩大了天河区。1992年邓小平南方谈话之后，广州市房地产业迅猛发展，农田划拨失控，城市建成区年均递增达到7.35%。离城市近的一些村庄被完全包进了建成区之中，整个广州市区除四个老城区外，连成了一大片城市化地区，城市包围农村的城中村奇观由此形成。发展到现在，广州的城中村总共有138个，像石牌、猎德这样位于城市中心区的城中村共有45个。

城中村的“似城似村”身份导致其在发展经济过程中面临种种困境，对原有的农村管理体制进行革新势在必行。1987年，天河区杨箕村、登峰村先后实行农村经济股份合作制改革。1997年5月，天河区石牌村率先取消了沿用多年的“石牌村民委员会”的招牌，将全村9000多户农民全部转为城市居民。2002年，广州市颁布《关于城中村转制工作的若干意见》。其后，各区相应制定了实施意见，至此，广州城中村转制的序幕全部拉开。城中村转制基本内容包括：（1）城中村村民户口“农转非”；（2）集体土地转为国有土地；（3）撤销城中村村委会，建立居委会；（4）实行城市计划生育政策。

与城中村改制同时推进的是城中村改造工程，即是指对城中村环境景观和建筑形态的整治、改善和重建。早在2000年9月，广州市政府就提出了城中村改造的思路，确定在未来五年要加快城乡一体化进程，建立整体协调的大都市城镇体系。2006年，广州市加大“城中村”的改造和建设力度，一是编制了《广州市“城中村”改制过渡期规划指引》；二是以行政区和街道为单位开展城中村整合规划试点，逐步将“城中村”纳入现行城市规划统一管理；三是以“城中村”为单位以点带面、分阶段推进“城中村”整治规划、改造规划编制等工作。确定三元里村等七个不同类型的改造试点村，根据“一村一策”的指导方针编制改造规划，其后将冼村、猎德村等比较典型的“城中村”纳入改造试点的范围，从改造试点村的修建性详细规划编制中不断探索和总结经验。

然而，直至现在，完全意义上的城中村改造成功案例尚未出现。称得上改造完成的寥寥无几，猎德村是难得的一个。猎德村的改造思路是政府完全不投资，由猎德村划出一块土地拍卖给开发商，再使用拍地所得资金进行城中村改造。在村民安置方面，基本采取“拆一补一”的补偿方式。这种模式很好地平衡了政府、商业力量和村民各方的利益关系。

目前，广州市城中村改造的基调还是“一村一策”。2006年7月24日，广州市建设部门首次总结、提出了广州“城中村”改造的四种模式：第一种是市政基础设施建设带动模式；第二种是整体搬迁改造模式；第三种模式是周转地块启动改造模式；第四种模式是滚动开发改造。

不管哪一种模式，都要面对诸多不可逃避的障碍。城中村改造最大症结表面上看是土地性质问题，实质上是围绕着城中村的土地已经形成了原住民的利益链。同时，多年来城中村违章建设，使得城中村的容积率高企不下，导致城中村改造的成本过高。不过，可以理解的是，在政府眼中平衡各方利益是其首要的任务，与其揠苗助长地大拆大建，强力“消灭”城中村，不如疏渠引水，引导城中村“投奔”都市圈。（黄石鼎　宁超乔）

## 广州社情民意研究调查中心

如果要追溯近20年间广州社会各方面演变的轨迹，如果要反映近20年来广州市民对衣食住行变化的基本态度与承受力，如果要体现广州人的民意如何成为政府的行政决策过程——这一切，无过于考察广州社情民意研究调查中心的工作。它是一家由广州市政协主管的国内首家专业收集、反映和研究社情民意的非政府民意调研机构。

调查中心是“应运而生”的产物。在改革开放实践中，面对广州社会改革中出现的新问题，如何取得科学决策的依据，这是广州政府关心的问题；市民对社会问题与自身的利益，要求表达不同声音与态度，需要更多的参政议政的机会，这是广大市民的要求。这一双重的动因，促成了调查中心的诞生。

1988年4月，经广州市委直接发文，广州经济社会发展研究所和广州明兴制药厂合作组建了广州社情民意研究中心这一“半官半民”的民意调查机构，奉行“人员自聘、经费自筹、活动自理”的原则，这是当时国内第一家民意调查机构。“让政府了解民众，让民众了解政府”，不仅是中心的口号，更是它的追求与基本工作内容。为政府与市民牵线搭桥的社情民意研究中心也由此确立了“市府的好帮手，市民的好朋友”这一独特的公众形象。同时，正是半官方的性质，独立性与客观性也成为该中心的两大特点。

广州市民可能不了解中心的研究方法与运作构架，但无人不知道“住房制度改革”与“菜篮子工程”，而这正是中心成立初期致力于为市民与政府行政间搭建桥梁的成果。

1988年的住房改革之际，调查中心动员了1000户的家庭，采取座谈会、辩论会等形式（因此也叫“千家谈”），搜集了3000多条意见，推翻了广州市的第一稿住房改革方案，原先的草案稿被修改了70多处。

1990年，社情民意研究中心举行了“菜篮子工程千家谈”，并引起全市轰动。“菜篮子”关系到千家万户的日常生计，“菜篮子”政策的制定必须有民意的参与。因此，广州社情民意研究中心、广州日报社、广东电视台新闻部、广州电视台主办了这一讨论；广州市蔬菜办公室、广州市白云区政府等16个单位协办这一活动。活动中，市民群众踊跃参与、积极献计献策，为政府成功地推进“菜篮子”工程管理提供了广泛的民意，也促使改革中的广州市商业发展和市场供应作出合理的调整。

概括地说，目前调查中心的基本任务集中在三方面：一是广泛搜集社会各阶层的意见和看法，将主流民意及时反馈给有关决策部门，促进政府决策的合理化；二是在行政民主化的建设进程中，帮助政府各职能部门进行行风调查，以纠正行业不正之风；三是追踪反映老百姓关注的社会热点与难点问题，如80年代后期至90代前期的物价、治安、房改问题，90年代中期的城市交通、环境保护、城市卫生、国企改革问题，90年代后期的就业、社会保障、看病就医、廉政建设、司法公正问题等等。

自1 990年以来，社情民意研究中心每年进行一两次关于“广州市民社会心理与情绪”的问卷抽样追踪调查，这可视为中心的品牌成果，至今共进行了27次调查。这个专项调查致力于分析广州经济和社会发展各主要方面的评价意见，从而把握广州市民不同时期的社会情绪特征，并从市民关注点和关注问题的变化的角度，反映广州在这一阶段社会变迁和历史沿革。

广州社情民意研究调查中心成立至今已逾20年。中心目前已形成了三大网络：由国内著名专家学者、社会知名人士、省市主要领导组成顾问团，对中心选题提出意见；由民意调查专家组成专业指导委员会，负责指导中心民调技术；由500多名兼职调查员组成调查员网，实施调查访问。中心还形成了民意调查网络：广州市城镇居民调查网、广东省城镇居民调查网、企业调查网、专家学者与知名人士调查网、新闻媒体调查网——民意中心按照国际规范的多阶段随机抽样方法与定类抽样方法，采用入户调查、个案深入访谈、现场偶遇、座谈会、文献收集等调查方式，可在短时间内就国内外重大事件和重要课题，对广东省、广州市各行业进行快速调查，取得科学数据。

目前，广州社情民意研究调查中心在每年近40项的调查项目中，三分之一接受政府委托，其余来自各部门与企业委托，以及自立项目，致力为广州的经济社会发展提供科学的行政依据。（周翠玲）

## 洛溪大桥

“横跨珠水洛溪桥，灯火荧阑灿九霄，盛世移山多壮举，今朝姿旎更丰饶”，这是1988年8月洛溪大桥刚建成通车时人们称颂它的诗句。在2008年8月洛溪大桥通车20周年时，还有广州市民这样回忆当时的盛况，“最初的几天，体验过洛溪桥的人，就像今天去北京看奥运会的人一样‘巴闭’，逢人便炫耀。”

洛溪大桥，全长1916米，宽15.5米；主桥长480米，双向四车道。仅凭这组数据，现在的人们可能很难想象这座横跨广州市海珠区和番禺区之间珠江沥滘航道的公路桥对于80年代的广州的标志性意义。下面的信息可能更具说服力：洛溪大桥建成时位列亚洲同类桥梁之冠，在全球范围内也能排到第六位。时至今日，虽然番禺大桥、星光大桥等连接广州老城区和番禺的其他桥梁陆续建成，可洛溪大桥仍是很多广州人心中从广州老城区到番禺、南沙两区的第一选择，其日均车流量达到7万辆，超过大桥设计最高日均车流量2.5倍。

不少人在讲述这座桥的掌故时会提到已经逝世的前全国政协副主席霍英东先生和前澳门总商会副主席何贤，而这座桥和一个西瓜的故事更是为人们津津乐道。1981年全国“两会”期间的一个晚上，赴京的番禺县副县长刘檀添和县侨办主任郑德抱着一个西瓜去北京饭店拜望参加“两会”的澳门爱国人士何贤。何贤祖籍番禺，在寒暄中找来住在隔壁房间的霍英东。四人吃着西瓜就谈成捐资捐物建设洛溪大桥的事。1983年10月，洛溪大桥项目正式启动，霍英东捐赠了价值1000万元港币的汽车，变卖成资金支持洛溪大桥建设，何贤等人也以个人名义捐出了300台日产五十铃客货两用车。现在看来，当时捐献千万支持建设洛溪大桥是霍英东开发南沙的重要一环。他曾说过：“南沙是我的一个梦想。”1989~2000年，为打通珠江三角洲这个面向国际、面向大海的南沙，仅在交通方面，他支持的项目除了洛溪大桥，还有沙湾大桥、港前大道和进港大道。

此外，让洛溪大桥在当代广州历史上留下更深刻印迹的，是由该桥收费问题引发的争议。人大代表、舆论和政府在该事件中的持续而有效的沟通，决定了洛溪大桥收费事件必然成为中国当代公共决策史上的正面典型。

自建成通车之日起，洛溪大桥就以还贷的名义向过往车辆收取5元过桥费。1996年广东省有关部门组织的一次全省大型路桥财务审计却显示，这座年收费总额超亿元的大桥却从未还过一分钱的贷款本息，自此洛溪大桥收费问题进入公众视野，并在2001年广州市两会期间成为舆论焦点。

2001年2月，广州市第11届人大四次会议召开，王则楚等人大代表在会上提出了“洛溪大桥收费何时了”的质询。3月22日，番禺区政府回应，说原番禺县政府在1984年采用“集资贷款建路桥、收费还贷还本”的方法集资7.9亿元兴建洛溪大桥及其配套工程；其中洛溪大桥投资不到1亿元，但番禺将总计7亿元的其他配套工程与洛溪大桥捆绑收费，预计该桥收费还将持续到2005年。番禺区政府的回应中未提及霍英东的捐款。4月11日，霍英东向王则楚等人强调，他在洛溪大桥项目建设中捐赠了港币1000万元。霍的言论引起媒体哗然。4月16日，番禺区政府承认捐款确有其事，但捐款只是建桥款的一部分。4月19日，省人大代表游海燕向省人大常委会提交议案，要求调查洛溪大桥收费还贷问题。6月，省交通厅回复游海燕，指出省政府常务会议早已同意，番禺县政府在1991年至1998年期间修建的迎宾路、沙溪大桥、迎宾路塘西立交桥、里仁洞跨线桥等八项洛溪大桥配套工程时的贷款由洛溪大桥统一收费偿还；而且，建设这些配套工程的贷款还有4.2亿元未还。直至2005年春，广东省相关部门宣布，洛溪大桥及其配套工程将于2005年6月还贷完毕，遂决定自2005年7月1日起终止洛溪大桥收费；同时，为舒缓免费后洛溪大桥的交通压力，政府将对洛溪大桥实行交通管制，禁行车辆需绕道番禺大桥及南沙港快速路。至此，轰动一时的洛溪大桥收费事件才算告一段落。（刘 琼 刘 兢）

## "卜通100"

讲述中国流行音乐的发展史，就不能不提它的发源——广东原创流行音乐，而记述广东流行音乐的历程，也不能不提它的集散地——"卜通100"。卜通，卜通，1989年，流行音乐的脉搏就在广州东山一个小小的音乐酒吧里跳动起来，愈震愈强，南中国的原创音乐响彻全国。这个音乐酒吧就是音乐人陈凯创办的"卜通100"。孙晃在《东山记忆》中写道："还是在东山一个部队的宾馆，陈凯开办一个音乐酒吧，正愁不知叫什么名好，恰好侯哥（侯德健）来公司的红楼看望我们，他灵机一动说：就叫卜通100吧，让人心跳的卜通。"

陈凯凭借他在业内的优势资源，请到许多红遍全国的流行歌手在这里放歌；也给许多默默无闻的音乐小子创造机会，在这里玩出音乐的名堂；许多艺人和音乐制作公司也在这里牵到了音乐的红线。短短几年，这个音乐酒吧就发展成了集歌舞厅、乐队、音乐制作公司于一身的娱乐品牌，成为90年代广东乃至中国流行音乐一个重要的发源地。

90年代，"卜通100"是一个炙手可热的歌舞厅。想在"卜通100"唱歌可不是一件容易的事，能在那儿唱歌的个个都是当时的"腕儿"。第一个在"卜通100"演出的是"新空气"组合。"新空气三剑客"张全复、毕晓世、解承强到北京参加群星演唱会回广州后，就将活动基地固定在了"卜通100"。这个歌舞厅创立伊始就在"新空气"的带动下名声大噪。此后，各路明星云集于"卜通100"，那英、朱哲琴、毛宁、杨钰莹、林依轮、火风等当今许多著名的流行歌手都在此演唱过，香港艺人黄秋生也曾在此献歌。高水平的歌艺，火爆的人气，使"卜通100"成为广州流行音乐的一方热土。除“卜通100”歌舞厅外，还有“卜通100”乐队。“卜通100”乐队与“新空气”息息相关。毕晓世、解承强、张全复三人的新空气创作联盟成立后，着手组建新空气乐队，但乐队一直没有固定成员，其中较稳定的中坚力量有：毕晓笛、赫宇旭、李小林和捞仔四人。乐队常驻“卜通100”歌舞厅，亦称卜通100·新空气大乐队，或卜通100乐队。他们精湛的技艺为在“卜通100”歌舞厅献艺的歌手锦上添花。1994年，这支乐队被张萌萌相中，合力录制了广东第一张摇滚音乐专辑《南方大摇滚》，又在“卜通100”歌舞厅进行了这张专辑的首发演唱会。粤港乃至日本各大传媒都前来捧场，广东的摇滚事业迈出了第一步。

在歌舞厅和乐队的基础上，“卜通100”成立了音乐制作公司，发掘一些在歌舞厅崭露头角的歌坛新秀。“卜通100”先后签下过三位歌手：韩晓、宋思思和金学峰。韩晓就是在“卜通100”歌舞厅伴唱的日子里被老板陈凯和监制毕晓笛一眼相中并度身定做了《我想去桂林》，一炮走红，刚出道就拿下了广东“最具潜质新人奖”，又拿了中国“最佳新人奖”。但是在1995年掀起的“解约潮”中，“卜通100”没能留住去意已决的歌手们，最终还是一个一个地失去了。

现在的“卜通100”已大不如前，歌舞厅在娱乐方式愈发丰富的今天已经淡出娱乐市场，制作公司在激烈的同业竞争之下也颇有回归平淡的意味。“卜通100”的时代跟随广东流行音乐的衰落而一去不复返了。

当年“卜通100”的火爆和它的自身优越的条件是密不可分的。“卜通100”拥有当时歌舞厅最先进的音乐设备。高质量的音乐环境对歌手们有着巨大的吸引力。歌手黄琪珊在一次访谈中曾回忆说，“卜通100”给予歌手们的居住环境并不优越，当年初出茅庐的她得到的演出酬劳也微乎其微，“这些都没有什么了，我需要的是高质量的音乐环境。”黄琪珊在“卜通100”获得了机遇，在圈内声名大噪，终于闯出了一片天地。

在中国流行音乐起步的初期，歌手推销自己、锻炼歌技最好的方法就是在歌舞厅“走穴”。“卜通100”高质量的音乐环境吸引了众多新老歌手，他们的云集和交流又为中国音乐人的发展提供了更广阔的空间。许多音乐制作公司、唱片公司在这里长期观察、发掘歌坛新秀，“老人”带“新人”的真诚、友好的制作风气也将更多的年轻歌手从这里走向中国，走向世界。

但是，90年代中期掀起的“解约”风潮，北方更广阔的发展空间以及广东唱片公司自身体制、运作的缺陷，让重量级歌手忍痛离开这片成长的土地，陆续北上，到北京、上海等地寻求发展。原本占据明星云集于广州的地理优势而赚尽人气的“卜通100”也受到了很大的打击。进入千禧年，网络开始盛行，歌手们不再局限于歌舞厅“走穴”也能锻炼自己、推广自己。歌舞厅人气不再，大多成为老百姓茶余饭后自娱自乐的平台，就这样，“卜通100”的表现在圈中逐渐平淡了。

尽管如此，“卜通100”书写的那个广东流行音乐称雄全国的时代，为众多音乐人搭桥牵线，与广州结下了不解的情缘。即便在北上闯荡之后，只要有广州之邀，很多歌手还是义不容辞的回到“老家”演唱。广东流行音乐30周年纪念音乐会上，众多著名歌手回到广州，唱起他们当年的成名之作，声势浩大，当年的风华可见一斑。

在激烈的市场竞争之下，广东这个流行音乐的“制造基地”逐渐失势了，但一个时代的没落必然伴随新的时代的兴起。香香、唐磊、郑源等网络歌手又在这片土地上冉冉升起，红遍大江南北。广东音乐人放下身段，重新定位自己，抓住机会，争取新生。不久，新一代的“卜通100”就会诞生了。（胡泓媛）

## 课题招标

由广州市委书记、广州市长圈题，广州市委政策研究室、广州市政府研究室、广州市社科联共同组织的广州市社会科学研究课题招标，从1990年开始已经连续组织开展了20次。广州市社会科学研究课题招标是指一年一度，由市委书记、市长各圈定一个研究课题，面向全国，公平竞争，采取课题委托资助形式择优立项的社会科学研究招标活动。

每年年初，由市社科联向广州地区高等院校、科研院所，以及市委、市政府相关研究机构征集选题，然后上报市委书记和市长，由市委书记、市长各圈定一个选题，然后通过新闻媒体、互联网等形式向全国发布，在全国范围内进行课题招标。课题采用两轮淘汰制，第一轮，每个招标课题从应标课题组中选出两三个中标课题组进入前期研究；第二轮，前期研究完成后，每个招标课题从前期研究课题组中选出一名进入后期研究。经评委会鉴定验收通过的最终研究成果，根据成果的质量，评出一、二、三等奖或不获奖。获一、二、三奖的，由市委、市政府颁发“广州市哲学社会科学优秀成果奖——招标成果奖”证书，招标单位按招标公告承诺的奖金数额给予奖励，每两年颁奖一次。

通过评审验收的研究成果，以招标办公室或课题所涉及部门的名义全文或摘要报送市委、市政府，作为市委、市政府的决策参考及有关部门的实施方案。招标办公室将每年招标课题的研究成果汇编成册，发送有关领导和部门。

广州市社会科学研究课题招标，不仅在广州地区学术界产生了良好的社会影响，而且研究成果对直接推动广州的改革开放和现代化建设产生了积极意义。由于每年的招标课题都是市委书记和市长亲自圈定，而且每年圈定的题目基本上都是广州必须给予关注的重大、热点和焦点问题，因而投标者极为踊跃。不仅如此，广州市社会科学研究课题招标还采取最严格的淘汰制度，即通过两轮筛选和淘汰，才能最终确定研究课题的最终承担者。正是这种几乎残酷的淘汰机制，才使得研究成果不断地修改、完善和提升，从而为提交高质量的研究成果奠定了良好的机制保障。

广州市从1990年开始推进的社会科学研究课题招标，首开全国社会科学研究课题招标之先河，在国内产生了极为热烈的反响，广州的经验与做法对于国内相关城市开展社会科学研究课题招标具有一定的带动作用。（郭艳华）

## 《公关小姐》

《公关小姐》是一部反映广州80年代改革开放成就的电视连续剧，1990年在全国播出后，受到空前欢迎，收视率曾一度达到不可思议的90%。1991年获得第九届大众电视金鹰奖优秀连续剧奖、第十一届全国电视剧飞天奖长篇电视剧三等奖。

电视剧由广东电视台制作，1989年出品，共22集，每集40分钟。导演是黄加良，主要演员有萨仁高娃、袁玫、张青、高莲娜、刘红豆，主题曲演唱者是流行歌手张咪。剧情讲述了香港小姐周颖与家人回祖国大陆祭祖，在大陆的行程中有感于内地旅游服务不尽如人意，毅然决定辞去在香港的高薪工作，离开心爱的未婚夫，只身来到羊城，应聘为一家中外合资酒店公关部经理，通过开展各项公关活动，创造了自己的人生价值。该剧是我国最早反映改革开放、最早反映公关行业及最早反映女性群体生活的电视连续剧。剧作着力描述了以萨仁高娃饰演的周颖为首的七位年轻貌美的公关小姐的工作、生活和爱情，萨仁高娃扮演的香港公关小姐令人耳目一新，张咪演唱的主题曲也一时风靡全国。

剧中演员的发型装束具有鲜明的时代特色，公关小姐的大翻领裙装和蓬松的卷发代表了当年最时尚的装扮，而男演员则身着当时在香港流行的双排纽扣西服和国内流行的单排纽扣西服。剧中许多时髦的服装是从当时有名的个体商店"珍珍时装店"借来的，基本体现了香港的时尚潮流。电视剧播出后，剧中女主角白领丽人的制服装扮迅速成为当时的流行装束，吸引众多女性的效仿。可以说，《公关小姐》是我国最早的一部时装剧。

除了时尚元素，浓郁的岭南文化即所谓的"广味"也是该剧亮点之一。电视剧在讲述七名公关小姐如何展开公关工作的同时，通过描述她们的日常生活，充分展现了岭南生活风情，既有酒店、商场、街道的繁华景观，又有在江边吃艇仔粥、到老字号"蛇满王"吃蛇胆、排队饮早茶、过年逛花市等世俗生活场景。通过公关小姐的男朋友，电视剧把观众的视野推向广州的个体户、出租车司机、农民大学生、军人、企业家等富有广州地方色彩的典型人物。改革开放后广州出现的新生事物在剧中也有体现，例如首届“美在花城”选美活动。

该剧的诞生也富有时代意义，映射出当时粤港电视剧的竞争。80年代，香港是广州乃至全国对外开放窗口看到的第一道风景线，相比于当时大陆单一的文化资讯，香港斑斓多姿的多元化文化迅速成为大陆潮流风向标，承载着香港文化的港产剧也在大陆风靡一时。80年代初，有人开始利用电视天线收看香港台的节目，此后从鱼骨天线到大锅盖，一直到卫星电视，观看香港电视成为广东人重要的业余消遣。1986年播放港剧《流氓大亨》时，收视率曾高达76%。据说当时有一个个体户抱怨，在播放这部连续剧的大结局时，整晚就只做了五块钱的生意，可见港产电视剧已有让广州万人空巷的魅力了。为了夺回失地，重振本土电视剧，1987年广东电视确定了以制作长篇（标准长度为20集）通俗电视剧、长篇通俗系列短剧（每周定期播出两集）为主，适量制作高品位的艺术片为辅的制作方针。《公关小姐》就是在这样的背景下产生的。该剧剧情设计巧妙，首先选择了改革开放的新生事物——公关活动作为故事的着眼点，其次把主角设计成一个来自香港的公关人士。剧作吸取了香港电视连续剧的优点，融进了改革开放、香港回归、言情、时尚、岭南风情等众多元素，在广东乃至全国获得了巨大成功。当年《南方日报》曾刊登了一封香港观众的来信，这位在国外行医又顶住回归前的移民潮回到香港工作，并且在大陆购置了房产的观众热情称赞《公关小姐》，他说：“在日本电视剧追踪‘血缘’（比如《血疑》等）、香港电视剧讲述个人奋斗（比如《流氓大亨》等）时，广州的电视剧却带着清新之风，将目光投向了一个更贴近现实的背景，从而吸引了粤港两地的观众，这也体现了广东电视工作者的政治远见。”

《公关小姐》的热播在全国掀起了一股“公关热”，推动了内地公关行业的发展，不少城市陆续成立了公关协会，企业成立了公关部。公关即公共关系一词是由英文“Public Relations”翻译而来，根据国际公共关系协会的定义：公共关系是一种管理职能，属于一种经常性与计划性的工作，不论公私机构或组织，均通过它来保持与相关的公众的了解、同情和支持，亦即审度公众的意见，使本机构的政策与措施尽量与之配合，再运用有计划的大量资料，争取建设性的合作，而获得共同的利益。中国的现代公共关系行业是改革开放的产物，在引进之初，不少企业简单地把接待科改名公关部，认为迎来送往就是公关工作的全部内容。《公关小姐》的播出，可以说是对公关活动的一次知识普及，这部戏里的公关案例甚至成为了教材。

时尚潮流会不断变化，岭南风情也在不断蜕变，《公关小姐》里展示的时尚和风情已经停留在那个时代，但它宣扬的公关服务意识却对广州的服务行业产生了长远的影响，可以说改革开放30年来，广州的服务意识和服务态度在全国大城市中首屈一指。（罗文文）

## 《外来妹》

在城市化进程中，农民工或外来打工者，是一个绕不开的话题。电视连续剧《外来妹》是全国首部体现这一主题的电视剧，1991年在中央电视台播出后，轰动全国，同年获得第十届大众电视金鹰奖优秀连续剧奖和第十二届全国电视剧飞天奖。

该剧由广东电视台制作，1991年出品，共十集，是导演成浩的成名作，主要演员有陈小艺、汤镇宗、李婷等。剧情讲述了中国北方某山村赵家坳的一群青年男女到广东打工的生活以及每个人不同的际遇。

正如一首流行歌曲所唱的“外面的世界很精彩，外面的世界很无奈”，走出山村的外来妹在生活的磨练中迅速成长起来，各自选择了不同的人生道路。她们中间有的成功适应了城市打工生活，从普通的打工妹成长为乡镇企业的负责人，实现了自己人生的飞跃；有的因频繁出错被“炒鱿鱼”进而轻生致残，最终回到山村；有的为钱而堕落；有的厌倦了打工想重回以前的生活，却发现自己不再属于曾经生长的山村。虽然赵家坳的姑娘们走出了古老的山坳，走进了现代的城市，但并不意味着走向了幸福的终点。在改革开放和城市化进程中，文化的冲突始终困扰着每一个外来者，外来打工者如何融入新的社会，在城市中找到自己的位置，永远是他们的困扰与追求，因此该剧所反映的现实与矛盾在近20年后的今天也没有过时。

该剧像当时广东电视台制作的大多数电视剧一样，没有明星阵容，全部启用新人。为了使剧中香港老板的角色更为真实可信，更聘请香港演员汤镇宗加盟，这在当时是首创。电视剧播出后不仅捧红了陈小艺等一批新演员，也使香港演员汤镇宗在内地家喻户晓。值得一提的是该剧的主题曲《我不想说》，旋律优美婉转，唱出了打工妹内心的呼喊，唱出了打工路上的酸与甜，播出后迅速成为人人传唱的流行曲，近20年后的今天仍然被人吟唱，当年主题曲的演唱者杨钰莹就是因这首歌从无名小辈而红遍全国。

这部电视剧的诞生有深刻的时代烙印。根据导演成浩的回忆，直接促成他创作这部电视剧的，正是当年在衡阳火车站大批南下打工者涌入站台的情形对他的触动：“整个站台都是农民工，背着行囊，在等南下的火车，就像卫国战争的场面一样壮阔。中国农民在追求新生活时那种义无反顾的勇气和强烈的渴望，使我当时就产生了要拍他们的冲动。1990年《外来妹》开拍，第一组镜头就是在广州火车站取景。”“还原生活、尊重生活、表现生活最本质的一面”是成浩的拍摄原则，剧中每一位女主人公基本都有生活中的原型，拥挤的火车站、繁忙的生产线以及职工宿舍都是真实的场景，是对那个时代外来打工者生活的真实记录和诠释。

十集的电视剧浓缩了广东一个时代的变迁，它追踪着广东改革开放的步伐，真实地再现了在改革这个历史背景下外来打工者的命运，内陆文化和沿海文化的冲突与磨合。该剧不仅展示了改革开放给珠江三角洲带来的经济腾飞，而且通过一群打工妹的生活经历，讲述了改革开放对人们思想意识和价值观念的冲击与改变，从普通人的视角反映了一个骤变的年代，这是该剧成功的主要原因。电视剧播出后，与广东改革开放紧密联系在一起的词汇“外来妹”从此走出广东，流行全国，成为女性外来打工者通称。该剧还催生了当代岭南文学的新支——“打工文学”，并激发了无数“洗脚上田”的农民工辞别故乡，汇入南下的民工大潮去追寻新的生活。

广东实行改革开放之际，正逢香港劳动密集型制造业转移，加上毗邻港澳的地理人文优势，因此承接香港制造业，发展“三来一补”劳动密集型加工工业成为广东经济起飞的引擎。劳动密集型产业需要大量的劳动力，而当时中国农村推行的联产承包责任制也解放了大量的农村劳动力，因此两者一拍即合，劳动密集型企业的生产线成为吸纳农村剩余劳动力的最佳场所。大批农村人口从此告别故乡，进城打工，由此产生了中国建国以来规模最大、持续最久的人口流动。中国第一批“外来妹”出现在1982年的深圳。当年在深圳蛇口工业区投产了一家由香港凯达实业有限公司独资兴办的玩具厂，由于公司需要大量劳动力，于是从广东各地农村招募了上千名年轻姑娘进厂打工，她们就是最早的“外来妹”。

农民工是广州成功实现经济起飞的要素基础之一，他们满足了珠三角发展外向型劳动密集型产业对低成本技术工人的巨大需求，由此带来的劳动力成本优势使广东的外向型制造业保持了长久的竞争力和对外来投资的吸引力。

（罗文文）

## 63层

为纪念改革开放10周年修建的63层，当时堪称全国第一高楼，象征着广东在改革开放进程中的龙头地位，在广州市民的心目中地位堪比纽约的帝国大厦。麦当劳正是瞄准了63层的这一辉煌亮点，借机进入广州，在其首层开了广州第一家麦当劳，以致在很长一段时间里，广州人心目中的麦当劳是一家高档的西餐厅。

广州人对63层怀有特殊感情还有一个原因是她完全是“广东原创作品”，总设计师是原广东省建筑设计院的总工程师李树林。63层由占地面积1.95万平方米，建筑面积18.4万平方米，主体结构由五层裙楼连接一座主楼、两座副楼组成。主楼63层，3层地下室，楼高200.18米。副楼A座共30层，高109.8米，为公寓楼；副楼B座33层，高117.6米，为写字楼。主楼为下大上小的梯形结构，两座副楼呈现出节节上升的竹笋状，大楼底座也用花岗石铺成一片高低错落的“竹笋”，寓意广州的发展有如雨后春笋，节节上升，欣欣向荣。该工程设计1993年获广东省优秀工程一等奖、建设部优秀设计一等奖，1994年3月获全国优秀工程设计金质奖。

63层在90年代曾尽享显赫。它拥有当时全国最高的同一建筑物领事馆集聚率，它吸引了澳大利亚、德国、法国、菲律宾、意大利、英国、荷兰等七个国家在此设立领事馆。世界知名500强的企业，有200多家公司在此设点。广东国际大酒店位于大厦主楼的第24层至63层，是当时中国最高的酒店，也是广州地区唯一设有停机坪的酒店。它拥有两套总统套房，而当时广州地区其他五星级酒店仅有一套总统套房。在母公司广东国投宣布破产前，广东国际大酒店客房的租金年收入合人民币7550万元，平均入住率达57%，是当时全国最赚钱的五星级酒店之一。

63层曾创造“中国第一拍”。广东国际大厦在1998年曾以20亿元的资产估价进行公开拍卖，轰动一时。在1998年至2007年期间经过先后三次公开拍卖，最终由中国航天技术进出口深圳公司（称“深圳中航”）、深圳中航实业股份有限公司（称“深圳实业”）及深圳市一浪投资有限公司联合完成收购。

为迎接2010年亚运会，广东国际大酒店成为全国首个进行全面停业和装修的五星级酒店。2008年12月29日，广东国际大酒店宣布全面停业并于2009年1月1日起进行为期近两年的内部装修，计划于2010年亚运会开幕前重新开业，以“亚运会官方饭店”身份再次展现在世人面前。

（刘朝华　姚一民）

## 第一届女足世界杯

1991年11月16日至30日，第一届女足世界杯在广州、佛山、番禺、中山和江门举行，共有12支队伍参赛，代表各大洲最高水平。揭幕战在天河体育中心举行，由中国队对阵挪威队，结果中国女足4：0大胜挪威队，令国人轰动。决赛也在广州天河体育中心举行，6.5万名观众现场观看比赛。美国队与挪威队争夺冠军，当比赛只剩下3分钟时，挪威队后卫蒂娜·斯文森（Tina Svensson）回传守门员失误，突袭上来的美国球员阿科尔斯将球断下并盘带过挪威门将雷登·塞斯（Reidun Seth），一记低平球从球门的右下脚滚入了空门，从而为美国迎来了足球历史上的第一个冠军，也是女足历史上的第一个世界杯冠军。

比赛分三组，决出八支队伍进入第二轮，为了体现主办女足世界杯的宗旨，国际足联在历史上首次安排了六位女性加入到裁判队伍，其中主裁三、四名决赛的巴西人克劳迪亚（Claudia de Vasconcelos）成为了第一位出现在世界杯赛场上的女性裁判。此届世界杯，中国女足赛前夺冠的呼声较高，不过中国队运气较差，小组赛中被丹麦队2：2逼平，1/4决赛中又0：1败在了瑞典队脚下，从而无缘四强。最终排名是美国、挪威、瑞典、德国、中国、意大利、丹麦、中国台北、巴西、尼日利亚、新西兰、日本。美国球员阿克斯以10球获得金靴奖，德国球员莫尔以7球获得银靴奖，铜靴奖由攻入6个球的美国球员詹宁斯和挪威球员梅德伦获得。

首届女足世界杯取得了空前的成功，标志着世界女足运动翻开崭新的一页。男足世界杯早在1930年便已经开始了。但女子踢足球这个概念，在许多人的眼里是一件很奇怪的事。直到80年代，女子足球才得以在世界范围内初步开展，至于女足世界杯，则是由挪威女杰艾伦·威尔于1986年在墨西哥城召开的国际足联第45次代表大会上首次正式提议举办的。是不是应该举办女子足球世界杯大赛？在当时的国际足联主席阿维兰热的脑海中，这是一个十分头疼的问题。从理智上说，世界各类球类运动，都是从男子开始，然后普及到女子的；而最后，同一项目的女子运动，往往比相应的男子运动更受欢迎，但举办女足世界杯，商业风险较大。在中国足协的引荐下，国际足联经过对广东进行考察后，决定1988年先在广东举办一届世界女足锦标赛，作为创办女足世界杯的试验。试验性的女足锦标赛，受到广东球迷的热情支持，获得了巨大成功，国际足联因此决定在广东举行首届女足世界杯。

广州荣幸承办了首届女足世界杯，有众多热情的观众亲临赛场为女足加油助威。2008年接受记者采访时，阿维兰热对广州首届女足世界杯念念不忘，他说："记得在1992年（实际是1991年）的时候，中国广州承办了第一届女足世界杯，当时全世界总共有6亿观众看了比赛，这是一个非常了不起的成就，除此之外中国在赛会组织方面也表现得非常专业，这让国际足联感到满意。"首届女足世界杯的主题曲是《跨越巅峰》，为庆祝首界世界杯足球赛的举行，中国人民银行于1991年发行一套（1金2银）金银纪念币。

（梁礼宏）

## 禁摩

1885年，德国人戈特利伯·戴姆勒将他拥有专利权的发动机安装到一台木框架的机器中，世界第一部摩托车由此诞生。这辆被命名为“单轨道号”的世界上最早的摩托车至今仍然保存在慕尼黑科学技术博物馆内。

在广州，出现摩托车的身影始于民国十六年（1927年）。据《广州市志》记载：1927年广州全市有12辆双轮摩托车，十年后增至249辆。建国前这些摩托车被称为“电单车”，20年代末广州除了市营长途汽车外已有电单车队投入公共交通运营。新中国建国初期，“摩托车和有关器材只能用于开展职工国防体育运动，不能作为一般交通工具使用。”民用车辆则极为罕见，并且，那时汽油供应非常紧张，普通市民没有汽油配给，因此其发展基本处于停滞状态。“文化大革命”时，驾着摩托车到处兜风则会被戴上“资产阶级生活方式”的帽子。改革开放后，由于私营经济开始活跃，摩托成为小本经营的个体户载人拉货的重要工具，广州摩托车数量在迅猛增长。1983年全市有摩托车7万辆，驾驶员达10万之众，居全国各省、市之冠。1988年，广州市的摩托车已增至10万多辆。到了90年代末、21世纪初，摩托车异军突起，摩托车由经商工具逐步发展为广州数百万市民时髦的日常代步工具，广州有20%的家庭拥有摩托车。

随着越来越多的摩托车穿梭于广州的大街小巷，相伴而生的社会问题也日益严重，如摩托车违章经营、噪音和废气污染、增加交通事故，特别是飞车抢劫占抢夺案件的近半数，摩托车的泛滥引起政府和市民的广泛担忧。

1991年起，广州市政府就开始考虑逐步“限摩”、“禁摩”。1995年开始，新车入户被禁止；1998年市区停止核发摩托车号牌；2002年到2007年间，“禁摩”政策经历了“缩短摩托车报废年限”、“分段、分时限摩”和“全面禁摩”等阶段。

不过，“禁摩”并非一帆风顺，社会上曾分化出“主禁派”和“反禁派”两大阵营。“主禁派”列举了摩托车的“七宗罪”：一是摩托车行驶秩序较混乱，降低了道路的有效利用率；二是交通事故居高不下，2003年广州共发生摩托车交通事故6760起，占交通事故总数50.04%；三是驾车抢夺案件多发，2003年全市共发生驾摩托车抢夺案9668宗，占抢夺案件总数的52%；四是噪声废气扰民严重；五是影响广州作为现代化大都市的市容；六是广州摩托搭客违规载客严重；七是不利于公交优先，侵害市民权益。

“反禁派”则针锋相对提出反对的理由：一是作为普通市民主要的交通工具，既实惠又方便；第二，摩托车引发的交通事故并不等于摩托车直接责任主观造成的事故；第三，抢夺案件的增多不能单归咎于摩托车；第四，摩托车引发环境污染远比货车小；第四，马路上所有的交通工具都存在违章，摩托车违章只是其中之一。

其实，不仅是广州，近年来，珠海、深圳、上海、天津、南通等城市纷纷禁止摩托车上牌。到2003年，全国60多个城市出台禁止或限制摩托车行驶的措施，形成一股蔚为壮观的“禁摩潮”。

2007年1月1日，正是摩托车出现在广州80周年之际，广州市区实施全面“禁摩”，摩托车在争议声中默然退出广州的历史舞台。（黄石鼎　宁超乔）

## 国际大都市

1992年1月1日，新华社记者田炳信对市长黎子流做了专访。当田炳信问起广州这座辐射力和影响力都很大的“不设防”的城市，在发展思路上有没有一些新想法时，黎子流市长的回答让他深受震动——

广州作为华南的经济中心，现在还需要按照国际性大都市这样一种要求来考虑。这一点我们的认识还有不少距离。近10年来，广州、香港、澳门的情况都发生了一定变化，香港、广州、澳门之间的联系已很紧密。广州不能不按照新眼光、按照国际大都市的标准来要求自己，广州不仅要保持原有的农业为基础、工业是重点的产业格局，而且要把第三产业看成非常重要的产业。在世界发达国家，第三产业所占的比例是很高的，而且趋势还在不断扩大，吸引了世界上许许多多"经济力量"（投资、信息、人才等）。这个问题我们还要进一步解放思想，有些观念还需要更新……我们的观念，不要停留在一般地建设一个城市，一般地考虑，那就容易局限于在某种程度上是小生产者的眼光，并用这种眼光来看待社会主义现代化的大都市……广州目前最重要的，还是要自豪而不自满，要充满时代紧迫感——建设国际大都市的紧迫感。

广州要建设国际大都市的提出正好在邓小平同志南巡之前。此时正是经济体制改革进入攻坚阶段的关键时期，各种深层次矛盾逐渐凸现出来，广州的发展也遇上重重阻力。例如在1990年，广州的GDP才357亿元，机关干部4000多人，平均月收入不够250元，整个广州的改革发展局面沉闷。

邓小平同志的南巡讲话鼓舞了广州发展的信心，小平同志要求广州要追赶亚洲"四小龙"，广州市委市政府在组织专家论证后，提出了广州"向现代化国际化大都市挺进"的目标。

1993年，广州成为了中国第一个加入国际大都市协会的城市，2003年，建设现代化大都市作为新的目标出现。

在“十一五”规划中，广州明确提出建设成为带动全省、辐射华南、影响东南亚的现代化大都市。小平同志南行之后，广州在六年里以平均19%的增速，GDP增长到了2600亿元。

国内关于国际化大都市有代表性的观点主要有两种：一种观点认为，所谓国际化大都市，是指那些有较强的经济实力，优越的地理位置，良好的服务功能，一定的跨国公司和金融总部，并对世界和地区经济起控制作用的城市；另一种观点将“国际化大都市”分解后认为，国际化指的是大都市的性质、功能和地位、作用。表现为三个特征：一是拥有雄厚的经济实力，位列世界经济、贸易、金融中心之一，对世界经济有相当竞争力和影响力；二是经济运行完全按国际惯例，并有很高的办事效率；三是第三产业高度发达，综合服务功能强。

无论从哪个角度而言，全国城市经济实力排名前三、第三产业比重率先过半、城市化发展水平领先国内、人口众多尤其高科技人才汇聚、拥有一批国际知名行业领先企业的今日广州，都具备了成为中国的国际大都市的坚实基础。（张赛飞）

## 教育基金百万行

1990年，在广州市教育基金理事会上，澳门知名人士马万祺先生倡议，广州可以参照澳门公益金百万行的做法，开展“广州教育基金百万行”活动。

1992年1月12日，广州市举办首届“教育基金百万行”活动，在声势浩大的宣传氛围中，长达1.5公里的游行队伍浩浩荡荡，由中山纪念堂出发，经吉祥路，沿中山路到达广州起义烈士陵园。约1.5万广州市民、来自港澳地区及海外的华侨和友好人士近300人参加了这一盛事。首届“教育基金百万行”活动对于发动社会各界共同关心、支持教育，进一步形成尊师重教的社会风气起到了积极的推动作用。这项活动被评为广州市1992年精神文明建设十件大事之一，国家教委也将这一活动情况向全国各地通报。

从1993年8月23日至11月28日的三个多月中，广州市举办第二届“教育基金百万行”活动。新闻发布会当天，彩旗飘舞，锣鼓喧天，由66辆彩车和2万多人组成的游行队伍，从广州文化公园起步，经沿江路行至海珠广场，来自港澳地区以及全国工商联、京、津、沪等九个省市和广东省十个城市的代表应邀参加了活动。这届活动共筹得人民币4745万元、港币4308万元、美元1110万元，提前五年实现了筹集教育基金1亿元的目标。

1995年10月9日至12月10日，广州市举办第三届“教育基金百万行”活动。广州市党、政、军领导及社会各阶层人士、海内外嘉宾500多个单位1.5万多人一道步行。在12月9日的筹款拍卖会上，100多位海内外热心人士踊跃捐赠，拍卖了188件珍品，总成交额达887万元。在本届“教育基金百万行”活动中，香港知名人士何耀光先生将两幅心爱的名画献给基金会拍卖，筹集了130多万元善款帮助广州教育事业。旅美华侨陈香梅女士多次远渡重洋，带来善款。还有许许多多社会热心人士，建言献策，捐资助学。

2002年11~12月，广州市百万民众以步行、赛艇、义演、义卖、拍卖等多种形式开展募捐、宣传活动，还有一大批广州市荣誉市民和港澳人士伸出援手，踊跃捐赠，使第四届“教育基金百万行”活动深入人心。在这次以“扶困助学”为主题的活动中，一些困难家庭子女和患病学生解决了上学难问题。据统计，2003年广州市投入第四届教育基金百万行募捐款382万元资助广州市1.25万人次贫困中小学生学习，投入200万元资助广州市58名患危重病且家庭经济困难的学生治疗。

“广州市教育基金百万行”活动对广州市教育所起的作用是巨大的。募集活动增强了全民重视教育的意识，对促进社会尊师重教风气的形成起到积极的作用。由于具有民间色彩，活动更容易接近普通百姓，极大调动了民众的参与热情。（韩 健）

## 羊城论坛

“羊城论坛”是我国内地第一个大型政论性电视公开论坛，诞生于1992年5月。从2003年开始，论坛每月举办一期，截止2009年6月，已录制、播出了122期。它由广州市人大常委会和广州市电视台联合主办，它以“国事家事天下事，你谈我谈大家谈”的方式，倡导了沟通和讨论、民主和求实的风气，创造了人大宣传工作的崭新形式。

与国内众多的电视论坛相比，“羊城论坛”除了举办时间早、持续时间长以外，还有开放性、亲民性、互动性和现实性几个特点。开放性体现在，它在开放的公众场所举办、面向社会公众开放，是广大市民群众积极参加、踊跃发言的论坛，是扩大公民有序政治参与的成功实践；亲民性体现在，参加论坛的人士在身份上是平等的，无论是政府官员，还是人大代表、专家学者和普通市民，都必须举手并经主持人同意才能发言，发言时间一般均限制在3分钟之内，而且不念讲稿；互动性体现在，在论坛上，人大和政府官员、人大代表、专家学者和普通市民从不同的角度表述不同的观点，甚至就一些问题展开激烈的争论，由此澄清了一些误会，达成了共识，找到了解决问题的新思路、新举措、新办法；现实性体现在，论坛的论题贴近实际、贴近群众、贴近生活，议题非常广泛，涉及政治、经济、文化等人民群众关心的社会热点问题。

有市民说："'羊城论坛'讨论的话题，都是我们过去想说而又无处说的事。"参加"羊城论坛"的政府官员也慢慢学会了处之泰然，虚心听取群众意见，并主动回答群众的提问。日臻成熟的"羊城论坛"，已成为广州社会主义民主政治生活中不可缺少的重要标志，是构建社会主义和谐社会的成功实践，主要体现在几下三个方面。

首先，为构建社会主义和谐社会创造良好的氛围。"羊城论坛"为人大代表、市民群众、专家学者、新闻记者、人大和政府官员进行平等对话、真诚交流架构了一个良好平台。市民群众多了一个向人大、政府反映自己意见的渠道；人大、政府也多了一个了解民情民意的渠道。两者沟通的渠道畅通了，就减少了社会矛盾，使整个社会更加和谐。为理顺社会情绪，化解社会矛盾，促进社会稳定起到一定的作用。

其次，可以提高人大和政府官员的执政能力。在人大和政府官员与人大代表、市民群众、专家学者共同探讨问题中，可以考察人大和政府官员是否掌握有关的法律、法规、规章和规范性文件，是否熟悉有关的政策和措施；可以锻炼其逻辑思维、综合概括和应变能力，口头表达能力和解决问题的能力等；还可以培养政府官员的亲民意识和民主作风。

再次，展示人大形象，使人民群众进一步了解人大制度和人大工作，从而关注人民代表大会制度的发展和完

善，并积极参与到人大宣传工作中来，成为扩大人民代表大会制度社会影响力的一分子。（涂成林）

## 南方人才市场

90年代有“孔雀东南飞”之说，指的是大批内地人才南下广东；南下人才的第一站，往往就是南方人才市场。

南方人才市场全称为中国南方人才市场，成立于1995年9月13日，是国家人事部和广州市人民政府联合主办的国家级区域性人才市场，其前身是成立于1985年的广州市人才交流服务中心。目前南方人才市场是华南地区最成熟、最权威、规模最大的人力资源专业服务机构，是全国七大国家级区域性人才市场中影响比较大的人力资源专业服务机构。伴随着中国人才市场发展的20多年，南方人才见证了广州人才市场产生、发展、壮大的历史，也从当初的七、八个人发展到今天的400多名员工，从几百平方米的办公场地扩展到如今的上万平方米的办公营业面积，写下了辉煌的篇章，对华南地区以至全国人力资源服务产生着广泛和深远的影响。

如今，作为全国首家通过ISO9002质量认证的人才市场，南方人才市场的服务水平和业务规模在全国人才市场中处于领先地位，主营业务有：人才现场招聘会、网上招聘、人才租赁、人事代理、入户广州和人才测评等。

身处广州，南方人才市场得风气之先，在改革开放的大潮中应运而生，也随着改革开放的深入而不断发展壮大。改革开放给珠三角带来前所未有的发展机遇，而发展离不开对人才的需求，南方人才市场也就开始了她的历史使命。成立20多年来，南方人才市场经历了由小到大，由弱到强的发展，一直专注于人力资源服务领域，以“服务人才，服务社会”为宗旨，为广州地区乃至珠三角地区的经济发展提供了强有力的人才智力保障，为整个华南地区的人才交流做出了卓越的贡献。随着经济社会的不断发展，竞争也越来越激烈，人才网站在中国遍地开花，要想在竞争中立于不败之地，就必须定位准确，发挥自身优势，专注于创新。其中南方人才招聘是南方人才市场的一项知名度非常高的服务产品，首创“网站+招聘会+平面媒体+移动通讯”全方位的人才招聘战略。南方人才招聘会以组织严密、人才数量多、服务到位著称，为广州地区乃至整个珠江三角洲地区的企业提供了良好的人才招聘主渠道。被誉为南方人才市场金牌服务品牌的中国南方人才市场测评中心有着稳定的权威研究队伍，是国内最早从事专业人才测评的权威机构之一，同时也是全国首家通过ISO9001国际质量认证体系的测评中心。旗下的南方人才网以互联网为依托，以多媒体互动为平台，以线下的人力资源配套服务为补充，按照客户企业和求职者的双向需求，向企业提供“一对一”的个性化、人性化和全面的人力资源服务，不断开发新产品，为客户实现服务增值，价值增值，实现了为企业提供全方位的人力资源解决方案的承诺。同时还秉承“以客户利益为先，以售后服务为主，以满足客户需求为宗旨”的服务理念，在市场竞争中阔步向前，取得了可喜的成就。

目前，南方人才网发展速度非常迅猛，除广东地区外，还开设有广州、佛山、中山、珠海、惠州、东莞、深圳、江门、花都等分站，其中在广州地区占有市场份额高达75%，在整个珠三角地区达60%，会员企业累计逾38万家，个人注册简历量累计逾500万份，每月发布职位信息高达48万条，网站每日总访问量超过1000万人次，成为华南人才库和职位库最大的人力资源网站。自2003年起，连续三年在中国人力资源行业年度评选中获得“中国十大HR专业服务机构”和“中国人力资源最佳专业服务机构奖”，服务质量在全国范围内得到认可。（秦瑞英　朱文忠）

## 地 铁

仅仅在十年前，广州人除了在电影上观摩到世界各繁忙都市风驰电掣般的地下生活外，还不能设想广州城的“地下生活”以怎样的方式运行。但自1997年6月28日，地铁1号线首段（西塱至黄沙）开通后，广州人已经习惯了在地下商场、连锁店、洗衣与食品店的闲逛与消费；仅仅在五年前，从三元里到中山大学、或者从天河东到人民路西城还要花上一个多小时，但2003年6月28日，地铁2号线（三元里至琶洲）全线正式开通运营，城区范围内30分钟时空圈举步可达；仅仅在三年前，从城内到南沙，还要消耗车程2.5个小时，但2007年全国最快速度的3号线建成，时速达120公里/小时快速线（一般地铁时速为80公里/小时），南沙、顺德、佛山、南海、东莞均纳入一小时的时空圈，广州与周边卫星城市原来舟行车载的障碍被前门到后门的便利取代了。

早在60年代，广州就开始了地铁建设的规划，但直到1992年12月28日，才成立广州市政府全资大型国有企业广州市地下铁道总公司。1993年2月28日，地铁1号线正式动工，以此才揭开了广州市政建设最重要的一页，广州的地下生活梦想才得以实现。

广州地铁一上马，就以世界一流的技术水平、建设速度以及舒适安全的行车环境广被瞩目，实现了多项领先与突破。

广州地铁2号线是中国第一个轨道交通国产化项目，实现国内五个第一：第一个应用地铁站台屏蔽门系统，第一个全非接触式IC卡自动售检票系统，第一个地铁集中供冷系统，第一个架空刚性悬挂接触网技术，第一个使用国产化A型车辆。2号线被列为2004年度建设部科技示范工程，荣获“2003（首届）全国十大建设科技成就奖”、“2004年度广东省科学技术特等奖”、“首届国家环境友好工程”等称号。

广州地铁3号线在国内首次采用120公里时速快线系统，首次应用移动闭塞信号系统和集成防灾报警等八大系统的主控设备。

广州地铁4号线在世界上第一个采用中大运量的直线电机运载系统，并在具有我国自主知识产权的中大运量直线电机车辆研制与开发方面取得重大突破。

目前广州地铁已建成开通4条线路，总里程116公里，运营日均客运量超100万人次。在建线路包括广州市轨道交通4号线、5号线、6号线、2 / 8号线延长线、3号线北延段，珠江新城旅客自动输送系统，珠江三角洲城际快速轨道交通广佛线等。

以“安全、快捷、准点、舒适”为目标追求的广州地铁，已经从梦想成为广州人每日可依赖的出行工具，实现了广州多种意义的“地铁生活”方式。

2000年12月，广州市政府完成编制《广州市城市建设总体发展战略规划纲要》，提出了“山、城、田、海”的城市发展新格局，确定了“南拓北优、东进西联”的战略取向。经济发展、城区扩张，人口迅速聚集。通过轨道交通网的建设延伸，形成板块分散而功能相对独立的多中心的城市布局，城市中心区的政治、经济、文化功能被多中心所承担，促使广州市由单一中心区的城市布局向政治、经济、文化中心相对独立和分散的方向转移，各卫星城市得到均衡发展，城乡居民均可享受到广州城市发展的文明成果。

广州地铁催生了多种形式的地铁轨道经济。地铁广告被认为最前卫的流动的橱窗，是商家产品推介的有效渠道，因此，地铁轨道与站点充满了新的商机。一批银行、药店、便利店也相继进驻。“地铁上盖”物业概念出现，各地铁线交会区和主干线的商铺与楼盘随着地铁的便利，出现巨大的升值空间。

广州地铁促成了郊区居住方式。城中工作郊区居住，随着地铁的连接与延伸，缩短了城区与郊区之间距离，使郊区居住方式成为可能。郊区大盘板块的不断形成，分流了城区中心的居住压力甚至就业压力，人群的频繁流动也加速了各地的信息与物流的交通。

2003年，广州市轨道交通线网规划方案在经过公开征求市民意见后，基本确定到2010年，将建成九条轨道交通线。根据该线网方案，广州将兴建14条轨道交通线，全长达到488公里，共设264个车站，再加上国家铁路线路，全部建成后将有15条轨道交通线贯通全市东南西北各个区域，长度达到555公里，线网密度达到国外发达城市的中上水平。15条轨道交通线建成后，将设59个换乘站。

广州人追求“路通财通”，在开放初期的80年代就在路桥建设上先行一步，引进外资、集民间资本等各种探索领全国之先。地铁建设更把这观念推向高潮，它带来的不仅是速度，而且是时空圈变化的新观念，在新一轮的珠三角区域合作中，广州地铁的轨道经济作用更不可或缺。

（周翠玲）

## 白马服装城

“白马大厦、服装天下”从来不是过誉之词，白马服装城是广州第一栋真正意义上的现代化的专业服装批发市场，它的出现是广州专业批发市场发展的一个创新和转折点。

广州的服装批发市场萌芽于70年代末，最初呈现出路边摊式或大棚式批发市场的形态。路边摊的代表是西湖路灯光夜市，大棚的代表是康乐路批发市场。由于当时“广州服装”已占据全国服装市场半壁江山，作为国内服装时尚潮流发源地的广州，成功吸引了全国各地大批客流。

1993年1月，广州白马服装城开业。服装城位于广州火车站南面的站南路，建筑面积6万平方米，共10层，有4层商场，5层写字楼，1层地下停车场，是当时广州地区规模最大、设施最完善的专业服装市场。但是开业之初，服装城的经营者和进驻的商家对这一新兴的经营理念并不了解，客流也不旺盛，所以几乎“拍了一年乌蝇”。白马守了一年，1994年，凭借中国出口商品交易会、火车站和流花汽车站，白马服装城渐入佳境。随即，“白马模式”、“白马效应”迅速风靡全国服装批发行业。传说在1995年和1996年的高峰期间，先后有人拿着市长的批条到白马排队要铺面，当时白马的火爆程度可想而知。

白马服装城所展现的强盛生命力，在行业内产生了强大的示范效应。广州服装市场的格局从此发生了根本变化。以白马为中心的流花地区服装集散地迅速崛起，“群马竞发"，至今仍然是国内服装批发行业集中度最高、交易规模最大的批发市场集群。

自90年代后期开始，出现了"服装专业市场"遍地开花的竞争局面。各市场为寻求长远发展，纷纷向品牌化方向转型。广州白马业已成为全国服装批发市场的凹地，客流量和货物流转量在广州地区首屈一指。1997年亚洲金融危机，令服装市场的商业氛围几乎降到了有史以来的冰点。但白马服装城大胆实施扩建工程，为吸纳有实力、有品牌竞争力厂商的战略规划奠定了基础，在金融危机中，白马市场依然屹立不倒。

2001年至2005年是中国纺织服装产业发展速度最快，经济效益最好的五年，与产业发展相适应，服装专业市场也蓬勃发展。2005年12月底，白马商贸大厦作为城建集团四个优质商业物业公司之一在香港成功上市，正式迈开了白马向国际化企业接轨的重要一步；之后，随着我国纺织服装产业进入配额时代，服装产业越做越大但利润空间不断缩小，服装批发市场竞争愈发激烈。传统的服装商品经营方式面临新的交易渠道的严峻挑战，原有优势被淡化，但是白马却审时度势，探索新的角色定位，从单纯的批发市场到创新性提出"商铺性写字楼"，再到开辟"白马优质品牌营销区"，把物业出租管理业务拓展至品牌营销战略；从创建广州流花地区首个一站式"客户服务中心"，到成立"广州白马服装市场客户俱乐部"，一批核心品牌商户与白马结成战略同盟。白马帮助业户实现从批发加工到品牌经营的转型，同时自身也逐步向实力品牌阵地转移。

2008年，白马服装城财富罗盘，舞动流花。2008年10月，中国流花国际服装节暨越秀缤纷时尚周隆重开幕，广州白马荣获"流花一矿泉服装专业市场园区五大知名服装市场”称号。11月，白马更是携手中国纺织服装专业市场联盟，举办2007中国服装经销商广州地区颁奖礼暨2008广州白马服装采购节。在这次活动中，白马网站正式升级启动，这标志着白马在电子商务领域迈出了重要的一步。

从单纯的专业批发市场到品牌经营再到打入电子商务领域，白马服装城成为了中国现代流通业一系列新兴业态之一，在商贸流通业中发挥着举足轻重的作用。（魏　颖）

## 太平洋电脑城

“北有中关村，南有天河路”，作为南方的IT中心，太平洋电脑城在人流量和分销能力方面在国内首屈一指，已成为南中国区最大的IT产品集散地。

广州天河区五山路曾是广州IT市场交易的起源地。90年代初，在没有政府参与的情况下，敢为天下先的广州人开始在五山路一带的高校区建立一批兼营机电产品和电脑配件的商铺。由于周围高校环绕，加上地理位置优越，所以，五山路慢慢成为广州早期主要的IT产品集散地。但随着IT行业市场环境和企业营销策略的变化，五山路这种松散的交易模式已经难以满足商家和消费者的需求。以太平洋电脑城为首的电脑卖场的适时兴起，迅速满足了市场的需求。

1994年5月，香港某大公司投资的专业化、形象化、信息化的广州第一家以大卖场形式为主的IT交易市场——广州太平洋电脑市场（一期）首先进入了岗顶。电脑城以完备的市场配套设施，为经销商提供了有利的经营环境；以产品展示、各类宣传推广活动形式，吸引消费者，同时严格把好产品质量关，重视客户服务，使市场交易充满了活力。电脑城新的商业模式获得了空前的成功，成为当时许多市场经营者和新兴电脑市场的楷模。1995年，太平洋电脑城就以其规模及实力被国务院发展研究中心市场经济研究所评为“全国最大的电脑交易市场”。

1997年11月，广州太平洋电脑市场二期正式开业；同时酝酿一年的太平洋电脑信息咨询网正式开通，标志太平洋电脑市场专业服务于高科技的水平更上一个台阶。在太平洋电脑市场出租率一直保持100%、占有广州市近乎一半的市场份额之际，太平洋开始向省外开辟连锁市场，1998年至1999年，先后创办了上海太平洋电脑市场和北京北大太平洋科技发展中心。

随着太平洋电脑市场在岗顶的成功，周边陆续新建了天河电脑城、南方电脑城等IT卖场，形成岗顶IT商业圈。五山路终于经受不住专业卖场的竞争压力，龙头老大的地位逐步让位于太平洋电脑市场。受“货比三家”及“集中扎堆式购物”观念的影响，“买电脑到天河”成了广州人的一种思维定式。

太平洋电脑城较早进入天河IT商圈还能继续保持一定的优势，很大程度上是由于太平洋电脑网的作用。太平洋电脑网聚集了众多电脑爱好者和商家，是电脑城保持优势的重要支撑。互联网交易平台式流通业的新型业态，在提升电脑城广州IT卖场地位的同时，更是给渠道商提供一个销售平台。（魏　颖）

## 《情满珠江》

在五六十年代出生的人看来，《情满珠江》是他们这代人生活变化的真实写照。剧中的几个主要人物，尤其是左翎饰演的梁淑贞等满怀建设热情并获成功的乡镇企业家，激励了多少90年代的年轻人勇敢地闯世界。就连很多“七零后”、“八零后”也都依稀记得当年跟着父母一起追捧这部电视剧的情景，《情满珠江》也成为他们认识中国社会发展巨变的一本生动的“教科书”。

《情满珠江》于1994年制作完成。一经播出，即红遍全国，并获得了中宣部“五个一工程”优秀电视剧、第十四届全国电视剧“飞天获”长篇连续剧一等奖、全国“金鹰奖”优秀长篇连续剧奖。几位主演巍子、左翎、普超英和王琳也从这里走进了千千万万中国观众的心中，成为日后家喻户晓的实力派电视剧演员。

这部电视剧沿着几个城市青年从70年代上山下乡开始的生活轨迹，以及一个南方乡镇风扇厂拼搏成为国际集团的发展历程，展开了一幅中国人与中国经济痛苦而傲世的振翅图景。剧中梁淑贞、张越美和谭蓉三位现代女性截然不同的人生追求和价值观，把她们引向了截然不同的人生道路。在这三个命运的发展线索，把几十年间的广东的社会现实编织成为一幅壮丽的社会画卷：70年代上山下乡的辛酸故事引起观众强烈的共鸣；改革开放时期创业的艰辛、彷徨以及最后的成功给予观众深刻的启发；从最初肤浅的“逃港”到后来南星风扇厂与香港企业的合作发展，观众第一次认识到粤港两地的社会状况，不再盲目地追捧港澳；而片末乡镇企业家“科技兴邦，科技兴业”的感慨，更是为观众指出了一条发展的“明路”。

《情满珠江》的策划者之一、广东省作协的谢望新曾表示，他们正是力图探索电视剧的当代性与当代艺术性，雅与俗，当代性、教化性与电视剧不可动摇的可视性关系，从中找到一个最佳结合点。《情满珠江》正是以其史诗般的剧情、艺术性与通俗性的完美结合赢得了全国广大观众的心，被誉为广派电视剧精品。

广东作为改革开放最早的地区之一，其发展状况一直是全国老百姓关注和讨论的焦点。曾经，支持声，反对声，“激起蛙声一片”。对于全国大多数的老百姓来说，他们根本无法想象改革开放将使自己的生活发生怎样的变化。改革开放初期获得信息的渠道远不如现在多元，新闻、报纸所反映出来的改革开放的成果与问题都是零碎的，无法被老百姓组织成为未来生活的图景。一时间，犹疑与彷徨充斥着社会。80年代末90代初，广东电视台投资制作的这一批反映广东，尤其是广州改革开放社会发展状况的电视连续剧，如《情满珠江》《公关小姐》《外来妹》《和平年代》《英雄无悔》等，从社会各个阶层人们的视角展示广州社会日新月异的发展，使全国观众看到了改革开放带给中国的实惠，为社会注入了一针发展的“强心剂”，鼓舞人民对未来充满信心。一些社会问题的展示，如价值观和道德观的冲击，也启发了全国观众认真审视经济发展与社会稳定的关系。

《情满珠江》关于乡镇企业创业发展的描绘以及港澳社会状况的反映具有特殊的现实意义。改革开放，如何转变传统观念，寻求企业更广泛的发展空间，剧中的企业家选择了立足本地优势，重点进行科技创新以及引进外资的方式，以诚信为本，闯出了一片广阔的天地，这为全国的乡镇企业发展提供了一个切实可行的方向。即便到今天，这条发展之路也具有相当的价值。

如今，“情满珠江”已不再单纯作为一部电视剧的片名出现，而被广泛使用于各种文化活动当中。各种表现祖国、家园美好图景的文艺活动都被冠以“情满珠江”之名。这个昔日红遍中国的电视剧，已经成为表现南方人民热爱生活的文化代名词广为传唱。情满珠江，一部戏的痴迷，一首歌的传唱，一代人的缩影，一个时代的感动。

（胡泓媛）

## 广州购书中心

改革开放初期，广州被称为“文化沙漠”，广州图书发行业滞后于经济发展。广州市新华书店的门市加起来只有3000多平方米，民营书店也满是教辅、武侠、言情类图书。然而1992年，第四届全国书市在广交会举办，两周之内，有50万人次涌向广交会，销售额达到1200万元，人们购书的热情竟然不亚于购买股票。人山人海的购书狂潮震惊了媒体，更触动了广东省委书记谢非，他提出要办一座规模堪与大型百货商厦相比的“超级书城”，成为国内最现代化的书城和海内外图书重要集散地，并作出“建设购书中心，羊城日日书市”的指示。

随后，广州市政府将广州购书中心的建设列入市政建设重点项目，经过两年多的筹建，1994年11月23日，占地5475平方米、10层高的广州购书中心矗立在广州新兴城区——天河区。开张之日，数万人涌入书城，盛况空前。

广州购书中心与其所处的地理位置——天河，从一片荒凉的待开发地到今天的黄金地段——交相辉映，见证了这座城市的物质文明和精神文明建设的历程与成就。现在人们提起图书行业就不得不提到大型书城，西单图书大厦、上海书城、深圳书城、广州购书中心……然而在90年代初，广州购书中心的建立则开一代风气之先。广州购书中心是全国第一家引进民营书店进场的国有书城。广州购书中心的诸多第一反映了它在我国图书行业不可动摇的重要地位。

广州购书中心在读者心目中到底是什么？仅从周末等待开门的读者长龙和店内人头攒动景象，就能感受到它的独特魅力。从某种意义上来说，广州购书中心使购书成了广州人日常休闲方式的一种。人们在周末假期总是会选择到这里流连，翻翻新出版的图书，感受书香气息。广州购书中心用它奇特的包容性培育了几代读者，创建之初的懵懂孩童已成高校莘莘学子，当年的学子已成今天的社会栋梁，当年的栋梁又继续领着自己的孩子光临购书中心。广州购书中心就这样悄然地传承文明，不张扬、不贵族，平民化、内敛地为广州人提供一个放飞心灵的地方。

广州购书中心从创建之初就始终把图书经营的发展放在第一位，力求扩大图书经营的陈列面积和品种，极大地满足了各个不同层次的读者的需要。此外，广州购书中心还充分利用品牌优势，积极拓展多种经营，率先引入民营书店进场经营，并实行“以楼养楼，以文养文，立足主业，全面发展”的经营方针，积极开拓与图书相关联的文化商品的配套经营、合作经营项目，并适当引入外来经营和出租物业，达到既增加大楼的服务功能，又可提高企业的经济实力，实现消化庞大的运营费用的目的。在这种思路的指引下，广州购书中心逐渐形成了一个以图书为主，其他文化商品品种丰富的文化大集市，并且为读者营建起相应的休闲空间，收到良好的规模效应和经济效益，成为一个在广州地区乃至全国都具有相当影响力的综合性大型文化企业。

广州购书中心是广东的文化象征之一。它是广东文化土壤上长出的一朵奇葩。广东文化的开放与创新体现在：

第一，面对外来文化，广东人采用灵活、创新的态度；第二，广东人不惧竞争；第三，广东是国内最先接受新鲜事物的地区之一。广州购书中心在初创与发展的过程中处处体现出它是广东文化的开发与创新的典范。如今，全国大型书城遍地开花，可几乎在每一家书城都能找到广州购书中心的影子。广州购书中心秉承着广东人的淡定从容，在激烈的竞争中不骄不躁，在传统与变革中找寻自己的出路，没有在竞争中失去自己的方向，它一直是独特的、无法复制的。（何群珍）

## 上下九

绵长喧闹的上下九步行街位于荔湾区西关，东起上下九路，西至第十甫西，横贯宝华路、文昌路，全长1218米，共有各类商业店铺300多间数千商户，是今广州市第一条商业步行街。一到周末，"西关风味"浓郁的街头就会人海如潮，满眼古色古香、以浅灰为主色的仿古建筑，衬着来来往往、穿着各色各样的时尚衣裳的型男索女，一派赏心悦目的繁华都市商业区景象。

很多人都想象不到，如今远离珠江水道的下九路一带在6世纪曾浪涛拍岸，是佛经上"一苇东渡"故事的诞生地。这里是古代广州城西的商业区，濒临珠江，从海道前来的商人和僧侣多在此上岸。南朝梁武帝时期（526年），天竺国王三子达摩禅师从印度出发，远渡印度洋和太平洋，经过三个寒暑的跋涉奔波来到广州，就是在今下九路附近的绣衣坊码头上的岸。达摩带来了佛教中的禅宗，他登岸的地方被称做"西来初地"，而他在岸边讲经而建造的佛庵，称为西来庵。后来，西来庵不断地扩大，改名为

“华林寺”。

今天的“西来初地”仍是商业旺地，尽管“西来古岸”的石碑旁边，只有人潮和车流，珠江岸已经退至数百米之外，曾经水道密集、商船如云只能依靠揣测。但是附近的路名，比如龙津路、带河路，以及下九路一带以达摩西来的历史命名的西来正街、西来后街及西来西、西为东、西东新等街巷，都反复为这段历史作证。

据称，上九路、下九路、第十甫路原来是不叫“路”的，而是叫“甫”。因为当时这里是河涌的上落埠头，各甫旁都有河涌流经，当地居民称这些埠头为“水脚”。西关最早的商业聚落是在宋代的绣衣坊（今下九路），至明代随着开凿大观河发展成为城西主要商业街圩，并逐步扩展为十九个“甫”。此后江岸南移，今下九路之南又形成了著名接待来华使节的怀远驿，驿馆周围就有各式店铺。到清代时，广州已出现了一批富商巨贾。他们纷纷在西关择地兴建住宅，于是豪华的“西关大屋”、宜商宜住的“骑楼”建筑连片出现了。随之而来的是各式苏杭杂货店、洋货店以及茶楼食肆的开设。到了清末民初，上九、下九甫、第十甫已经成为广州繁华的商业中心。

民国26年（1937年），十八甫一带的商户毁于大火，西关的商业逐渐向上下九甫和第十甫转移。到了40年代中后期，这条商业街的地段行业分布大致如下：上九路多是金铺、棉布庄；下九路多是鞋店，如著名的鹤鸣鞋店、潘常兴胶鞋等，以及绸缎店，“纶章”、“仁章”、“上海”等，时人称之为“扮靓一条街”；第十甫则以食肆居多，粥、粉、面、甜品、点心等应有尽有，因此得“百步一小食”之名。听一家小食肆的老板说起，有一位来自尼日利亚的商人，每年参加广交会期间，都会专门跑到这里品尝他最爱的牛杂。

1995年9月30日起这里开通为广州市第一条商业步行街，街内集购物、娱乐、饮食于一体，各类商品铺天盖地，而且价廉物美，来到这里的时尚男女，不但能品尝到广州的地道小吃，还能淘到城中便宜、正宗的百货和各类稀奇古怪的小玩艺。2001年，为了重现广州繁荣的商业风貌和骑楼建筑风格，广州市政府斥资3600万元人民币，对这条别具岭南风情和西关民俗的商业街进行全面整饬，使其再度焕发了青春。

今天，上下九步行街是一幅汇集了西关风情的美丽画卷，人们在步行购物之余，欣赏绵延在整条步行街两旁的“骑楼”也是一件赏心乐事。独具特色的骑楼设计始于清代，是一条既吸取了南欧建筑特色和中国北方满洲式装饰，又保留了西关传统建筑风格的建筑长廊，同时考虑了南方潮湿多雨的气候，可供商户、顾客在任何天气环境下进行商业活动。在这里悠闲地漫步，一不小心，还可能撞上本土的美女——婀娜多姿、风情万种的“西关小姐”呢。

这条步行街还是广州“百年老字号”的聚集地，有永安百货公司、广州服装店、鹤鸣鞋帽店、大陆钟表店、妇女儿童百货商店、广州纺织商场、锦华床上用品店等老字号；“广式月饼”的“四大巨头”广州酒家、趣香、莲香、陶陶居都在此扎堆；这里还荟萃了一批经营“西关名小食”的南信甜品店、欧成记面店、西关人家等，南信牛奶甜品店位于陶陶居斜对面，是一家创办于1939年的老店，其双皮奶甜品堪称甜品中的尤物，半凝固、洁白膏状，口感滑腻香甜，是逛街至此的美女们的至爱。此外，皇上皇腊味店，第十甫副食品店等老牌食品店也都在街上占有一席之地。

有到过上下九的外地朋友说，西关是平民的乐园，是历史留给后人领略红尘乐趣的宝地。上下九路商铺星罗棋布，浩浩荡荡，多数货品的价格平易近人，很有平民味道，这种多年积淀的老街商市的从容不迫，大概是因为隐藏在上下九繁华背后的生意人深深谙熟薄利多销的天理吧，因此这里形成了一些专以经营日用廉价货品为特色的商铺。这里另一吸引人之处是，常年都有一些顶级品牌的新货旧款在此“清仓大热卖”。说起来，此类酬宾活动或许还有一段历史渊源。

据说，20年代上下九路一带的商家就开始搞大减价酬宾。步行街辖内百年老店“三凤粉庄”的传人曾向广州媒体送来该店1928年的三张老照片，其中一张就是搞“大减价”时店铺门口人头涌动的场面：照片中，一个高大立柱上写有“三凤老铺粉庄”的凸形字样，拱门下悬挂“大减价”的招牌，店铺门口围着身着长袖秋装的女性，有的脸朝铺面往里涌入，有的一脸满足地从铺面挤了出来。不用说了，这些争买水粉、胭脂的女顾客，多半是附近爱美的西关小姐。（钟　恬）

## 北京路

北京路是广州市中心的一条古老街道。这里是广州城建之始所在地，也曾经是广州古城的中轴线，历史上四易其名，1966年更名为北京路并沿用至今。它北抵财政厅，南至天字码头，以大南路口为界分成北、南两段，全长1500多米。2002年开始成为步行街。

广州的北京路，与北京的王府井、上海的南京路、武汉的汉正街一样，是一个繁华商业区的代名词，包括了以北京路商业步行街为主干道，东至中山四路与文明路交界处，西至起义路，并与周边文物古迹、旅游景观、商业网点连接在一起所构成的一个区域，是一个把商业优势与旅游资源、文化古迹与现代化建筑揉合起来所形成的“羊城商业旅游区”。它不仅是广州人购物休闲的胜地，也成为外地人来广州的必去之地，以至于长期以来流传这样一个说法：“没来过北京路就等于没来过广州。”

在清代，北京路的街名唤作“双门底”，至今许多老人也还称这个旧名。以今天的西湖路（当时叫西湖街）为界，以北是双门底上街，以南是下街，下街延伸至今天永汉电影院的位置，有城门楼一座，名为“大南门”，这是广州的内城楼之一，城墙就是今天的大南路与文明路一线了。“双门底”的起源是因着今天西湖路与北京路交界处，原有高楼一座，名“拱北楼”，楼有双门拱，故街名“双门底”。楼上设有一座元代铜漏壶，是广州城镇城之宝之一，据清人笔记所说“百年不爽”，也就是百年都不差分秒。拱北楼拆除马路后，铜壶转存于广州市立博物馆，后来拨调于中国历史博物馆。双门底在清代是商业重地，一直在双门底经营至今的“活化石”，是陈李济药厂。该厂前身陈李济杏和堂创始于明代万历年间，铺面就在今天的“银座”一带，近500年而尚存，也算是北京路历史的最老见证了。

北京路目前仍然保存有秦番禺城遗址、秦汉造船工地遗址、西汉南越国宫署遗址、唐清海军楼遗址、南汉御花园、明大佛寺、明城隍庙、明清大南门遗址、清庐江书院、广州起义纪念馆等十多个具有较高历史文化价值的文物古迹。尤为值得一提的是2002年夏发现的古道遗迹，经广州市文物考古研究所发掘、考证，该古道始于唐代，至民国年间，街道路面层层叠压11层。这段见证了北京路繁华的古道遗迹已经被发掘清理，并以高科技手段加以密封，上加强化玻璃上盖，供游客亲证北京路的古老历史。这历经千年沧桑的古道，烙在这座城市最繁华的商业街上，见证了古往今来的历史变迁。

北京路是目前国内最繁华的立体式、全天候、全路段、现代化的商业步行街之一。街内商铺林立，商品琳琅满目，汇集了众多国内外著名品牌连锁店及大型百货公司，更有风格各异的餐厅、酒家，是广州人气最旺的商业中心区域，也是有史以来广州地区最繁华的商业黄金宝地。道路两旁的饮水机、休息椅以及公共设施标识牌等公共设施，给游客提供了极大的方便。休闲广场、音乐喷泉、绿化小品、雕塑、背景音乐，处处给人以美的享受。特别是北京路步行街上保留的参天古树，不仅为人们提供了庇荫之所，而节日里树上挂满的大红灯笼，又为北京路增添了喜气洋洋的气氛。

八九十年代，北京路是广州城内最迷人的去处。这条街上，有最新潮的时装、最具“广味”的时兴货品、最让人兴奋的购物氛围，还有最靓丽的城市女郎。这里是南国商都气质的完美体现，既市井，又摩登。时过境迁，随着城市新商圈的形成，北京路的显赫地位也略有减低，但仍不失为这座城市的一条独具风情的商业步行街。（董克难）

## 天河城

“在天河城等你！”在广州，你也许永远不会为约会的地点而发愁，因为天河城，永远是来自五湖四海的人们体验广州都市生活的第一站。在天河城北门口的哈根达斯或者星巴克，品尝一份酒酿黑樱桃冰淇淋或搅动杯中的卡普奇诺，眼光在广场前的人流中细细搜寻，眉目间的神情，仿佛多年前迎风等待的少年。或许你也有过，在天河城等候亲爱的人那一幕美好时光吧。

天河城，已然成为90年代以来广州城市名片的最佳写照。坊间曾有一句流行用语："如果你没有来过天河城，你就不算真正到过广州。"这座坐落于广州市新城区中轴线交叉点的"城中之城"，犹如广州城市画卷中的一颗璀璨明珠，而它的传奇光芒又为这座借助都市"摩尔"（MALL）打造的大型购物城赢得了"中国第一商城"的美誉。源于50年代美国的SHOPPING MALL（超级购物中心），为满足现代城市消费新需要而产生，它颠覆传统商业单一的购物方式，引进一种全新的消费形式与商业文化理念，强调购物环境的优美与舒适，提供购物、休闲、娱乐、饮食等各种服务的一站式消费体验。1996年2月9日，中国第一家MALL——广州天河城（TeeMall）正式营业，这座集购物、美食、娱乐、休闲、服务于一体的大型现代化购物中心的建成试业，成为广州由千年商都迈向现代商业名城的标志，也为现代"摩尔"商业模式树立起了样板。随后，上海的正大广场、深圳的万象城等在各大都市陆续崛起。

这样一座"城中之城"，曾被人们形容为"名符其实地把北京路搬到了室内"，让人们尽享"足"不出"城"的快乐体验。在这座营业面积为10万平方米的购物城中，荟萃了各种时尚品牌的专卖店及经营各式流行商品的天河城百货、满足生活起居消费的吉之岛超级市场、五星级的飞扬影城、书香四溢的天林书城、集东西方与全国各地风味的美食坊与酒楼、充满激情与梦幻的动漫游艺主题乐园、提供高品位服务享受的美容中心……购物、休闲、娱乐、饮食，应有尽有，多方位、一站式地满足了人们的消费需求，也提供了既多元又便捷的消费理念；而格调高雅的商品定位、清新舒适的购物环境，又充分彰显了都市生活的时尚品位。人们相约天河城，因为这里处处飘逸时尚风情、浮现曼妙倩影，这座购物天堂散发着都市生活的馨香，吸引着终日络绎不绝的都市消费群，造就了天河城平均每日30万人次的客流量，而节假日的客流量最高一天曾达到81万人次。

“天上街市，群商纷至”，天河城当初的创业口号如今已成为现实写照。这座曾缔造了“十最”传奇的现代商业城（最早的股份制商业企业、最高速建成开业、最早引进外商零售百货企业、最具代表性综合经营模式、最现代物业管理、最大额单店销售、最大客流量、最满租位、最高效回报与最强的带动能力），在中国现代商业的发展历程中具有里程碑的意义，它也为花城广州迈向国际性大都市谱写了一曲传奇。在“天河城效应”的带动下，天河城集团依托广场文化将购物中心门前3000多平方米的空地打造成广东青年文化广场”，为广州市民提供了环境优美的公共休闲场所，2008年建成的粤海天河城大厦，以及未来在天河城西塔将建成的粤海喜来登酒店，与天河城购物中心将形成三位一体的商业建筑群，使写字楼、商务酒店与购物中心各自分流，互不干扰却能资源共享。这三座颇具现代性特征的建筑，透过简洁有力的线条造型与高度比例，演绎着都市现代性的美学风潮。而以天河城为中心，放眼望去，都市生活的气息正沿着东西走向的天河路蔓延流淌。在天河城强大的商业辐射力的带动下，毗邻天河城的广州百货中怡店与正佳广场相继落成，天河城北面的太古汇也计划在亚运前建成迎业，连同原来的天河体育中心、广州购书中心、维多利广场，一条以天河城为中心的巨型带状商业区正蓄势待发，随着广州在华南、泛珠与粤港澳经济圈中日益上升的地位，这个未来的商业区将会迎来更光明的前景。

人们从五湖四海纷至沓来，纵然光影岁月匆匆过，但仍然会“去天河城等你”。（黄柏莉）

## 春 运

春运是在中国经济改革大潮中诞生的一个多义词汇。在每年春节前后的一个多月时间里，数亿人次的“候鸟”都会完成一次中国境内的亲情迁徙。

对于广州，每年的春运都有特别的意义。20年前，由于广东经济发展很快，内地富余劳动力大量涌向广东，形成了“百万民工下广东”的民工潮，真正意义上的“广州春运”就是从那时开始的。作为南中国的交通枢纽，数百万珠三角甚至广东省的外来务工者都会选择广州作为返乡过年的出发地，加之同样数目不小的学生客流、旅游探亲流，广州受到来自每年春运的压力和考验不言而喻。作为运输大户，每年的广州火车站都是国家要全力保障的最重点的铁路站点之一。

从80年代中后期到1997年以前，民工潮汹涌而至。由于客车车源不足，加开的临时客车经常要用货车改装而成。改装后的“客车”各车厢之间不能互通，车厢没有正式的窗户，只有一个40厘米见方的窗口。大家都戏称它为“大棚车”、“猪笼车”。“大棚车”上没有座位，一节“棚车”车厢里密密麻麻可以挤250多人。

据广铁集团的一些老人回忆，当时如果大篷车门口的人挤不上车，他们就用手推！累得推不动了就用脚踹！被踹的旅客上车了，回头感激地还要说声“谢谢”。有些旅客连挨踹的运气都没有，只好求助壮实的男乘务员托他一把，从距离地面1.5米高的小窗口头朝下一头扎进下面的人堆里，行李再从窗口甩进去，乱作一团。由于乱、挤，高峰期火车到站时总会有无数“伤兵”，最多的一趟车有十几个伤员。随着经济的飞速发展、车站组织经验的不断丰富以及客车车源的不断扩充，1997年，春运取消了“棚代客车”，“猪笼车”走进了历史。

凡是春运期间坐过火车回家的人都知道，在春运火车上最令人难受的就是“如厕”了。一节车厢，25米的距离，可要到达厕所门口却很不容易，因为车厢内已是人山人海，要想到达目的地，必须翻越重重“人堆”。过去，“大棚车”上没有专门的厕所，在车厢角落里凿一个洞，用草席一围，就算是“厕所”了。车上挤得寸步难行，乘务员根本没办法走到“厕所”解决问题。后来干脆就给女列车员发婴儿用的尿不湿，而乘客用毛巾来解决。1997年取消“大棚车”后，乘车环境大大得到了改善，火车上都配备了厕所，一些卧铺车厢还配备了厕纸、消毒液、空气清新剂等。

最初的棚车时代，列车没配电热水器，天气冷的时候，一杯热水就成了外来工最盼望的春运大礼。于是10多年前“学雷锋服务队”送热水成了广州火车站客运段每年春运的保留项目。一看到水壶来了，全部旅客都伸长脖子，抓起杯子，一壶热水倒八九杯就没了，剩下的人还把空杯子伸在那里，不停地问“还有没有”。现在每个车厢都配备了电热水器，旅客想喝水了直接拧开水龙头就有滚烫的水流出，非常方便。这几年“学雷锋服务队”再拿水壶送水时，遇到了前所未有的冷遇，于是扶老携幼、帮提行李变成了“学雷锋服务队”新推出的“温馨服务”。

在广州春运的20年历史中，有两次因为低温冰雪灾害天气的影响，造成了大量的旅客滞留广州站。第一次是在1998年，湖南一场大雪令近30万旅客滞留广州站。由于未实行分区候车，火车站广场上蜂拥的人潮仿如“大军压境、兵临城下”，险象环生。第二次则是在2008年初，一场百年不遇的雨雪冰冻灾害席卷广东、湖南、江西等南方地区，京广线、京珠高速公路粤北至湘南段瘫痪，数万人被困旅途，持续时间长达10余天。据媒体报道，当时滞留广州火车站旅客最多一天达60万人，广州进入“战备状态”，安排滞留旅客成为当时的“第一号政治任务”。与此同时，北方煤炭无法南下，华南诸多电厂燃料储备不足，占中国经济总量1/8、财政收入总量1/7的广东省，电力告急、煤炭告急、食品告急。此时，市政府的应急能力面临着严重考验，这种严重情况下，市政府领导与驻军官兵往往驻扎广州站广场，组织疏散，安抚群众，不眠不休，直到春运结束，其紧张程度也不亚于一场战争。

目前的广州站是50年代设计的老站，原设计接发列车能力为日均35对，候车设计能力为日均2万人。这导致春运的硬件“先天不足”，每年都难以应付日均20余万的春运客流洪峰。为此，广州市已决定在番禺新建新广州火车站，建成后将成为亚洲最大的火车站，大大减少广州春运目前面临的巨大压力。然而，要彻底解决广州的春运问题，还要等到广州到武汉、广州到贵阳等铁路客运专线建成投入使用。武广客运专线计划于2010年建成，届时广州至武汉只需要四五个小时，贵广客运专线则计划于今年动工，建成后两地之间的路程将由目前的20多个小时缩至4

个小时。届时时速250~300公里的列车畅通无阻，即使腊月二十九走也能回家过年了。（黄石鼎 宁超乔）

## “一年一小变、三年一中变、2010年一大变”

如今广州被称为全国公认的仅次于京沪的“中国第三城”，已成为工业基础较雄厚、第三产业发达、国民经济综合协调发展的国家三大中心城市之一。然而在过去多年里，广州的城市建设和管理却远远滞后于经济飞速发展的脚步，凡是参加过广深珠旅游线路的人，大都会有这样一个印象：深圳，经济发达，市容市貌漂亮；珠海，风景虽好但缺乏人气，经济一般；广州，城市又老又破，空气污染严重。可以看出，广州的印象分是最低的。加之广州曾长期以治安不好闻名全国，所以广州一度成为“脏乱差”的代名词，常常为人所诟病。

为了重塑广州形象，1997年，广州市开始实施城市环境综合治理五年行动，围绕建设最适宜创业发展和生活居住城市的目标，全面启动了新一轮的城市规划、建设、管理和整治。1998年7月，中共中央政治局委员、广东省委书记李长春同志率领省四大班子在广州召开了“广州城市建设现场办公会”，给广州提出了一个明确目标：“一年一小变、三年一中变、2010年一大变。”

从1998年到2001年，广州在保证每年近400亿对中央和省的上交税收外，连续四年共投入城建资金600多亿元，比1949年至1997年48年的总和还要多。大手笔搞城建，换来了广州城市面貌的大改观。

先破后立，“一年一小变”，重点治理“脏乱差”。经过一年的奋斗，广州于1999年成功实现了“一年一小变”

的目标，城市环境大变样。

随后的两年时间里，广州围绕“三年一中变”的目标，以打造广州交通主骨架为重点，把广州放在珠三角区域性中心城市这样一个背景下，形成了以环城高速、内环路和华南快速、广园东路、新机场高速为主体的广州交通主干网。不但实现了全省高速公路在广州的联网，使过境车辆无需挤进市区繁忙路段就可通行，而内环路使市区交通“跳”了出来，加上七条内环路放射线、三条直线快速道、26个城市出入口，进出广州直落直上，大大缓解了市区交通的压力。“三年一中变”，最为直接的一个感受就是塞车少了、车速快了。不少“老广州”还记得，以前到广州火车站至少得提前两三个小时，现在一上内环10分钟就可到站，因为塞在半道上而误了上火车的几率已经大大减少。

2002年，经国家建设部推荐，广州市以“广州城市环境综合整治五年行动”参与申报联合国改善人居环境最佳范例（迪拜）奖，最终以第五名的成绩成为2002年中国唯一获奖的城市。从1997年到2002年，短短五年时间，便使广州成为举世公认的一个改善人居环境的最佳范例。

2002年以来，围绕把广州建成“两个适宜”城市的目标，一大批“大变”工程相继新建、改造或加快推进，如南沙港快速、华南路北段、广园东路延长线、番禺大道、地铁2号线、地铁3号线和地铁4号线等。

2008年，美国《福布斯》杂志发布了一份报告，评选出中国十个变化最大的城市，广州超过了香港、上海和北京。“一年一小变、三年一中变、2010年一大变”这一广州城市建设战略的确立和实施在其中起到了举足轻重的作用。广州一直都在变化。广州市民常说，一个六运会，变出一个新天河；一个九运会，变出一个新广州；那么，近在眼前的2010年广州亚运会，又将会带给我们一个什么样的广州呢？（黄石鼎　宁超乔）

## 河涌整治

如果说“云山珠水”体现着整个广州城的灵气，那么四通八达的河涌网则是保持广州城灵气的精血。广州是水系维系的古城，市区主要河涌多达231条、913公里长。

然而，数十年城市的高速发展，让广州的河涌付出了沉重的代价。新中国成立前，广州的主要河涌清澈见底，鸭子戏水；到80年代以后，各条河涌均遭到污染，逐渐成为黑河，腥臭难闻。污水不仅污染了河涌，还一直流入珠江。例如，位于白云区的石井河的水曾经是很清的，那时河里有很多鱼虾，经常有人在河边钓鱼，小孩子也喜欢在河里游泳。现在的石井河已是广州最“著名”的臭河涌之一，恶臭弥漫，从岸边望下去，河水像墨汁一样黝黑，几乎呈凝固状。河床上也布满了黑色淤泥，上面还有塑料袋、矿泉水瓶等垃圾。一到枯水期，河涌边的住户都不敢开窗，那种臭味闻到就让人想吐。河涌曾经与广州的生活连得那么紧，但是，当城市发展的同时，河涌令人担忧的污染问题也日益突出，“治水”对于广州已经变得迫在眉睫。

1997年，广州开始对河涌进行整治，十多年来投入约17.4亿元，整治了69条河涌。但由于遇到拆迁难，导致截污管网无法铺设、污水治理系统建设落后等突出问题，到目前为止，广州市区河涌的水质始终没有得到根本性的改善，广州的治水工作也正处在最困难的时期。

从1997年到2008年间，广州市中心城区已建成污水处理系统四个（大坦沙、猎德、西朗、沥滘污水处理厂）、试运行四个、在建一个，建成污水提升泵站36座，铺设污水管763公里，污水处理能力为159万吨/日。目前，河涌综合整治工程累计完成堤岸整治近200公里，建成56条河涌的绿化景观带。其中，荔湾区芳村的大沙河经整治河涌绿化两岸后，两岸景色如画，已成为河涌整治的范本工程。

大沙河由北向南横穿广州花卉博览园，园内河道长1800米。过去由于受到过境水道污染等影响，曾经美丽的大沙河变成了一条“臭水沟”。现在，一到周末，包括海珠、天河甚至番禺、南海的居民都会来到大沙河花博园玩乐，人数最多的时候，还会有两三千市民在此游泳。连附近的居民都说，20年没看到这么多人在河里游泳的景象了。

说起河涌整治，就不得不提已经坚持三年的“市长带头，千人横渡珠江”活动。2006年7月12日下午，广州第一次横渡珠江活动在中大码头至星海音乐厅之间的江面正式举行，在市长张广宁的带领下，由3500多名市民组成的63个方队参加了横渡，取得了圆满成功。此后的2007年和2008年，横渡珠江活动又连续成功举办两年。如今，横渡珠江已成了一年一次的例牌。市长坚持和市民一起游江这一举动，本身就是对珠江水污染治理的一个检验，比任何调查报告、宣传报道都更为雄辩地证明，目前广州在治理珠江水污染方面已经取得了不俗成绩。市长坚持带头游江也是在给政府本身加压，有效地督促和促进了广州的河涌整治工作。

2008年，市长张广宁发出了“确保到2010年亚运会前实现广州水环境的根本性好转”的治水总动员令。按照计划，从2009年至2010年6月底，广州将投入340.65亿元

（不含雨污分流工程），完成581项污水治理和河涌综合整治项目。截止2009年7月，581个工程项目已全部启动，有37项工程已基本完工，195项工程在建，完成前期工作的工程有173项，处于前期工作阶段的工程176项。广州市正举全市之力，系统推进污水治理和河涌综合整治工程，确保2010年6月底前全市水环境明显改善。（黄石鼎　宁超乔）

## 无人售票

去北京、上海出差的广州人常常会觉得奇怪：怎么公交车上还有售票员？要知道，广州公交实行全面无人售票距今已有12年之久。

实现公共汽车无人售票是一项社会影响广、投资比较大、工作要求高的系统工程。1997年，广州在全国率先实行了公交无人售票，从而掀开了中国公交历史新的一页。

其实早在60年代，广州就首次尝试过“无人售票”，但当时市民的个人素质和观念尚未与制度达成一致，公交公司还要常常派出大量的人力去维持秩序和解决一些突发的事件，最终无人售票试验以失败告终。在吸取了上一次失败的经验教训后，1992年，广州“一汽”再次试验无人售票，通过实行“前门上后门下，保留售票员”以及“先试点后铺开”等措施来让市民逐步接受。至1997年，广州市公交车正式全面实行无人售票。刚开始在部分路线实行无人售票时，有乘客就很惊奇，“咦?怎么没有人卖票?”到后来，就变成了“怎么还有人卖票?”这一变化充分体现了城市文明和市民素质的进步。

没有了售票员，驾驶员不仅开车，而且身兼安全、服务、监督乘客投币、验看月票等职责，从而让每辆公交车减少了一半人力成本。同样，无人售票还有效地减少了乘客逃票现象的发生。在实施无人售票前，为了区分票面价格，广州公交的乘务员必须练就一双“火眼金睛”，检查乘客是否坐过站逃票。一旦发现逃票者，乘务员就会立马下车去追，有时会一口气追到小巷子里，逼逃票的人补回票价。在实施无人售票后，乘客的自觉性越来越高，个别人上车不投币，司机不开车，全车人都会喊着“怎么不投?快投币!”除了自觉投币，广州市民还会自觉排队候车，看到老人家都会为他们让座，有些只坐几个站的老人家还不肯坐，说是年轻人工作辛苦。

无人售票的实施给广州公交带来了“三多和三少”：乘坐公交车人数多了，乘客候车时间少了；表扬信多了，乘客与司售人员的“冲突”少了；车上好人好事多了，小偷少了。司机和乘客共同营造了良好的乘车环境，让车厢内逐渐形成了舒适、温馨、文明、和谐的风气。

有了公交无人售票的成功经验，无人售票方式在广州其他交通工具的购票中也得到了应用和推广。在已开通的四条线路中，除了使用公交地铁通用的羊城通磁卡，每个站也都实现了全自动自助售票。在广州公交车弃用人工售票，全面开始自动投币和启用羊城通后，广州的多条轮渡航线也开始进行无人售票的改造。

2009年3月1日上午，广州市区内最后一条人工售票的航线——黄沙至芳村码头轮渡开始施行无人售票，乘客上船可刷羊城通或自动投币。广州公共交通系统包括公交、地铁、轮渡，从此进入无人售票时代。（黄石鼎　宁超乔）

# 留交会

享誉海内外并具有人才和科技融通影响力的中国留学人员广州科技交流会（简称“留交会”），在广州已成功地举办了11届。该会最初的创意和构想来自时任广州经济技术开发区经济发展局局长、现任中共广州市荔湾区区委书记的留英博士刘悦伦等人。作为留交会发起人，他和颜光美、彭说龙、卢智俊等归国留学人员一道在1998年策划首次盛会时，就将其定位为“为留学生回国创业和发展搭建的桥梁”。

1998年的第一届留交会由广州市政府主办，广州开发区承办。从1999年开始，国家便给予高度重视，将其确立为一年一度的留学人才和科技项目交流大会，并由教育部、科技部、人事部和广州市政府联合主办。以后10年来，“三部一市”又逐步拓展为由中科院和国务院侨办加盟的“三部一院一办一市”联袂举办，协办单位也开始由北京、上海、天津、杭州、哈尔滨等全国众多开放城市或省会构成。但是机构的演变没有影响留交会始终如一的办会宗旨，即“面向海内外，服务全中国”高端定位和“开放、务实、创新”的工作方针，因为正是这种视野广阔务实求新会议精神，留交会长期赢得了数十个国家海外留学人才的关注，获得了全国各省、市、自治区各级各类用人单位的支持和参与，而且随着为供求双方搭建起交流、沟通、合作平台的拓展延伸，留交会成为了南中国永不落幕的“智力广交会”。

据举办方统计，与会的留学人员，已从首届的300余人，发展到2008年第11届的1356人。11年来，留交会共吸引了15270名海外和归国高层次留学人员携带10269项科技项目参加大会交流，涉及专业领域包括电子信息、生物医药、光机电一体化、农业、环保、新材料、新能源以及金融、法律、管理等。历届留交会邀请国内各地政府代表团、高等院校、科研院所、高新技术产业园、经济技术开发区、留学人员创业园、大学科技园、科技风险投资公司、金融机构、人才市场、国内500强企业和各类科技型中小企业参会，累计超过5000家机构参加了大会交流。每次会议除了设立专门的人才回国工作洽谈会、发展和创业论坛、新闻发布会之外，还在项目展览的基础上经常设立各种科技和风险投资项目的评审大赛，有力有效地推动了最新的科技成果和高端留学人才进入中国的应用领域和相关市场。

作为全国闻名的大型国际化人才和高新科技交流盛会，留交会为广州、广东和全国带来了巨大的经济与社会发展效益。留交会的首要意义在于有效地整合了国际人才和最新科技成果等生产力要素，为数量日渐扩大的海外留学人员搭建了归国发展和服务的桥梁，为各级政府、学术机构、研发机构和各类企业参与国际人才市场竞争，招揽各不同领域急需的顶尖人才构筑了有效平台。随着举办留交会的经验积累，广州地方政府在开拓国际视野，提升人才战略，引进高新项目和制定相关政策等方面，为全国的现代化建设做出了卓越的贡献。（李永宁）

## 广 本

2009年7月1日，历经十年打拼的广州本田正式更名为广汽本田，公司数据显示上半年累计销售汽车163364辆。其中，雅阁6月销售16399辆，夺取2009年上半年销量冠军已成定局。

回望广本成立前的1997年，正是广州汽车遭遇历史上最大危机的时刻。业界传出消息说，如果到1997年达不到15万辆规模的汽车产业就会有被淘汰的威胁，广州汽车产业面临生死存亡的抉择。此时，广州汽车开始了"选亲"。1998年6月30日，货比欧宝、现代、本田三家后，广州正式宣布：由广州汽车集团公司和本田合资，按照50：50的股比注册成立广州本田，起步3万辆，建设规模为5万辆。

广州标致汽车的失败，是对广州的警醒和刺激。在全国一片质疑声中，广州能否搞汽车工业，能否改变这种消费城市而非生产城市的形象，可以说关乎广州工业发展的转折点。广州迎难而上，找准原因，当机立断，加快引进日本本田公司收购标致汽车，而且改变以往的合作模式，采取分段投入、滚动发展的新模式，稳步推进了广州本田汽车公司的发展。

1999年4月，当"广本"第一批国产雅阁面市时，购车者还需要找领导批条子；到2008年1月6日，广州本田国产雅阁第八代车型面市，那时，排队等买车、找关系买车的市场风光还在延续。上市当天的有效订单就超过了5万辆，订单已经排到当年6月，即使加价3万元也提不到车。从1997年亏损几个亿，到"广本"2007年产量逾百万，广州汽车产业真正崛起。

广州以此为契机，加快引进了东风日产及丰田汽车公司，打造了以日系三大汽车为核心的汽车产业集群，并成为广州三大主导产业之一。2008年广州汽车工业总产值达到1849.92亿元，占全市规模以上的工业总产值的15.9%。可以说，汽车工业的快速发展，加快了广州工业化的进程，推动广州工业由初级化阶段向高级化阶段的演进，也大大加强了广州工业在全国乃至世界的地位，其工业发展开始逐步融入全国乃至世界的生产系统，改变了传统消费城市形象，巩固了其国家中心城市的地位。曾几何时，人们评价广州工业是“满天星斗，没有月亮”。如今，汽车已成为广州的一张城市名片，汽车产业作为广州的支柱产业，在广州工业的满天星斗中也有了月亮。这中间，“广本”有着不可磨灭的功劳。

2009年是广汽本田品牌建设年，可以期待一个有更多自主决策权的新型合资企业将越走越好。（杨再高）

## 城市管理综合执法

“七顶大盖帽管不住一顶小草帽”，这个在广州市民口中流传的顺口溜，反映了城市管理综合执法体制建立之前，广州城市管理中存在的严重问题。80年代以来，面对城市急剧发展、人口大量聚集以及随之而来的脏乱差，城市发展出现的问题越来越具有多样性，广州的市容环卫、城市规划、绿化、环保、工商、市政管理等部门相继建立了执法部门，最后造成“多头执法、推诿扯皮”等执法扰民现象。广州市民口中流传的顺口溜，指的就是这一机制带来的尴尬。多部门职能交叉、多头管理、多头执法的城市管理机制跟不上，造成的最终结果是“大家都要管，大家都管不好”。这种情况在全国范围普遍存在，城市综合执法的理念也被提上日程。1996年《行政处罚法》颁布，为城市综合执法提供了法律基础。城市综合执法也在全国各地全面开花，在减少队伍数量、提高行政执法水平和效率、促进行政执法体制改革等方面取得了显著成效。

作为流动人口多、城市问题复杂的广州，城市综合执法体制不断创新，取得长足发展。1999年9月28日，作为首批试点城市之一，广州市城市管理综合执法支队正式成立，集中了市容环境卫生、城市规划、城市绿化、环境保护、无牌摊贩管理、侵占道路管理等七方面的行政处罚权。2008年，综合执法支队被“广州市城市管理综合执法局”取代，标志着城市综合执法进入新时代。城市管理综合执法局主要由原城管支队和原城市管理委员会办公室合并而成。也就是说，城市管理综合执法局合并了原来市城管办的主要职责，如参与起草城市管理工作的法规和规章，制订工作规划与计划；协调市属各区、县级市及建设系统各有关专业部门城市管理工作；负责管理和监督运用城市管理专项资金；组织协调市容市貌、环境卫生、交通秩序等的综合治理，协调查处在城市规划、用地、报建、施工等方面的违法违章行为；组织协调城市管理综合执法工作；负责城市管理的监督检查工作等与原有的城市管理综合执法功能。这一合并，宣告了执法局拥有执法和综合协调的双重职能，实现了“管”与“罚”的统一。

然而，集中执法虽然终结了多头管理的尴尬，却也把城管推上了风口浪尖。由于城市综合执法的任务重，工作量大，加上建设初期管理人员的素质良莠不齐，造成了城管在市民心中的“打手”形象。近年来广州城管每年平均遭遇暴力抗法700多起，而城管野蛮执法的事件时有耳闻。管罚分离的机制造成了城市管理执法人员与小商贩（走鬼）矛盾日益激化，暴力执法与暴力抗法屡见不鲜。为解决这一问题，2007年底，广州市人大常委会公布了《广州市城市管理综合执法条例（草案）》，对城管执法行为做出了严格规范。《条例》要求城管人员执法时要当场制作清单，记明被查封、扣押工具和物品的各种情况，要有当事人签名或盖章。当事人不在场或拒绝签名、盖章的，应当由两个以上无利害关系的见证人签名或盖章；无见证人或者见证人拒绝签名或盖章的，应当由两个以上城管人员注明情况。这种规范对改变城市综合执法队伍的形象起到了很好的提升作用，反映了广州治理该难题的思路转变和“以人为本”的观念深入人心。

目前，广州市城市综合执法体制的改革思路是，坚持“精简、统一、效能”和“一支队伍，统一领导，分级管理”的原则，实行城市管理综合执法，统一规范执法行为，减少执法环节，降低执法行政成本，提高执法人员综合素质，逐步建立城市管理综合执法的新体制，期待“大盖帽”与“小草帽”的矛盾得到解决。（黄石鼎　宁超乔）

## 广州地标

建在地面上的标志性建筑，也许就叫“地标”吧。一座城市的地标，立在城市的马路旁；一座城市包罗万象的商业史、社会史、生活史，也许都会投影在这些地标的玻璃幕墙上。

最具广州气质的城市地标也许非镇海楼莫属。理由有三：一是建成年代久远，其他建筑都比不上它；二是位处城市文脉多少年不变的中轴线上，坐山面水好气象；三是它所承载的人文精神。“万千劫危楼尚存，问谁摘斗摩宵，目空今古？五百年故侯安在，使我倚栏看剑，泪洒英雄！”100多年前高悬楼上的这一副对联，已写就极具个性的励志型的人文精神。谁说南方人做人不够大器？沐浴着习习山风，登临这广州地标，一种壮怀激烈的家国情怀油然而生！这种寓豪气于建筑的城市地标，试问又有谁可取代?

新中国成立60年来，在广州人的记忆里，又有多少座高楼可以称为城市的地标呢？当年可称得上地标的建筑物，往往都是城市的最高楼层。所谓高度决定影响力，此言不虚。楼高，才能凸显其作为城市地标的显要性。20年代，广州地标是楼高50米、12层的南方大厦；30年代，又让位于15层高的爱群大厦；到60年代时，27层的广州宾馆一度被认为是高不可攀的了；不曾料想，70年代又崛起33层的白云宾馆。随着经济社会的发展，广州的楼层屡创新高。

1973年，在周恩来总理的关怀下，楼高33层、投资2640多万元的白云宾馆破土动工，1976年6月1日建成开业，号称“中国第一高楼”。当时2000多万元的建筑费用是个了不得的天文数字。白云宾馆由著名建筑师莫伯治设计，突破当时盛行的前苏联“三段式”古典建筑风格，利用原有的三棵古榕树，通过瀑布、水池、石景等景观形成开放式空间，达到了现代建筑艺术与自然景观的完美结合。

白云宾馆的老员工至今还记得，当时的高层电梯是新鲜货，员工都很爱惜，布置家具时，大家就爬楼梯一层一层地往上搬家具。宾馆选用的家具都是用当时最好的水曲柳做成的，每件分量都很重。有些同事一次搬一张床架，半天才搬到17楼，再换别人搬。

对于许多老广来说，“白云宾馆”这座南中国最早的高级涉外宾馆，犹如多年的老朋友一样牵动着大家的心。据介绍，开业的头七年，白云宾馆一直以接待国家领导人及外宾为主，由武警把守，普通市民只能投以向往的目光，而没有机会亲身体验、享受。1983年，酒店终于揭开神秘的面纱，向大众开放。于是，约亲朋好友来这里喝茶、休憩、运动，成为当时广州人的一种时尚，或者说是豪气一把的时尚表现。一年一度的广交会更让五洲四海的宾客与“白云”结下了深厚的情意。当时每晚总统套房定价5元，宾馆的老总们商量，这么贵，顾客会不会住不起？当时普通老百姓一顿饭钱就是五分、一角，总统套房定5元，价格是不是太高？

1992年7月开业的广东国际大酒店位于环市中路，楼高200米、63层，为广州最高，被广州人亲切地称为“63层”。同在环市中路，1990年崛起的有34层的广州世贸大厦。环市中路自90年代起就有了个雅号叫“广州尖沙咀”，只因该路段与香港尖沙咀一样，当时聚集了广州最多、最高、最摩登的写字楼。同在该路段的，还有花园酒店、文化假日酒店和白云宾馆。

1997年，中信广场在广州新的中轴线上崛起，再次宣告了“广州第一高”的诞生。中信广场说是广场胜似广场，与海珠广场、英雄广场、农讲所广场等广州人熟知的“广场”有着本质上的区别，是三维空间性质上的“广”。它远望珠江，近看视野开阔的天河体育中心，乃背山面海的格局。人们在这个写字楼上“写字”时，感觉气势恢弘、高人一等。

改革开放30年来城市的飞速发展，地标性建筑是其中的精彩一笔。正在建设中的珠江新城超高双子塔，则以高400多米、100层以上的目标规划，为明天的新地标和“广州第一高”埋下了伏笔。（饶原生）

## “南拓北优、东进西联”

2000年，为积极应对国际、国内的新机遇及广州市行政区划调整（番禺市与花都市撤市设区），广州市城市规划局编制了《广州市城市总体发展战略规划（深化）》，为广州城市未来发展制定相对稳定的城市结构框架和可持续的发展模式。在《战略规划》里提出了“南拓北优、东进西联”的城市空间发展战略，城市发展的重点是拓展、拉开城市格局。城市空间结构开始进入“多中心多极网络化”的阶段。

南拓——南部地区具有广阔的发展空间，未来大量基于知识经济和信息社会发展的新兴产业、会议展览中心、生物岛、大学园区、广州新城等将布置在都会区南部，使之成为完善城市功能结构，强化区域中心城市地位的重要区域。

北优——北部是广州主要的水源涵养地，应该优化地区功能布局与空间结构，由于新白云国际机场在花都，在保证贯彻“机场控制区”规划的前提下，可以适当发展临港的“机场带动区”，建设客流中心、物流中心。

东进——以广州21世纪中央商务区的建设拉动城市发展重心向东拓展，将旧城区的传统产业向黄埔一新塘一线集中迁移，重整东翼产业组团，利用港口条件，在东翼大组团形成密集的产业发展带。

西联——加强广佛都市圈的建设，同时对西部旧城区进行内部结构的优化调整，保护名城，促进人口和产业的疏解。

2000年以来，广州一直按照这八字方针拓展城市空间结构。城市空间外拓的战略为产业升级提供了大量土地储备，这对提高广州城市竞争力十分关键，为经济的长远发展打下了基础。在战略规划的指导下，广州适度超前建设以道路交通为重点的城市基础设施，大力拓展城市空间，优化城市功能布局；同时，实施了“再工业化、重型化”的经济发展战略，使得城市拓展和生产力布局在空间上有了较好的叠合，基本实现了自身发展的双重跨越。财政边界也从原来的1443平方公里扩展到3718.5平方公里，整整扩大了2.5倍。随着“八字方针”战略的成功实施，广州作为区域中心城市的集聚辐射功能不断增强，多中心、组团式、网络型的城市结构框架已日渐成形。

为避免广州老城区出现空心化，2006年12月，广州市政府在年度政府工作报告中提出了“中调”战略，将“八字方针”转变成了“十字方针”——“东进西联南拓北优中调”。“中调”是指中心城区按照“调优、调高、调强、调活”的要求，疏解密度，提升功能，优化环境，保护传统，凸显文化，主要辐射区域包括广州旧八城区，其中最值得一提的是广州CBD——珠江新城。

新的《广州城市总体规划（2010—2020）》不再提“南拓、北优、东进、西联”的“八字方针”，改提广州的城市空间布局要形成多中心、组团式、网络型的城市梯度空间架构。其实，广州的“多中心”战略完全是“八字方针”决策的延续、扩展。“八字方针”决策的实施，使广州“中部（老八区）”稠密的人口、产业、商贸得以抽疏，城市框架得以扩大。“南拓”拓出了一个南沙重化工业新区，“北优”优出了一个现代汽车工业城，“东进”进出了一个新兴的工业开发区，“西联”联出了一个广佛都市圈。可以说，“八字方针”开拓了广州的新境界，提升了广州在广东乃至全国的经济地位。（姚　阳）

## 南沙

南沙位于广州南端，东与东莞虎门隔江相望，西与中山相邻，北与市桥和广州新城相接，南靠珠江入海口，是广州通往海洋的唯一通道。南沙地处珠江三角洲经济区的几何中心，为广州、香港和澳门“A”型结构高速公路和轨道交通的横轴，周边70公里范围内有广州、深圳、珠海、香港、澳门五大国际机场，得天独厚的地理位置使南沙成为连接珠三角城市群的重要枢纽。南沙历史上就是军事战略要地，今天又成为广州及珠三角最重要的经济增长极。南沙规划区范围包括广州番禺沙湾水道以南的所有地区，总面积约797平方公里。

据说，霍英东先生80年代曾经坐着直升飞机，在珠三角上空盘旋，观察南沙的区位及开发价值。1987年霍英东首先提出了“开发南沙，联结港澳，建设番禺，支持广东经济开发”的构想，并成立霍英东基金会。1989年开始，霍英东与番禺合作开发南沙，投资建成了一批包括交通在内的基础设施项目，霍英东因此被称为“南沙开发之父”。1993年，经国务院批准，南沙成为国家级的经济技术开发区，从此拉开了南沙大开发的序幕。但当时开发力度不够大，南沙的建设发展曾一度处于胶着状态。2000年，为了应对国内外形势发展的新机遇与挑战及广州行政区划的调整，广州提出了“南优北拓东进西联”的空间发展战略，将南沙纳入广州城建计划，成为“南拓”的龙头，南沙的开发迎来了历史性的机遇。

2002年8月，为了更好地实施“南拓”战略，广州市委、市政府成立了广州南沙开发建设指挥部，行使广州市一级管理权限，统筹南沙的规划及开发。2002~2003年，国家开发银行、工行、建行等金融机构授信1000亿元支持南沙开发，南沙基础设施建设突飞猛进，一批港口码头、公路、产业基地以及与产业相配套的服务设施相继投入使用，产业环境不断优化，世界500强企业纷纷落户南沙。2005年4月28日，经国务院正式批准，南沙成为广州市一个独立的行政区，南沙大开发由此进入了一个新的发展阶段。随着南沙的大规模开发和建设不断深入，如今，南沙已成为广州及珠三角重要的港口物流、汽车、石化、服务外包、重型装备制造、船舶制造、电子信息技术等现代化产业基地。南沙2008年全区实现地区生产总值360亿元，工业总产值1001亿元，外贸进出口总额53.15亿元。

南沙开发对于提高广州城市综合竞争力，实现广州经济的可持续发展，充分发挥广州国家中心城市对珠三角、全省乃至华南地区的辐射带动功能都具有重大影响和深远意义。南沙开发也使“南沙”这个曾经极为边缘化的词汇，快速进入了广州人的日常生活。（陈来卿）

## 广佛同城化

广州佛山两市自然地域紧密相连，历史上曾长时间处于同一行政区划内，文化同源，经济密切联系，都市圈发展初现雏形。随着广州、佛山两城市合作范围的扩展，产业关联度的加强，广州与佛山之间的经济社会联系日益紧密。2000年，广州明确提出“西联”的城市发展战略。2002年初，广州提出建设广佛都市圈的概念设想，得到佛山方面的积极响应。2003年，佛山针对广州城市发展战略中的“西联”内容，明确提出“东承”战略，主动承接广州的辐射和带动，错位发展。两市市委宣传部、社科联策划组织了三次“广佛区域合作与协调发展研讨会”，为促进两地合作进行了必要的理论和舆论准备。此后，两市各级政府和有关部门在土地利用、产业发展、道路交通、生态环境保护、城市建设和治安管理等领域开展了规划和管理协调。经过几年的合作发展，两市交通基础设施日渐连接成网，产业互补性强，经济社会互动频繁，城市空间连绵，民间交往密切，就业、通勤互动日渐增多，广大群众对同城化的要求日益迫切，广佛两市同城化的条件已经成熟。

2009年《珠江三角洲地区改革发展规划纲要》提出，推进珠三角一体化，要以广州佛山同城化为示范，以交通基础设施一体化为切入点，积极稳妥地构建城市规划统筹协调、基础设施共建共享、产业发展合作共赢、公共事务协作管理的一体化发展格局，提升整体竞争力。到2012年，基本实现基础设施一体化，初步实现区域经济一体化。到2020年，实现区域经济一体化和基本公共服务均等化。《纲要》从国家战略层面明确提出“强化广州佛山同城效应，携领珠江三角洲地区打造布局合理、功能完善、联系紧密的城市群”。广东省委书记汪洋指出：“实施《纲要》的突破口是珠三角一体化发展，珠三角一体化发展的突破口是广佛同城化。”广佛同城化具有带动和携领珠三角一体化发展，进而全面推进《纲要》实施的重要作用。

为贯彻落实《珠江三角洲地区改革发展规划纲要》，2009年3月19日，广东省委常委、广州市委书记、市人大常委会主任朱小丹，市委副书记、市长张广宁和市政协主席朱振中率领广州市党政考察团前往佛山考察，与佛山市党政领导班子进行座谈，并签署了广佛同城化建设合作框架协议和两市城市规划、交通基础设施、产业协作、环境保护等四个专项对接协议。这标志着两市“同城化”探索进入实质推进性的历史新起点。《框架协议》明确了两市合作的指导思想：创新行政管理体制，完善合作机制，拓宽合作领域，促进两地要素资源自由流动、优化配置效率，推动两市经济社会更加紧密融合，全面构建城市规划统筹协调、基础设施共建共享、产业发展合作共赢、公共事务协作管理的一体化发展格局。（姚 阳）



## “四地”

“古代海上丝绸之路的发祥地、岭南文化的中心地、中国近现代革命史的策源地和我国当代改革开放的前沿地”称为“四地”，它是对广州城市历史文化资源的总结与概括，也突出了广州在中国历史进程中的地位与贡献。广州炎黄文化研究会提出“四地”的概括后，这一对广州城市特质与形象的定位，逐渐得到各界的认同。

历史上的广州不仅是岭南地区政治、经济、文化和军事中心，自汉唐以来，更发展成为驰名世界的贸易港，自秦汉，历三国、两晋、唐宋、明清，经2000多年的发展，广州一直是我国对外海路交通和贸易的重要港口，我国古代海上丝绸之路的起点之一。近代以来，率先睁眼看世界，成为中国的思想摇篮、西风东渐的开放基地，成为推翻帝制、高举民主大旗的英雄城市。改革开放30年，更是先行一步，为全国提供了经济体制、政治文化改革的多种范本，呈现为世人所认同的开放、务实、进取的城市精神与兼收并蓄、博大宽容的城市风貌。

随着岭南近30年来经济改革的成功，广州从物质形态到精神文化都引起了全社会的关注，从而展开关于广州城市特质与形象定位的讨论。广州早在80年代中期就开始了对城市形象的定位研究，从精神文化的表现、政府平台的作为、经济活动的推广等角度，进行差异性分析与定义，包装广州、营销广州、宣传广州。

一是以岭南文化作为主题。这一讨论始于80年代中期，与京味、海派三足而立的对地域文化的讨论，强调的是以文化风格作为城市风格的主体，对所产生的社会现象进行文化学的概括。“岭南文化”这一概念使岭南的地域特色与个性魅力有了概括性的定义。

二是以城市精神的揭示作为标识。以城市精神为特质作为理解城市的钥匙，是新世纪以来重新认知广州的主要途径。始于2003年的“新时期广州人精神”以及“新时期广东人精神”大讨论，以新时期社会经济发展为背景，着力于发掘广东人的精神品质。“敢为人先，务实进取，开放兼容，敬业奉献”被概括为新时期广东人精神，而“团结、和谐、宽容、奉献”则被概括为新时期的广州人精神。

在这一讨论前，“穗城”、“花城”、“羊城”等对广州的符号性定位以及“鲜花稻穗献人民”的广州人精神概括以及“新羊城八景”的评选，也是先期对广州的城市特质的探讨。但一直以来，外界对广州的整体认知依然不清晰，在对国内诸城市特质的解读中，广州被认为“最说不清”。其中原因大致可以归纳如下：

一是由于广州的丰富性与复杂性，使之呈现出庞杂的风格：既是瘴气蛮烟之地，又是物料丰饶的宝国，“珠玑、犀、玳瑁、果布之凑”；既是蛮语难越，又是张眼看世界的窗口；与中原传统的农耕传统有不同的发展道路，工商并重，是中外交流的港口、海上丝绸之路的发祥地。在近代的历史进程的选择中，远离中国儒家伦理政治中心的岭南，成为了中国民主革命思想的策源地。改革开放的30年，更引领了中国经济和政治体制改革的先行一步。这一庞杂的风格使广州难以定义。

二是肩负的使命太多。经济的飞速发展，对城市各方面的发展提出了新的要求，所谓功能定位优先于形象定位，各种功能定位"各自为政"，如市政建设的"山水城市"、文化保护建设需要提出"文化名城"，等等，造成了紊乱的现象。

三是近30年来广州处于大破大立的发展过渡时期，城市发展的多种功能定位、城市规划的多次反复也令城市的识别系统、标识系统缺乏规范。中外文化的交融与冲突、传统与现代的冲突、创新与怀旧的冲突，都有了新的聚焦与突破口，需要重新考察。在这一特定时期，各种实践探索与理论争论也引致对广州认知上的紊乱。

因此，"四地"的提出是一大贡献。2001年以来，广州炎黄文化研究会分别以"四地"作为专题，组织召开了"海上丝绸之路与广州港"、"岭南文化中心地与广州文化"、"中国民主革命策源地与广州文化"、"改革开放前沿地与广州文化"为主题的四次学术研讨会，组织出版了《广州"四地"论丛》，旨在深入论证与发掘广州的历史文化资源与城市特质。（周翠玲）

## 出租屋

2009年7月，广州市流动人员达到589万，白云区、天河区、番禺区都超过百万，具体分布为白云102万，天河101万，番禺105万。安居才能乐业，这近600万在穗流动人员的家有一个共同的名字——出租屋。

1958年我国出台《户口登记条例》，该条例明确规定了户口暂住登记的内容。在广州办理暂住证的直接法律依据是《广东省流动人员管理条例》第八条：在本省经商、就业的流动人员，应当持本人居民身份证或其他有效身份证件和暂住地合法居住场所证明向暂住地公安派出所申领广东省流动人员暂住证。尽管暂住证政策出台很早，但由于当时过于严格的人口流动政策，导致流入广州的外来人口增长相对缓慢，出租屋也没有引起足够重视。

改革开放以来，源源不断涌入的外来暂住人口，刺激了广州出租屋的迅猛增长，形成广阔的市场空间。90年代以前，广州市对房地产管理主要局限于公房的产业、产权的使用和修缮等方面，对私有出租屋并没有专门的管理。随着房地产市场的不断发展和繁荣，为培育和规范房屋租赁市场，1995年广州市政府颁布了《广州市房屋租赁管理实施办法》，明确市房地产主管部门负责房屋租赁管理的具体实施，实行房屋租赁许可制度，加大管理力度。2000年开始，广州市陆续出台了一系列政策规定，建立了“政府牵头、各家参与、统一管理”的管理新模式，明确了各级政府为出租屋和外来暂住人员管理的责任主体，理顺各职能部门的工作关系，使出租屋流动人口管理从部门管理走向政府综合管理。

2004年，广州市正式建立了出租屋管理工作领导小组。2005年，广州市政府先后发布了一系列规章制度，初步形成了具有鲜明地方特点的出租屋管理制度体系。

除完善规章制度外，广州市也积极探索灵活高效的服务措施。2004年5月，黄埔区率先启动出租屋市场准入制。同时，黄埔还因地制宜，探索采取旅业式、封闭式、物业公司、分片管理四种模式加强管理。2005年，东山区有关部门制定了街道出租屋管理工作量化考核办法，以60分作为合格的底线，根据各街道不同的完成情况给予相应的奖励或处罚。与此同时，广州为提高管理信息化水平，将IC卡暂住证工本费从20元降至10元。大力推广公寓式管理模式，逐步以“公寓式”出租屋取代“城中村”出租屋等。

在多方面努力下，广州市出租屋管理服务水平不断跨上新台阶。2006年，广州成功实现了“两降四升”：一是出租屋治安、刑事案件发案率同比下降22.27%；二是出租屋发生火灾事故下降，未发生群死群伤火灾事故；三是出租屋符合出租条件率明显上升，年底已达到100%；四是办理房屋租赁登记备案37.3万宗，同比上升107.34%；五是办理流动人员IC卡暂住证（含续期）131万张，同比上升24.05%；六是出租屋和流动人员“两费一税”征收额达6.76亿元，同比上升31.79%。

截至2007年12月，广州市纳入管理的出租屋共有125.3万套，全年全市共征收“两费一税”8.73亿元。广州市共设立167个街镇出租屋管理服务中心和1286个社区（村）出租屋管理服务站，共有出租屋管理员8365人。

广州管理出租屋的一系列做法得到了中央综治委和中共中央政治局委员、省委书记张德江的肯定。广东省于2006年10月在广州召开了出租屋管理工作现场会，重点推广广州市的做法；广州市在全省地级以上市2006年度流动人员管理服务工作综合考评中获得97.8分（与深圳市并列第一），被评为优秀。

改革开放以来，数以百万计的外来流动人口涌入广州，为广州的发展作出了巨大的贡献。因此，当下广州贯彻落实国家“住有所居”政策的受益者理应包括近600万的外来人口。尽管广州出租屋的管理服务也在不断取得进步，但仍有不少问题亟待解决。如部门职责履行不充分，管理合力不强；管理服务的覆盖面有待扩大；出租屋发案率和流动人员作案率仍然高居不下；管理对象抗拒和逃避管理现象依然普遍；信息化管理相对滞后等。最为关键的是户籍与居住制度的瓶颈尚未突破，仍保留暂住证制度。如何加强出租屋的管理与服务，让外来人员住得安全、住得舒适、住得和谐，给他们一个温馨和谐的家将是广州政府必须继续努力解决的重大民生课题。（黄石鼎　宁超乔）

## "羊城通"

很多广州人每天都在用"羊城通"，但未必知道"羊城通"的全名——广州市公交车电子收费系统。

广州市民对十几年前公交出行一定记忆犹新：车辆破旧，运力不足，乘客候车时间长，车上购票秩序混乱，车辆周转率低下，残币、假币现象突出，拥挤的车厢里不时发生抱怨和争执……

然而，从2001年12月30日投入使用起，"羊城通"——广州市城市交通智能化系统工程（ITS）揭开了广州公交行业信息化和市民出行、消费新的一页。"羊城通"的推广使用，不仅使公交企业在点钞、残币、假币等方面遇到的老大难问题迎刃而解，而且通过"羊城通"数据管理系统加强车辆配置和调度，更有效地提高了公交企业的运营效率和服务质量，并提升了公交行业的形象。

随着2008年新的公交、地铁优惠方案的实施，"羊城通"更加得到了普通广州人的喜爱："每月只需充值88元，就可坐90次公交车；每月只需充55元，就可坐20次地铁……"多种优惠套餐以及学生卡、老人卡等多种卡别更加迎合了不同职业、不同年龄市民的出行需求，既方便又实惠，真正实现了“一卡在手，畅行广州”。

如今，“羊城通”已成为现代广州人重要的消费方式之一。据统计，目前全市“羊城通”总共安装消费终端已达约3万台，日交易量超过400万人次，交易金额超过650万元。“羊城通”发卡总量已超过1100万张，应用面已覆盖广州市内所有的公交汽车、轮渡、地铁、出租车等，泊车咪表、停车场也正在逐步全面安装使用；此外还开通了部分电信业务及商务小额消费服务。同时，“羊城通”系统应用区域也扩展到了花都区、增城市以及番禺区，成为集公交通、电信通、商务通等功能于一体的多功能电子支付媒介，让广大广州市民真正享受了电子付费的便捷。

“羊城通”还逐渐走出广州，起到连通广（州）佛（山）的作用。无论站在广东还是全国的高度来看，广州和佛山都是两个当之无愧的经济大市。然而，以前从广州到佛山，在交通上却是十分麻烦。一些市民因为工作和生活的需要，就非常希望“羊城通”能够在广佛两地使用。例如，从广州到佛山南海，可以先用“羊城通”坐地铁到坑口站转广佛城巴。由于广佛城巴不能使用羊城通，且不设找赎，所以市民必须准备零钱才能上车，很不方便。

如今，在《珠江三角洲地区改革发展规划纲要》的推动下，广佛同城化的建设已骤然提速。两个经济大市的“联姻”，已从交通对接开始。从2008年9月起，广州市民乘坐前往佛山南海的城巴已经可以刷羊城通，这标志着“羊城通”已经迈出了连通广佛的第一步。据广州市交委透露，今后广州市民到佛山购物消费也将能用“羊城通”埋单。随着现有广州“羊城通”和佛山交通卡已统一技术标准，“羊城通”将进一步扩展在广佛两地电信、商务等其他方面应用领域，形成真正的“广佛通”。

2006年7月19日，在首届广州市青年科技创新奖颁奖典礼上，“羊城通”荣获特等奖。这个由广州市团委组织举办的科技创新大赛在专业项目组本来只设一个特等奖，为了让这个获奖项目更具代表性，组委会认为，除了从专业角度考虑技术项目的创新性、先进性之外，还要充分考虑项目的社会经济效益，尤其是对普通市民生活质量的影响。2006年5月31日，“羊城通PK地铁二号线，请市民票选心目中的首届青年科技创新奖项目特等奖”的消息，经广州各大媒体刊登后，羊城的街头巷尾又多了一个话题。“你选谁，羊城通还是地铁二号线?”三天内，市民共打来热线电话568个。两个项目不相上下，评审工作会议最后决定：羊城通和地铁二号线并列专业组项目特等奖。此次虽然是PK的结果，但仍然体现了“羊城通”在普通广州老百姓心目中的地位和影响力。除此之外，多年来，“羊城通”赢得2003年“广州市科学技术奖励”科技进步类一等奖，2005“广东省科学技术三等奖”，2008年“国家金卡工程优秀应用成果奖”。

（黄石鼎　宁超乔）

## “广州价格”

“广州价格”在理论与实践中有多种含义。据媒体报道，2000年以前，中山人习惯到广州购买IT产品，主要原因是广州的价格比当地低得多。这种境况到2003年以后基本不复存在，一方面是IT产品的价格下降快，高利润时代一去不返，中山的价格与广州的价格差异越来越小；另一方面，消费者发现IT产品的服务存在很大的问题，机器出了故障要到广州维修，特别麻烦。于是中山零售商喊出了“广州价格，中山服务”的口号，这个口号也改变了当地消费者的习惯。“广州价格，中山服务”这一口号的背后，彰显出广州商品市场的集聚力和竞争力。

广州众多批发市场影响力大，辐射全国，黄沙的水产、江南的蔬果、站西路的皮鞋、流花一带的服装、狮岭的皮革、增城的牛仔、中大的服装布料、芳村的茶叶、一德路的海味、广东音像城的音像、美博城的美妆产品等多个批发市场，其价格已成为国内同行业价格的“晴雨表”，塑料、金属、燃油、音像、茶叶等在内的多种“广州价格”领唱全国。据统计，珠三角地区的年钢材消费近3000万吨，约占全国总需求的1/10，而且基本是通过广州中转；广东省七成的电煤也是经广州转口；国内成品油六成以上通过广州口岸进出口；国内燃料油期货的交割仓库也设在广州。这些大宗工业原料的转口和消费促成了多个大宗商品交易中心的建立。

“广州价格”吸引更多的关注是在2005年。这一年的9月，广东塑料交易所开业，成为全国第一家塑料原料商品的现货电子交易所。“广东塑料交易所塑料原料商品指数”是中国第一个塑料指数，已经逐步成为塑料行业观察和判断市场变化的重要“风向标”。随着“广塑指数”影响力的不断扩大，交易所的客户呈几何级数增长，1000多户会员遍布全国30余个省市区，甚至美国、日本、韩国和印度等地的客商也纷至沓来。业内人士认为，“广塑指数”的成功，标志着在争夺大宗工业原料定价权的国际竞争中，已经发出来自中国的强劲声音。

同年11月广州华南粮食交易中心和广州华南金属材料交易中心开业。其后，广州华南煤炭交易中心和华南石化交易中心也相继成立。其中，由中国五矿集团、广东物资集团、广州钢铁企业集团三家按3∶3∶4的比例共同投资组建的广州华南金属材料交易中心已有120家客户正式成为交易商，日交易量超过5万吨，初步实现了“辐射华南，服务全国”的目标，下一步中心将围绕“全球采购、广州集散”，最终形成影响华南乃至全国市场的“广州价格”，构建全新的金属材料流通格局。华南粮食交易中心的开业意味着一个年交易量2000万吨，年交易额300亿元人民币的粮食大市场的形成，并将改变延续几十年的“北粮南运”局面，构建新一轮粮食流通“南进北出”的新格局。自2006年12月31日成立以来，广州华南煤炭交易中心交易量节节攀升，影响力日益扩大，至2007年12月10日交易量突破100万吨，达103万吨，远超2007年初预计的全年50万吨交易计划，交易金额4.7亿元。另据有关负责人介绍，华南石化交易中心依托南沙小虎岛大型石化码头和仓储基地等，旨在打造成为亚洲最大的石化产品交易中心，实现全球采购、广州集散、广州结算。开业初期主要交易燃料油，然后逐步扩大到包括液体化学产品等在内的石化产品交易。

原材料五大交易中心的成立，一方面可以为生产企业提供稳定的原材料供应，有利于企业降低交易成本、防范价格波动带来的风险，提高资金周转的效率；另一方面，货流、资金流、信息流的汇聚，有助于推动形成原材料的“广州价格”，突显广州影响力，更有助于提升广州区域金融中心的地位。（伍　晶）

# 申 亚

多哈当地时间2006年12月15日21时40分，随着亚奥理事会会旗缓缓降落，在雄壮的中华人民共和国国歌伴奏下，鲜艳的五星红旗高高飘扬在亚运会主会场。万众瞩目下，广州市长张广宁从亚奥理事会主席艾哈迈德亲王手里接过亚运会会旗和亚奥理事会会旗以及亚运会火炬。多哈亚运会宣告结束，“广州时间”正式开始。

体育盛事总能点燃广州人的激情。广州曾经成功举办过1987年的第六届全国运动会和2001年的第九届全国运动会，积累了承办大型体育赛事的经验。2002年12月18日，广州市长林树森正式宣布广州将申办2010年亚运会。

随后广州市政府积极展开了一系列前期准备工作。2003年1月，以陈传誉副市长为代表的11人工作组赴京，充分表达了广州申亚的决心及优势。工作组在听取国家体育总局局长、中国奥委会主席袁伟民和国家体育总局副局长、中国奥委会副主席于再清等领导的建议之后，继续开展准备工作。2003年11月，以省体育局局长杨军、市体育局局长刘江南为代表的五人工作组赴京。这一次，国家体育总局明确表示同意广州申亚，并提供全力支持。随后，广东省政府和国家体育总局联名向国务院提交由广州市申办2010年亚运会的请示报告。国务院经慎重研究后，同意广州申办2010年亚运会。

2003年12月15日，广州市成立申亚工作领导小组。2004年2月19日，国务院批复同意成立广州2010年亚运会申办委员会，国家体育总局局长袁伟民，广东省省委副书记、省长黄华华共同担任广州亚申委主席。《申办报告》由广州市政府组织，国家体育总局和省政府自始至终给予支持和指导，经过100多人的艰苦努力，历时四个月完成。国务院总理温家宝、外交部长李肇星、国家体育总局局长袁伟民、广东省长黄华华、广州市长张广宁等领导，签署了20项承办亚运会的保证书和承诺函。3月31日，由许德立副省长带领的高级代表团专程赴科威特亚奥理事会总部，亲自递交申办报告，可见广州申亚之诚恳。

2004年4月，迎评工作正式展开。广州公开向社会征集申亚口号和标识，短短十天的时间，就有653人参与，其中有77岁高龄的老人，也有不满6岁的儿童。《花开花城》申亚摄制组，每天从早上6时忙到次日凌晨2时，一个镜头往往重复拍摄几遍、几十遍，力求达到最完美的效果。群众演员更是一丝不苟地完成每一个拍摄动作。2004年4月10日，广州天河体育中心举行了“爱我广州、支持申亚”万人跑暨万人签名活动，各区市民踊跃参加。这是提出申亚以来首次大型的官方活动。此刻，迎接评估团的考核工作也进入了最后的倒计时。

2004年4月14日至16日，亚奥理事会考察评估团一行五人在亚奥理事会副主席、菲律宾奥委会主席瑟尔索·德里特的率领下对广州申亚工作进行了实地考察。他们先后到广州天河体育中心、广东奥林匹克体育中心等体育场馆及广东电视台进行考察，并聆听了广州市亚申委的陈述报告，观赏了申亚宣传片《花开花城》。在结束对广州的考察之后，评估团团长瑟尔索·德里特总结了这次考察的心得并给予广州高度评价：“我充分相信，广州完全有实力举办亚运会！”

时至2004年6月，各项准备工作基本就绪，在省长黄华华的致辞声中，在张广宁市长的承诺下，在评估团的赞扬目光之下，广州迎来了申亚成功的好消息。千里之外的广州城，一片沸腾欢呼。从那时起，市政府立即组织编制了《广州面向2010年亚运会的城市规划建设纲要》，之后又修编形成了《广州2010年亚运会城市基础设施与环境面貌大变工程建设实施计划》，2008年更是隆重推出了包括76个专项计划、739个具体项目在内的《广州亚运城市行动计划》，为迎接亚运盛会描绘宏伟蓝图：完成91.1万平方米的危房改造工程，打造面貌一新的老城区；进行城市轨道交通建设，在2010年前使城市地铁里程达到250公里；建立一个体系完善、功能强大、集成化的“数字亚运”信息系统……

2010年广州亚运会从申办到建设再到正式举办，每一步都走得镇定自若，即使在唯一的对手马来西亚吉隆坡宣布退出竞争之后，广州也没有浮躁，依然脚踏实地地进行每一项工作，正如瑟尔索·德里特所说的那样：“没有了竞争对手，广州与自己竞争更富挑战性。”

现如今，五年过去了，随着筹办亚运的工作一步步深入落实，广州的交通网络日趋完善，亚运场馆初见雏形，生态环境逐步改善，城市建设如火如荼。2010年的广州，将汇聚所有人的目光，第十六届亚运会，将在花城广州美丽绽放。（伍　庆）

## 非　典

2002年11月16日，广东发现第一起后来称为非典的病例。2003年2月3日至14日，广东发病进入高峰，但病原不清，且伴有家族及医护人员极易被集体传染的特点。2月18日，中国疾病研究中心宣布，广东严重呼吸道综合征的病原基本可以确定为衣原体。消息发布的当天下午，广东省卫生厅召开紧急会议，会上，中国工程院院士、广州医学院钟南山教授神情肃穆，沉默良久，并对上述说法表示质疑。3月15日，世界卫生组织将此疾病改称为严重急性呼吸系统综合征（SARS）。

由于非典的高传染性和人们对它的不了解，一时间谣言四起，给广州市民带来了极大的恐慌。广东被称为“疫区”，中成药板蓝根冲剂被一抢而空，口罩脱销，学校放假，甚至有人抢购食品，足不出户。而初期对于非典病人救治的过程更是堪称惨烈：由于传染性非常强，在病发高峰期，有时为救治一个病人，同时就会有两三名医护人员倒下。短短时间内，广州医学院第一附属医院有26名白衣战士被感染，ICU（重症监护室）的六名业务骨干，一下子就倒了四个。死神近在咫尺。

这一切把66岁的钟南山推到了一场大战的最前线。他始终保持的科学家的理性对战胜非典起到了关键作用。早在2003年2月初，根据临床观察，钟南山就认为非典有可能是由某种病毒或其变种引起。4月初，由钟南山牵头的广州专家和香港专家的合作取得突破：在对40多例非典患者的呼吸道分泌物及比份血清检测中，分离出两株冠状病毒。后来世界卫生组织正式宣布：经过全球科研人员的通力合作，可以确认冠状病毒的一个变种是引起非典型性肺炎的病原体。

作为一个科学家，钟南山的学术勇气和精神品格更是在这场非典大战中迸发出了夺目的光彩。早在2003年2月11日，钟南山就在广东省卫生厅召开的新闻发布会上郑重宣称：非典型性肺炎并非不治之症，而是“可防、可控、可治”，“绝大部分病人是可以治愈的”。他的权威身份和从容自信，赢得了人们的信赖，对于平息日益恐慌的社会情绪起到了积极的作用。而某些人对于非典的盲目乐观，钟南山也以科学的态度表明了自己的观点："目前还不能说是控制，只能说是遏制。控制的前提是要发现这个病原，同时找到对这个病原的处理方法。目前这个病的病源都还没搞清楚，你怎么控制它？" "控制"和"遏制"，一字之差，却是关系到对形势判断、防治决策等重大原则问题。钟南山的良知和勇气使他在"重大原则问题"上坚持实事求是，他的"遏制论"虽然给当时比较盛行的盲目乐观情绪泼了一瓢冷水，但也给人们敲响了警钟，同时为政府的正确决策提供了科学的依据。

2003年春，在广州人民抗击非典疫情的艰难时刻，胡锦涛总书记亲临广州视察，给予广州人民极大的精神鼓励和战胜疫情的信心和勇气。同年召开的中共十六届三中全会第二次全体会议上，胡锦涛总书记提出了以人为本的科学发展观。胡锦涛总书记指出："树立和落实科学发展观，这是二十多年改革开放实践的经验总结，是战胜非典疫情给我们的重要启示，也是推进全面建设小康社会的迫切要求。"（董克难）

## 大学城

2008年4月27日，位于广州大学城的中山大学东校区展开了"情系中大，绿满校园"——毕业林认捐植树活动。在毕业生林的种植现场，第一批大学城的毕业生满怀激动，挥汗如土。应用数学系04级的李同学说，与东校区朝夕相处了四年，刚来的时候东校区还只是一片荒土，一棵树都没有，第二年变树林，现在就快要成森林了。他希望十年后毕业生林会变得郁郁葱葱，枝繁叶茂。

广州大学城位于广州番禺区的小谷围岛上，原居住着数万村民。在克服重重困难，动员村民搬迁之后，广州大学城的建设速度令人惊讶。从2003年1月22日广州大学城工程指挥部成立、一期工程正式启动，到2004年9月，3.8万多名学生顺利入驻，仅仅用了19个月的时间。

建设广州大学城，是解决广东高等教育规模不足的选择。改革开放20多年来，广东的经济、科技、教育等各项事业发生了翻天覆地的变化。社会经济迅速发展对教育尤其是高等教育发展提出了更高的要求。办学规模不足，是广东高等教育发展的主要问题之一。2002年，广东适龄人口的大学毛入学率只有17%，仅为江苏省的一半，北京市的三分之一。在这种大背景下，为了扩大高等教育的规模，改革旧有的高教管理理念，加大人才培养力度，提高科研创新能力，广东省委、省政府于2002年做出了加快建设广州大学城的重大决策，将工程建设交给了广州市委、市政府。

2003年1月22日，广州市成立了以市委、市政府主要领导为正副总指挥的广州大学城建设指挥部，紧接着成立了指挥部办公室，作为指挥部的日常办事机构，具体负责大学城建设的组织工作，广州大学城建设工作随即启动。

大学城的规划范围，包括小谷围岛及南岸，用地规模约43.3平方公里，规划总人口35万~40万人。首期建设的小谷围岛约17.9平方公里，进驻十所高校：中山大学、华南理工大学、华南师范大学、广东工业大学、广东外语外贸大学、广州中医药大学、广东药学院、广州大学、广州美术学院、星海音乐学院。

大学城的设计采用了先进的规划理念，体现在生态化、智能化、节约化、数字化四个方面。

生态化：实施了植被调查和绿地系统规划，最大限度地保护自然生态环境，高标准进行了生态建设，使大学城全岛绿化率达55%，水体面积超过10%，形成了“绿盈水绕、生态学府”的格局。

智能化：采用了ITS智能交通系统，包括智能交通信号灯控制系统、电视监视系统、交通信息发布系统，优化大学城交通网络；利用三到四座区域能源站，通过天然气发电，将余热转换成热水和冷水，实现管道热水供应，冷水加风，成为中央空调，直供需要空调的用户。

节约化：规划引进了城市地下综合管沟、分布式能源站、区域供冷、集中供热、分质供水、信息系统集成等一大批体现集约化、节约型理念的新技术项目。这些项目优化整合了有限的城市资源，节约了运行成本，提高了运行效率，全面贯彻环保节能要求，使建筑主体节能率达65%，超过国家标准10个百分点。

数字化：在网上可按照大学城的物质实态虚拟大学园区建设情况。大学城的居民可以在网上走进和实际建筑相对应的虚拟建筑，还可在网上进行交流、咨询、服务等活动。例如，通过网络可以很方便地查到某课室今天哪位老师上课，甚至某餐厅今天的菜谱。

在“一流规划、一流设计、一流建设、一流质量、一流管理”标准下建成的大学城，不仅为扩招中的各大高校解决了燃眉之急，而且在提高办学质量、优化教学资源、促进高校发展上有着重要的意义。

大学城的建立同时也是一种历史文脉的传承。千年以前的南汉王朝，小谷围的第一个身份是皇家的狩猎场和御花园，这里曾建起一座美轮美奂的宫殿，奢华程度超乎想象。今日的小谷围，千年帝王墓及古墓葬群、建筑精美保存完整的古祠堂群和古民居，以及各种石雕、石刻，并未因岛上大学城的兴建而遭到破坏。大学城建设指挥部将这批瑰宝并入“广州大学城博物馆”，尽力保存岛上有价值的历史遗存，同时还保留了两个古村落，让村民依旧生活在岛上。大学城辟设了文化休闲、旅游功能区，将历史传统文化与大学城紧密结合，以延续小谷围岛2000多年的历史文脉。（伍　庆）

## 金龙奖

“金龙奖”是“金龙奖原创动画漫画艺术大赛(OACC)”的简称。“金龙奖”是2004年经国家文化部批准成立，由漫友杂志社、漫画世界杂志社联合有关文化艺术和传媒机构共同主办的国际性专业比赛，宗旨为“展示原创成就，挖掘闪亮新星，褒奖创新精神，发展动漫产业”。金龙奖成功树起了原创动漫大旗，激发了主流社会对于动漫业的热情，促进了中国动漫产业的繁荣与发展，因而被媒体誉为“中国动漫第一奖”。

2006年，“金龙奖”正式落户广州，广州市政府通过“引龙入穗”，为本土动漫产业带来大量原创资源，从而打造一张流行文化新名片。金龙奖由北京移师广州，主要原因是近几年来广州动漫业和发展环境日趋成熟。

广州动漫画产业起步较晚，但在原创动漫画作品的创作、出版、发行、消费等方面发展较快。广州市政先后出台了一系列鼓励政策和措施，大力支持和鼓励原创。广州动漫产业所取得的佳绩，更得到了国家部委的认可，在文化部公布的“原创动漫扶持计划（2008）”中，来自于广州的原创动漫作品和创作者（团队）占总数的20%，获奖总金额超过100万元。

在政策引导下，广州动漫业涌现了众多的优秀作品，2007年度动漫榜中榜提名榜中，广州市共有20个动漫作品、创作人及动漫创作出版机构获得提名，比上年增加一倍，占所有提名的1/5。《水果部落》《大嘴巴嘟嘟》《喜羊羊与灰太狼》及《猪猪侠Ⅱ之武侠2008》等成为动漫原创作品耀眼的明星。

为了提升广州作品的知名度，营造浓厚的发展氛围，广州在动漫作品的宣传与推广方面做了出色的工作，目前已经形成初具规模的大型动漫展览会、博览会，广州（国际）动漫节、广州漫画节等也备受动漫爱好者、企业、媒体的高度关注，场面十分火爆。

作为华语原创动漫的顶级奖项落户广州，是广州动漫产业成功发展的肯定，也是进一步推动广州动漫产业大力发展的有利资源。实践证明，“金龙奖”落户广州，已经成为了广州动漫的孵化器，在带动广州本土原创方面发挥了积极的影响。目前，广州动漫网游产业发展态势良好，初步形成了以漫画出品、动画生产、网络游戏、手机游戏和相关的产业链，约占全国的四分之一，并且仍以超过50%的年增长速度发展。从金龙奖历届获奖名单上看，广州本地原创所占的比例在逐年上升。2007年，广州原创动漫斩获了第4届金龙奖1/5的奖项，摘取了包括2007年度动漫榜中榜最佳漫画家、最佳新人以及最佳成人漫画、最佳四格漫画等多个重要奖项。2008年第5届金龙奖，广州原创动漫再续辉煌，共占据了本届大赛的漫画和动画类别奖项提名中的10个席位，约占所有提名的20%，入选作品数量和质量均超过往届，首度位居全国各地区之首。（梁礼宏）

# 《喜羊羊与灰太狼》

《喜羊羊与灰太狼》是一部国产原创系列电视动画片，由广东原创动力文化传播有限公司出品。以羊和狼两大族群间妙趣横生的争斗为主线，《喜羊羊与灰太狼》剧情轻松诙谐，情节爆笑，对白幽默，还巧妙地融入社会中的新鲜名词。这部超强人气的长篇动画以“童趣但不幼稚，启智却不教条”的鲜明特色，赢得众多粉丝。当下，在年轻女性观众中流行“嫁人当嫁灰太狼，做人要做懒羊羊！”

《喜羊羊与灰太狼》走出了一条中国动漫的创意之路，它凭中国式幽默和传统价值观赢得观众。该片有两个突出的特点：一是人物简单、鲜明。剧中主角是五只小羊人和一对狼夫妻，剧中的喜羊羊凭借机智幽默的点子，懒羊羊靠着临危不乱的酷劲，美羊羊依靠温柔美丽的形象让孩子们追捧；作为反角，灰太狼也受到很多人的喜爱，尽管狡猾而愚蠢，但它疼老婆，女粉丝称“嫁他没商量”；红太狼成了野蛮女友的翻版，每次灰太狼捕羊失败，红太狼都用平底锅揍老公，但却从未离开灰太狼。二是故事取材童年趣事。《喜羊羊与灰太狼》剧情如同童年趣事，故事情节简单有趣，羊群和狼群就如同儿童的两个小团体，互搞恶作剧。狼与羊的故事，小朋友都听说过，非常熟悉，在对白上基本符合儿童语言规范，小孩子听起来很顺耳，另外场面设计、色彩搭配等方面也容易使儿童喜欢。《喜羊羊与灰太狼》唤起了年轻人的童年记忆，让“大朋友”怀旧。《喜羊羊与灰太狼》不仅受到小朋友的喜欢，也受到了许多“80后”与“奔三族”的追捧。根据AGB尼尔森的调查显示，该片自开播以来，有大量20~34岁的成年观众观看，原本寓教于乐的少儿动画正日益成为许多成年人释放压力的心灵鸡汤。

2005年6月推出后，陆续在全国近50家电视台热播，几年来长盛不衰。在北京、上海、杭州、南京、广州、福州等城市，《喜羊羊与灰太狼》最高收视率达17.3%，大大超过了同时段播出的境外动画片。此外，该片在港台及东南亚也风靡一时。《喜羊羊与灰太狼》迄今播出已突破500集，已推出玩偶、图书、舞台剧、手机游戏等相关产品，其中“喜羊羊”系列图书销量过百万，在图书销售排行榜上长期位居前10名，是小学生喜爱的口袋书。首度推出的剧场版《喜羊羊与灰太狼之牛气冲天》2009年1月16日首映，首周末票房就突破3000万元，成为有史以来最“牛”的国产动画影片。

在国内各项动画比赛中更是屡获殊荣，先后获得“学院奖”、“金鹰奖”、“金龙奖”、“金鱼奖”、“白玉兰银奖”、“卡酷动漫创意大奖”以及国家动画最高奖项——“优秀国产动画片一等奖”等众多奖项。在第14届上海电视节“白玉兰”奖颁奖典礼上，影片《喜羊羊与灰太狼》获得最佳国产动画片银奖。

《喜羊羊与灰太狼》以小成本制作，产生了巨大的票房价值，同时带动玩具、图书等周边增值产业的协同发展，走出了一条国产动漫的创意之路。这成功预示着国产动漫的消费市场逐渐形成，象征着广东广州新动漫的崛起，给国家动漫产业带来了新曙光。广州市扶持网游动漫产业发展政策成效初显，《喜羊羊与灰太狼》的成功进一步加强了广州大力发展文化创意产业、动漫产业的决心和信心。

（梁礼宏）

## “哥德堡号”

“哥德堡号”是三艘瑞典远洋船舶的名称。18世纪，瑞典东印度公司的一艘远洋商船“哥德堡号”曾三次远航广州，后触礁失事，沉入大海。瑞典东印度公司后来又建造过一艘同名帆船。2003年，以第一艘“哥德堡号”为原型建造的仿古船“哥德堡III号”正式下水。从2005年10月起，这艘仿古船沿着“哥德堡号”当年的航线展开了一次意义深远的中国之旅。目前为世人关注的是“哥德堡I号”和“哥德堡III号”。

18世纪的中国正处康乾盛世，精美的丝绸、瓷器和茶叶吸引着无数欧洲人的目光。瑞典社会也以拥有中国商品为豪，就连王室成员也不例外。1731年，瑞典政府特许成立从事垄断贸易的瑞典东印度公司。比起欧洲其他国家的东印度公司，这家公司成立时间晚了100多年，但这并不妨碍它急起直追。从1731年至1813年，瑞典东印度公司与中国进行了频繁的海上贸易，运回了大量中国瓷器、茶叶、丝绸、香料等商品，促进了瑞典的资本积累和经济发展，使瑞典从一个弱小、贫穷国家，发展成相当富裕发达的国家。

瑞典东印度公司在其存在的82年间，承担了瑞典与中国的全部贸易。公司船队曾进行132次远航，大都往返于哥德堡港和广州港之间，仅有三次例外。18世纪瑞典东印度公司的东方贸易其实就是对中国贸易、对广州贸易。

“哥德堡号”商船建于1738年，在瑞典东印度公司38艘远洋商船中规模数一数二，载重量843吨，船上有140多名船员，装备30门大炮。这艘船建成次年便开始寻梦东方，每次航行都带回大量中国货物。第一次是1739年1月启航，1740年6月返回；第二次是1741年2月出发，1742年7月回到哥德堡；而最有名的则是第三次，往返时间在1743年3月至1745年9月。但这一次，她没能完成使命。

1745年1月11日，“哥德堡号”满载茶叶、瓷器等商货第三次从广州启程回国，当年9月12日，在离故乡仅900米的艾尔夫堡附近不幸撞上水下暗礁，船首被击穿，全船沉入海底。

不久，人们从水中捞起沉船中的30吨茶叶、80匹丝绸和大量瓷器。在市场上拍卖后所得，不但足以支付“哥德堡号”这次广州之旅的全部成本，而且还获利14%。打捞上来的还只是沉船货物的小部分。由此可见船中商货价值之昂和贸易利润之高。

潮起潮落，云卷云舒。沉没的航船渐渐被人淡忘。1984年在一次民间考古活动中，一位潜水员意外发现了沉睡海底200多年的“哥德堡号”。

海洋考古发掘持续近十年，打捞到400多件完整的瓷器和9吨重的瓷器碎片。这些瓷器大部分绘有中国传统的图案花纹，少量绘有欧洲特色图案，显然是当年为特定客户专门订购的“订烧瓷”。更令人吃惊的是，打捞上来的部分茶叶色味尚存，至今仍可放心饮用。

“哥德堡号”的考古发掘直接导致了东印度公司的新生。“哥德堡号”基金会和新东印度公司相继成立，一个大胆的设想在一群热心人的讨论中酝酿成形，那就是以“哥德堡号”为原型，建造新的“哥德堡号”，让这艘仿古船，沿着先人的航线，重抵中国广州。

2003年6月6日，由4000名工匠共同打造、耗资3000万美元完成的“哥德堡III号”帆船建成下水。这艘仿古船按18世纪的造船工艺，照原样复制“哥德堡号”。她身长

40.90米，全长58.5米，船体宽10.94米，船员80人。船体以木材建造，约70%为橡木，25%为松木。船上的5.6万个铆钉和800多个木锁，全是手工制作。船帆将近2000平方米，也都使用传统材料，采用手工缝制。共计25吨重的缆绳，是用粗麻绳浸泡柏油之后，再用锤子反复敲砸而成。船上的14门火炮是按照18世纪的图纸定做的。当然，木制船板下装有发动机等现代设备。这是为了符合现代航海安全法规的要求，让船只具有足够的航海能力，并且能获准在海洋航行和到外国港口驻泊。

2005年10月2日，“哥德堡III号”帆船驶离哥德堡港，中国之旅正式扬帆。这次历史性的复航线路基本与两个多世纪前的东方贸易航线相同：从哥德堡港出发，途径西班牙加的斯港、巴西北部的累西腓、非洲好望角、印度洋、澳大利亚佛里曼特尔、印度尼西亚雅加达，2006年7月18日抵达广州。10月28日“哥德堡III号”离开上海，踏上回国的航程。回程航线大致为：上海、香港、新加坡、毛里求斯、伊丽莎白港、好望角英属小岛、葡属小岛、伦敦。2007年6月9日，“哥德堡III号”经过近两年的远航，回到自己的故乡。（章　深）

## “珠江小蛮腰”

广州的早晨，一位勤奋的上班族走出家门，他呼吸着清新空气，习惯性地向远处眺望，在那里，有位亭亭玉立的少女回眸顾盼，一缕阳光洒向她的纤细腰身，仿佛披上了金色薄纱。黄昏时分，上班族踯躅在归家的路上，他的视线穿越滚滚人流，高挑的少女又映入眼帘，在晚霞的映衬下，小蛮腰婀娜摇曳，绽放出别样的风情。

这位待字闺中的娉婷少女，甫一亮相就牵动无数惊艳的目光。她伫立在广州市区的珠江南岸，坊间亲切地称之为“珠江小蛮腰”。“小蛮腰”乃即将竣工的广州新电视塔，其官方名称尚未公布，但非官方的昵称倒是蔚为流行，广州的城市风格可见一斑。

“小蛮腰”之“蛮”，其实与“南蛮”、“野蛮”无关，唐孟棨《本事诗·事感》云：“白尚书姬人樊素善歌，妓人小蛮善舞，尝为诗曰：樱桃樊素口，杨柳小蛮腰。”白尚书即白居易，官至刑部侍郎，小蛮是他家的一位美姬，擅长舞蹈，虽寥寥数语，腰身柔弱、纤如杨柳的仪态已跃然纸上。对于尚未命名的广州新电视塔，以小蛮腰称之，可谓神形兼备，这个亲切的昵称打破了超高建筑常有的冷酷和傲慢，表达了人与建筑和谐共生的美好愿望。

新电视塔与广州的CBD珠江新城隔江相望，位于广州新中轴线与珠江景观轴的交汇处，总高度610米，是世界上最高、功能最齐全的电视观光塔。塔身主体高达454米，天线桅杆156米，组合楼面沿整个塔体高度按功能层分组，共约37个楼层，总建筑面积约11万平方米，总投资约22亿元人民币。2010年，新电视塔建成并投入使用后，将承担向全世界转播第16届亚运会盛况的重任。

小蛮腰的魅力，与其说源于其高度，毋宁说是来自她那独一无二的奇妙外形。她不同于埃菲尔铁塔、多伦多电视塔、东方明珠电视塔等传统直线造型，而是由两个椭圆圆心相错，逆时针旋转135度，扭成塔身中部的纤纤细腰。她的外框筒由24根钢柱和46个钢椭圆环及钢斜撑组成，由下至上，截面先是由大变小，再由小变大，这种轻盈的律动，人们从不同角度欣赏会有不同的感觉，具有极强的视觉冲击力。

世人对地标的审美疲劳已经延续了很长时间，一些地标甚至带来挥之不去的视觉暴力。小蛮腰超凡脱俗，阴柔的曲线呈现出坚毅的力量，张扬中又不失含蓄，让人感觉不到视觉上的侵略性。作为新地标，全国乃至全世界的人们可以从她身上读出广州这座城市的抱负，感受广州人独特的精神气质，在记忆深处留下一个鲜活的广州烙印。

当年，新电视塔面向全球竞标时，竞标任务书上既没有提及高度，也没有限制造价，只是笼统地说希望新电视塔是一个具有艺术感的地标建筑，这就给设计者留下了极大的想象空间。小蛮腰的设计者是来自荷兰的一对夫妇，这是他们在中国的第一个作品，在来自世界各地的十余家著名建筑设计事务所中，他们是唯一提出“女性化”建筑风格的一家，并因此脱颖而出。他们认为，“历史上的摩天建筑都很阳刚，棱角分明，简洁沉重，楼层重复，而我们设计的电视塔曲线轻盈，空间和楼层平面的尺度具有多样性，具有阴柔感觉，简单地说就是性感和复杂兼备。”小蛮腰所传达的西方设计理念，竟与东方文化特别是这座城市的底蕴不谋而合，真令人拍案叫绝。

从昔日的镇海楼、爱群大厦，到改革开放后的“63层”、中信广场，再到今天的小蛮腰，广州的地标在一次又一次地变化，纪录也在一遍又一遍地刷新，总有一天小蛮腰也会被超越，但到了那时，她早已像五羊雕塑那样，与广州融为一体了。（吴　铭）

## 王老吉

“老老实实王老吉，清热解毒祛暑湿”。在南粤众多老字号凉茶中，以有着170多年历史的王老吉独享“凉茶始祖”的尊号。

王老吉由鹤山人王泽邦（乳名阿吉）于1828年在广州十三行靖远街首创。凉茶是两广地区的一种由中草药熬制、具有清热去湿等功效的药茶。据说，当时岭南地区多阴霾雾瘴，夏日炎热，春秋湿热，燥火邪虐，因此民间有用草药煲凉茶喝的习惯。传说通晓医道的阿吉得到一位广西道人“不语山人”的真传，创制一种药茶，专为普罗百姓日常清热解毒之用。他把自己熬制的凉茶命名“王老吉”，还出售自制的包装凉茶材料，方便百姓买回家煲，很多人饮用后立竿见影，阿吉凉茶很快就远近闻名，门庭若市，以致当时有“常饮王老吉，饿死百家医”的民谣流传。

自此之后，王老吉演绎了一个南粤文明的百年传奇。

凡有粤人的地方，就有凉茶铺，此话不虚。走在广州大街小巷，经常可以看到一家家门面狭窄、装潢却极有岭南特色的凉茶铺，这些凉茶铺通常会摆放一个擦得铮亮的大铜葫芦。据传，这种习俗起源于王老吉，这当中还与大名鼎鼎的林则徐有一段不浅的渊源。

道光十九年（1839）文忠公林则徐到广东禁烟，由于操劳过度，患了风热感冒，开方服药均不见效果，随行医生也无良方。听闻此间有一“王老吉”治风热有效，文忠公便微服来到十三行王泽邦药铺，服了王老吉熬的凉茶后，立即药到病除。为表达谢意，文忠公派人送去一个用铜制的、葫芦状的大凉茶壶，壶身刻着“王老吉”三个金字。王泽邦把铜壶作为装凉茶的容器，摆在店中。此后许多卖凉茶的店铺争相仿效，久而久之，葫芦状的铜壶成了南粤凉茶铺的标志。

另一则传说则与洪秀全和他的太平天国有关。道光二十三年（1843），洪秀全在广州赴考，不幸身染疫症，头晕身热，一位同窗为他买回王老吉凉茶服用，很快就恢复了元气。到了道光四十二年（1862），天京保卫战打响，曾国藩率湘军围困太平天国的首都天京。以两广人士为主力的太平军将士中，湿热症流行，士气大受影响。洪秀全派了一位鹤山籍的将领到广州买回大批王老吉凉茶，熬给将士喝，果然立见奇效。

“名人效应”不仅使王老吉风靡广州，名声远播，并且随千千万万的“老广”漂洋过海，流行于五大洲。传说当年英军兵败三元里后，不少人因不适合当地水土病倒，清朝政府的广州官员建议他们每天饮一碗王老吉凉茶，结果还是证明王老吉药效神奇。从此，华侨携带王老吉凉茶进入英联邦地区，都受到免税放行的优待。梁启超1898年至1903年赴美考察期间，写成了《新大陆游记》一书中记载：“西人有喜用华医者，故业此足以至富。有所谓王老吉凉茶，在广东贴铜钱两文、售诸西人或五元或十元美金不等云。”可见王老吉凉茶已率先实现了民族品牌的“走出去”。1925年，王老吉茶包参加英国伦敦温庇展览会；1999年，羊城药业生产的王老吉作为第三十类商品进入美国市场，此时的王老吉已经不只是一个防病治病的药业品牌了。

新中国成立后，王老吉药号分为两支，一支归入国有企业，发展为今天的王老吉药业股份有限公司；另一支由王氏家族的后人带到香港。目前在全球将近30个国家和地区都注册有王老吉的商标，基本上是王泽邦的嫡系传人的香港王老吉国际有限公司所注册的。王老吉在香港本地也卓有名声，总店在鸭巴甸街2号A地下，这是王氏后人创业的成果。

俗话说，一方水土养一方人，一方草药治一方病。作为岭南养生文化的一种独特符号的凉茶，在两广以外，并不为人所熟知；而在广东省，凉茶业内竞争也相当激烈，凉茶品牌黄振龙、阿贞等也占据了一部分市场。王老吉作为一种地方性药饮产品，由于过于浓厚的地域色彩，多年来一直处于不温不火的状态中，然而在两广的大街小巷里沉淀100多年后，2005年突然飘红全国，一年销售30亿元。回顾这一历程，广东加多宝饮料有限公司功不可没。

90年代中期，加多宝取得“王老吉凉茶”的品牌经营权之后，开始生产红色罐装的王老吉饮料。他们在调研中发现，广东的消费者饮用红色王老吉的场合多为烧烤、登山等活动，而他们评价红色王老吉时经常谈到不会上火。于是，一句“怕上火就喝王老吉”让凉茶以独特的功效定位成为饮料市场上一个新的品类。2003年加多宝加大投资力度，11月在中央电视台以4000万元高价标得央视广告段位，还开辟了餐饮新渠道，选择湘菜和川菜馆、火锅店作为王老吉诚意合作店，在全国上下掀起了一股红色的凉茶饮料旋风。从2002年销售1.8亿元到2003年6亿元，再到2004年的8亿元跃升为2005年的30亿元，短短几年间，王老吉销售额激增400倍。王老吉药业股份采用浅绿的毛笔书法字样的纸盒包装王老吉销售量也一路飚升。

2006年，包括王老吉、邓老凉茶等在内的21家凉茶生产企业的产销量一举突破400万吨，同一年可口可乐在中国的产销量是317万吨。出生于鹤山古劳水乡的王泽邦可能也不曾想到，王老吉这个“中华老字号”，有朝一日具备与世界可乐巨头同台竞技的实力。在广东范围内的200家肯德基店中，百事可乐被撤下了，换上红色的王老吉凉茶作为饮料，加多宝更是提出了要生产“中国的可口可乐”这一口号。

据悉，王老吉咄咄逼人的攻势引起了可口可乐的恐慌，可口可乐因此收购了香港传统凉茶馆“同治堂”旗下品牌“健康工房”，以对抗王老吉。我们有很多姹紫嫣红的民族品牌，许多不过是昙花一现。正处辉煌时期的王老吉经常在风口浪尖，比如王老吉凉茶出现三个分支如何实现品牌合并的问题，比如近期沸沸扬扬的夏枯草“添加门”事件。

不管怎么样，我们期望一个享有170余年历史品牌的老字号企业，能继续焕发青春。（钟 恬）

## 蓝天碧水工程

传说“珠江”因江中有明珠而得名。但随着广州经济的高速发展，珠江的水污染问题日益严重，“明珠”黯淡无光，广州人不得不放弃引以为豪的珠江横渡。其实，受污染的不仅仅只有珠江水，还有空气、土地等等。面临环境污染的严峻形势，广州市毅然提出了“青山绿地、蓝天碧水”。

“青山绿地、蓝天碧水”工程是一个庞大的综合性的城市生态与环境治理工程，一期工程总投资400亿元。2003年9月正式启动，2004年至2006年分三年实施。“青山绿地、蓝天碧水”工程作为广州生态城市建设中的一个重要里程碑，实施难度之大、涉及面之广，从一些主要任务指标就可见一斑：454个关闭采石场需在三年内完成整治复绿，复绿面积共1744.3万平方米，需投入资金共6亿多元；1350平方公里范围内新增绿地119平方公里，其中建成区33平方公里等。在当时的很多人看来，这简直是一个不可能完成的任务。然而广州却顺利且超额完成了任务，取得了实质上的成效。在广州人心中，珠江是标志、是象征，它孕育了美丽的广州两千多年的繁荣与文明。让珠江水变清、岸变绿一直是广州市民的愿望。2006年7月12日，中断了整整29年的横渡珠江活动重新启动，畅游珠江的梦想终于又变成了现实。

2010年，广州将迎来第十六届亚运会。广州市长张广宁说，从多哈接亚运之旗归来，深感责任更大了，广州市将进一步完善“到2010年一大变”规划，强力推进“青山绿地、蓝天碧水”工程。广州市准备用四年的时间，实现建设136平方公里绿地，污水处理率达90%以上，空气优良天数超过90%的目标，围绕打造经济中心、文化名城、山水之都，建设带动广东、辐射华南、影响东南亚的现代化大都市的目标，致力于建设适宜创业发展和生活居住的城市环境，迎接2010年亚运盛会。

2006年10月，“青山绿地、蓝天碧水”二期工程启动，全面推进生态城市的建设。为了高标准推进“青山绿地、蓝天碧水”二期工程建设，从2007年至2010年，广州计划投资41.01亿元用于城市建成区绿地建设，较第一期几乎翻了一番，计划在未来四年中新增公共绿地3600公顷，全市林木绿化率达45%以上，建成区绿化覆盖率达到40%，人均公共绿地面积15平方米以上。

如今，人们可以明显的感觉到取得的实际成效，道路两旁绿树成荫，甚至人行天桥上都变绿了，珠江水更清澈了，一年中蓝天的日子多了，空气也更为清新了。“青山绿地、蓝天碧水”工程是全面落实科学发展观，建设“适宜创业发展和居住生活”的现代化大都市的民心工程。

（秦瑞英　朱文忠）

## “惠民66条”

大部分广州市民也许不知道《中共广州市委、广州市人民政府关于切实解决涉及人民群众切身利益若干问题的决定》(以下简称《决定》)，但是提起“惠民66条”及其姊妹政策“惠民17条”，市民多数能够讲出与自己的生活息息相关的某几条民生内容。

2006年12月25日，广州市第九次党代会召开，广东省委常委、广州市委书记朱小丹在会上代表新当选的市委常委会全体成员向全市人民作出郑重承诺，要把落实富民政策、解决民生问题摆上优先位置，做任何决策、办任何事情都要把群众是否得益、是否满意作为最高评价标准，并首次将“富民优先、民生为重”的民生关怀写进了党代会报告。会后，广州市市委、市政府主要领导反复强调，“富民优先、民生为重”不能只停留在口头上，要尽快出台一个文件，对市第九届党代会和《中共广州市委关于贯彻〈中共中央关于构建社会主义和谐社会若干重大问题的决定〉的实施意见》所提出的各项部署进行细分，将亟待解决的民生问题列出清单，公之于众并抓好各项落实工作。

2007年初，由广州市委政策研究室、市政府研究室联合成立了《中共广州市委、广州市人民政府关于切实解决涉及人民群众切身利益若干问题的决定》(以下简称《决定》)的起草组，朱小丹书记专门就起草工作作出明确批示：“这是贯彻市第九次党代会精神，把‘富民优先、民生为重’政策落实到解决群众切身利益问题各项工作中去的重要举措。《决定》要突出一个‘实’字，目标、项目、措施都要实，既有针对性，着力解决重点、热点、难点问题，又有可操作性，确保切实可行。《决定》可同时另附有关责任分工的意见，落实目标管理责任制。”由于课题组具备扎实的理论准备、充分的政策研究和深入的民情调查，在四个多月的时间里，《决定》先后八易其稿，收集整理各方面意见和建议共380多条，对文件稿作了300多处修改，2007年5月，“惠民66条”终于面世。

“惠民66条”共分为11个部分，涉及改善农民生产生活条件、促进充分就业、促进教育公平、完善共享型社会保障、加快发展医疗卫生事业、加强平安广州建设、改善城市交通状况、优化人居环境、加快发展文化体育事业和提高政务服务水平等方面的民生问题，致力于为城乡居民提供均等化公共服务、共享型社会保障和生态型人居环境，不断满足人民群众日益增长的物质文化需要，努力创造惠及全市人民的富裕和谐新生活。在起草和修改过程中，市委、市政府既努力做到“群众利益无小事，民有所呼，必有所应”，同时又坚持了“尽力而为、量力而行”的原则，在千头万绪的城市管理与建设工作中，将近期内与人民群众利益最直接、最迫切而财力又可以承担的事情作为重点解决的问题，逐一梳理，逐条列出。

“惠民66条”以广州市民和家庭为直接服务对象，公开政府各职能部门的工作目标和约束性数字指标，对政府职能部门形成工作压力，敦促各部门在一定的时间内兑现对公众的公开承诺。“惠民66条”出台后的一年的时间里，广州各级就业服务机构共推荐转移就业农村劳动力6.28万人，帮助17.51万城镇登记失业人员实现了再就业；先后9次给困难群众发放临时性物价补贴共4200万元；多渠道妥善解决了43万非广州户籍适龄儿童少年的义务教育问题；行政执法纳入评议考核；城中村开通了公交小巴；“两抢”“两盗”案件同比分别下降28.24%、25.53%，全市刑事案件同比下降14.04%，市民上街敢于“穿金戴银”了……“惠民66条”所取得的显著阶段性成效并没有让市委、市政府自满松懈，广州市不仅始终以科学发展为第一要务，而且要在新环境里让改革和发展的成果惠及全市人民。2008年7月28日下午，市长张广宁主持召开市政府常务会议，讨论并原则通过《中共广州市委、广州市人民政府关于切实解决涉及人民群众切身利益若干问题的决定的补充意见》，这就是被市民称为“惠民17条”的补充政策。

“惠民17条”与“惠民66条”一脉相承，主要从落实解决低收入家庭住房难、建立完善的医疗救助体系、完善社会养老保险体系等社会保险保障体系入手，切实改善民生。先后出台的两次惠民政策不仅让本市户籍人口分享了广州改革开放以来的社会发展成果，还通过农民子女受教育、农民工医疗保险制度等项目让在穗的外来人口也共同分享相关的成果。

“惠民66条”和“惠民17条”的一项项民生举措和一条条践约，切实、具体、系统、细致，在全国各地和社会各界引起了广泛关注，被称为广州在转变政府职能方面提出新的理念和一个重要转变标志，是广州在制度创新中落实社会公平正义的努力新方向。如果说广州城日新月异的市容市貌改变让广州市民“面上有光”，那么市委、市政府提供的“惠民66条”、“惠民17条”等实现公共服务均等化的政策则让市民真切地感受到了作为广州市民的舒心与幸福，是真正让市民产生归属感的良策。

（秦瑞英　朱文忠　刘朝华）

## 首善之区

“首善之区”最初出自《汉书·儒林传序》“建首善自京师始”，后用“首善之地”指首都，如《金史·礼志八》：“况京师为首善之地，四方之所观仰。”也作“首善之区”，如鲁迅《彷徨·示众》：“首善之区的西城的一条马路上，这时候什么扰攘也没有。”“首善之地”也泛指最好的地方，如《续资治通鉴·宋哲宗元佑元年》：“学校为育材首善之地，教化所从出，非行法之所。”

2008年4月，中共中央政治局委员、广东省委书记汪洋到广州进行专题调研期间首次提出把广州建设成“首善之区”。汪洋提出广州应该确定的发展目标是：坚持走全面、协调、可持续发展的城市化发展路子，努力成为我省建立现代产业体系和建设宜居城市的“首善之区”。同时对“首善之区”赋予全新的注解：“首，就是第一个；善，就是最好的，目前有些方面不是最好的，但是应该志在必得。”他说，发达国家、先进城市，也是从不发达、不先进一步一步走过来的。广州作为省会中心城市，基础雄厚、条件优越、优势明显，完全可以也有必要为全省做出表率，成为广东的“首善之区”。

广东省委常委、广州市委书记朱小丹郑重表态：“汪洋书记帮助我们进一步把准了广州以新一轮思想大解放推动新一轮大发展的出发点和落脚点，帮助我们提升了战略思维的基点，拓宽了世界眼光。广州将从实际出发，厘清思路，明确目标，坚定不移，一步一个脚印，奋力朝着建设‘首善之区’的目标迈进。”

广州建设“首善之区”的工作内容主要包括：

改善民生，建设“适宜居住”的城市。将以人为本的核心要求贯穿于城市现代化发展全过程，破除重物质形态轻宜居水平的导向偏差，更加注重改善民生，更加注重生态环境建设，更加注重人文关怀，更加注重满足人的全面需求。

建立现代产业体系，建设适宜创业的城市。加快提升产业国际竞争力，形成以服务经济为主体的中心城市产业结构，大力提高自主创新能力，加强中心城市对珠三角城市的辐射力。

缩小城乡贫富差距，建设公平正义的社会。进一步缩小城乡差距和贫富差距，建设完善的民众利益诉求和表达机制。

完善民主与法制，加强干部队伍素质，建设廉洁高效政府。进一步提高领导科学发展的能力和本领，强化对各级政府监督、建立廉洁高效政府，建立健全评估指标体系和考核指标体系，让善于科学发展的人上，不会科学发展的人让，阻碍科学发展的人下。

传承创新岭南文化，打造“文化广州”，增加广州城市魅力。破除倚重经济实力却忽视文化品质的主观偏见，树立文化是生产力、是创造力、是软实力的思想，大力传承创新岭南文化，打造“文化广州”，增强广州“软实力”。

（蒋　丽）

## 《珠江三角洲地区发展规划纲要》

2008年，金融风暴席卷全球，中国出口贸易大幅度下降，国内贸易亟需振兴。珠江三角洲地区是我国经济最发达的经济区之一，其外向型经济发展模式尤其深受此次金融危机的影响。在此危机之时，国务院藉纪念改革开放30

周年之际，审议通过了《珠江三角洲地区改革发展规划纲要》，将包括广州在内的珠三角地区改革发展提升到国家战略层面。可以说，《纲要》的出台，给珠江三角洲地区经济发展打入了一针强心剂，也赋予了广州新的历史使命。

《纲要》的颁布实施，是广州迈入世界城市体系，走向国际竞争的一个里程碑。它既应对当前，又展望未来。《纲要》重点在以下几个方面对广州的发展提出了一系列期望——

充分发挥省会城市的优势，增强高端要素集聚、科技创新、文化引领和综合服务功能，进一步优化功能分区和产业布局，建成珠江三角洲地区一小时城市圈的核心，形成特色鲜明的各类功能区，提高配置资源能力；优先发展高端服务业，加快建设先进制造业基地，大力提高自主创新能力，率先建立现代产业体系；增强文化软实力，提高城市综合竞争力，强化国家中心城市、综合性门户城市和区域文化教育中心的地位，提高辐射带动能力，以广佛都市圈先行发展携领珠江三角洲地区打造布局合理、功能完善、联系紧密的城市群；将广州建设成为广东宜居城市的“首善之区”，建成面向世界、服务全国的国际大都市。

为建成珠三角地区一小时城市圈的核心，必须在“辐射服务、带动引领”上下功夫。《纲要》提出，要以广佛都市圈先行发展携领珠江三角洲地区打造结构合理、功能完善、联系紧密的城市群，为加速推进广佛都市圈建设注入了强大动力。

加强区域性金融中心建设，区域性金融管理中心、金融业务中心和金融调控中心的地位初步确立。目前，广州金融机构的资金实力居全国大城市第三位，产权交易额在上海、北京之后居全国第三位；银行电子结算中心日均处理业务约50万笔，日均清算人民币资金2500多亿元，业务量居全国第一，占全国总业务量的1/6；期货代理成交量和成交额、保险深度和保险密度均居全国前列。建设广州区域金融中心被提升到了国家战略层面，并在金融改革方面得以先行先试，是广州金融业发展面临的前所未有的历史性机遇。

可以说，未来广州的发展，将以《纲要》为重要的行动纲领，全方位促进广州增强实力和竞争力，推动广州走向世界。（陈来卿）